Flußkreuzfahrten auf dem Dnepr

Unterwegs zwischen Kiev und der Krim

Thomas Gerlach

Trescher Verlag

1. Auflage 2009

Trescher Verlag
Reinhardtstr. 9
10117 Berlin
www.trescher-verlag.de

ISBN 978-3-89794-146-5

Herausgegeben von Bernd Schwenkros und
Detlev von Oppeln

Reihenentwurf: Bernd Chill
Gestaltung, Satz, Bildbearbeitung: Ulla Nickl
Lektorat: Sabine Fach
Stadtpläne und Karten: Johann Maria Just,
Martin Kapp, Bernd Schwenkros

Gedruckt auf chlorfrei gebleichtem Papier

Printed in Germany

Kiev 61

Unterwegs auf dem Dnepr

Essays

Vorwort

Es gibt kaum einen europäischen Fluß, der an die Bedeutung des Dnepr heranreicht. Es gibt längere, allen voran die Wolga, aber die Wolga war nicht annähernd so wichtig für die Herausbildung von Europa wie der Dnepr. Es gibt bekanntere wie den Rhein, der ohne Zweifel ein Fluß von europäischer Dimension ist, der Römer und Germanen getrennt und gleichzeitig verbunden hat. Doch der Dnepr hat Welten zusammengebracht, die unterschiedlicher nicht sein konnten. Er hat die Wikinger zu einem Volk gemacht, das Europa gestaltete, er hat die Kultur von Byzanz bewahrt und dem ostslawischen Volk der Rus' zu geschichtlicher Größe verholfen. Er hat Eroberer, Händler und Missionare getragen, er hat Griechisch, Ostslawisch und Normannisch gehört, er hat den Mittelmeerraum mit der Ostsee und Skandinavien verbunden. Die Gründung der Kiever Rus' und damit die Herausbildung der russisch-orthodoxen Christenheit wäre ohne diesen Fluß kaum möglich gewesen.

Der Dnepr war lange vergessen. Seit der Oktoberrevolution lag er in einer europäischen Region, die sich abgeschottet hatte, in einem politischen System, das mit der Vorgeschichte gebrochen hatte. Heute fließt er durch drei Staaten, und für einen Staat ist er die Lebensader: die Ukraine. Die Ukraine ist ein altes Land und ein ganz junges zugleich, denn den Staat gibt es erst seit 1991. Die Ukraine ist uns näher, als viele annehmen, und das nicht nur geographisch. Sie ist seit mehr als tausend Jahren Teil des europäischen Kulturkreises. Der Dnepr war es, der die Ukraine mit den anderen Teilen Europas verband. Es reisten auf ihm die Ideen und Pläne genauso wie der Bernstein und der Weizen, den die Schiffe im Bauch führten. Fürsten, Bischöfe, Kaiser, Soldaten und Kosaken waren auf dem Fluß unterwegs.

Eine Schiffsreise ist eine berückende Art, die Ukraine kennenzulernen, denn man kann die Hauptstadt Kiev als Metropole genauso intensiv erleben wie die Idylle der Dörfer am Fluß. Wer mit dem Schiff ablegt, kann sich bald fühlen wie einer der Normannen, die einst über den Dnepr und das Schwarze Meer den Weg ins Mittelmeer suchten. Oder wie ein byzantinischer Bischof auf dem Heimweg nach Konstantinopel. Man bewegt sich auf dem Dnepr stets auf großer Bahn. Die erste, die hier eine Kreuzfahrt unternahm, war Katharina die Große. Im Mai 1787 legte sie in Kiev ab und fuhr in einem Triumphzug nach Süden, um ihre neuen Provinzen zu besichtigen. Katharina reiste so prunkvoll wie vor ihr nur Kleopatra auf dem Nil. Die ganze Tour war ein durchkomponiertes Fest, selbst eine Hymne gab es – und einen Reiseführer.

Man muß heute nicht mehr mit imperialer Geste reisen, man kann ganz einfach Fluß und Landschaft betrachten, Sonnenuntergänge genießen und Menschen und Städten mit Neugier begegnen. Mag sich seit Katharina viel geändert haben, ein Reiseführer bleibt ein wertvoller Begleiter. Denn nur wer mehr weiß, kann auch mehr sehen.

Goldene Kuppeln im Kiever Höhlenkloster

Hinweise zur Benutzung

Der erste Teil des Buches bietet **allgemeine Informationen zu Land und Fluß** sowie zu Geschichte und Kultur.

Im zweiten Teil werden ausführlich die **Städte und Regionen am Dnepr** und am Schwarzen Meer beschrieben. Die Stadtrundgänge sind auf die Bedürfnisse von Kreuzfahrtreisenden zugeschnitten und beginnen jeweils am Hafen. In den Stadtplänen sind die Straßennamen in der Regel in Kyrillisch sowie in lateinischer Umschrift angegeben. In den Informationsteilen zu Kiev und Odessa wurden die Hotelpreise in Euro umgerechnet, die Preise beziehen sich auf Doppelzimmer.

An den Reiseteil schließt sich ein **Sprachführer** an, der mit einigen der wichtigsten Phrasen die Kommunikation erleichtern soll, denn mit Englisch oder Deutsch wird man in der Ukraine nicht allzu weit kommen – schon gar nicht in den ländlichen Regionen. Der Sprachführer bietet sowohl die russische als auch die ukrainische Version, da in der Ukraine beide Sprachen verstanden und auch meist gesprochen werden – im Westen und in der Zentralukraine ist Ukrainisch die Muttersprache, im Osten und im Schwarzmeerraum Russisch.

Umfangreiche **Reisetips von A bis Z** bilden den dritten Teil des Buches. Ein **Glossar, Film- und Literaturhinweise** sowie **Internettips** beschließen das Buch.

In diesem Buch wird die wissenschaftliche **Transliteration** für ukrainische bzw. russische Eigennamen verwendet. Bei der Schreibweise von Orts- und Personennamen wird in der Regel die ukrainische Form verwendet. Ausnahmen sind Namen wie Kiev, Dnepr und Odessa, aber auch Puschkin, Gorbatschow und Tschaikowski, die sich im Deutschen eingebürgert haben.

Die **Datumsangaben** vor 1918 beziehen sich auf den bis dahin im russischen Reich gültigen Julianischen Kalender, in Klammern ist das Datum nach dem schon damals in Westeuropa üblichen Gregorianischen Kalender angegeben.

Zeichenlegende

🛈 Allgemeine Informationen

✈ Flughäfen, Flugverbindungen

🛏 Übernachtungsmöglichkeiten

🍴 Restaurants, Cafés

🏛 Museen

🖥 Einkaufsmöglichkeiten

🎭 Theater, Konzerthallen

🏖 Strände, Parks

🖳 Internetseiten

Häufig vorkommende Abkürzungen

vul. (вул.)	vulycja (вулиця)	Straße
ul. (ул.)	ulica (улица)	Straße (russisch)
pl. (пл.)	plošča (площа)	Platz
pr. (пр.)	prospekt (проспект)	Prospekt, breite Straße
bul. (бул.)	bulvar' (бульварь)	Boulevard
prov. (пров.)	provoulok (провоулок)	Gasse

Das Wichtigste in Kürze

Einreise

Bürger der EU, der Schweiz, Liechtensteins, der USA und Kanada können bei einem Aufenthalt von bis zu 90 Tagen innerhalb eines halben Jahres ohne Visum einreisen. Man benötigt einen noch mindestens einen Monat über den beabsichtigten Aufenthalt hinaus gültigen Reisepaß sowie den Nachweis einer Reisekrankenversicherung.

Verständigung

Bei einer Flußkreuzfahrt sprechen die Reiseleitung und das Bordpersonal selbstverständlich Deutsch. Wenn man auf eigene Faust an Land etwas unternimmt, sind Russischkenntnisse von Vorteil. Es kann nicht schaden, sich wenigstens mit dem kyrillischen Alphabet vertraut zu machen (s. S. 230).

Geld

Mittlerweile gibt es überall Geldautomaten (Банкомат), an denen man mit der ec-Karte abheben kann. Preiswerter ist Tausch von Bargeld (Euroscheine in kleiner Stückelung) in einer der zahlreichen Wechselstuben (Обмін валюти).

Telefon

Bei Ferngesprächen innerhalb der Ukraine muß vor der Vorwahl eine 8 gewählt werden.

Bei Gesprächen vom Festnetz ins Ausland muß erst die 8, dann die 10 und anschließend die Vorwahl ohne Null gewählt werden.

Mobilfunkgespräche ins Ausland funktionieren ohne die Ziffern 8 und 10, wenn man in seinem Handy ein + anstatt der 00 vor den Ländercode setzt (+49 für Deutschland, +48 für Österreich, +49 für die Schweiz).

Zentrale Notrufnummer für Kartensperren aller Art (Kredit-, ec-, Handykarten): +49/11 61 16.

Klima und Reisezeit

Es herrscht überwiegend gemäßigt kontinentales Klima, im Süden der Krim ist es eher mediterran. Man sollte sich also während einer Flußfahrt sowohl auf kühles Wetter als auch auf Hitze einstellen. Flußkreuzfahrten werden von Mitte Mai bis Mitte Oktober angeboten, wobei die Preisunterschiede gering sind.

Kleidung

Neben sommerlicher Kleidung sollten auch warme Sachen sowie Regen- und Windschutz eingepackt werden. Auf jeden Fall muß man bequemes Schuhwerk für die Landgänge dabeihaben.

Frauen sollten in Kirchen ein Kopftuch tragen, vor großen Klöstern und Kirchen werden Kopftücher verkauft. Gelegentlich werden auch Kittel vermietet, denn in kurzen Hosen und knappen Röcken erhält man keinen Einlaß.

Sicherheit

Bei Einhaltung der überall gültigen Sicherheitsregeln ist die Ukraine ein unproblematisches Reiseland. Wertsachen sollte man zu Hause lassen oder im Bordsafe deponieren, Bargeld nicht in größeren Mengen spazierentragen. Bei größeren Menschenansammlungen und an touristischen ›Brennpunkten‹ sollte man, wie in anderen Ländern auch, vor Taschendieben auf der Hut sein.

Zeitzone

In der gesamten Ukraine gilt ganzjährig: deutsche Zeit plus 1 Stunde.

Ausführliche Hinweise in den Reisetips von A bis Z ab S. 249

Manchmal wird eine Nation modern. Griechen und Polen und Russen waren es eine Zeit- lang. Nun sind es die Ukrainer. Die Ukrainer, von denen man bei uns und im übrigen Westen nicht viel mehr weiß, als daß sie irgendwo zwischen Kaukasus und den Karpaten wohnen, in einem Land, das Steppen und Sümpfe hat.

Joseph Roth

Land und Leute

Die Ukraine im Überblick

Ländername: Ukraine (Ukrajina/
Україна).
Fläche: 603700 qkm (nach Rußland
größtes Land Europas).
Bevölkerung: 47 Mio. Einwohner
(78 % Ukrainer, 17 % Russen,
0,6 % Weißrussen, 0,5 % Moldauer,
0,5 % Krimtataren, 0,07 %, etwa
33 000, Deutsche, insgesamt über
100 Nationalitäten).

Die Staatsflagge der Ukraine

Bevölkerungsdichte: 78 je qkm.
Sprache: Staatssprache Ukrainisch,
Verkehrssprache auch Russisch,
insbesondere im Osten und im
Schwarzmeerraum.
Alphabet: kyrillisch.
Staatsgrenzen: Polen, Weißrußland,
Rußland, Rumänien, Moldau, Ungarn,
Slowakei.
Hauptstadt: Kiev, ca. 2,6 Mio. Ein-
wohner, mit Vororten mehr als 3 Mio.
Weitere größere Städte:
Charkiv (1,4 Mio.), Dnipropetrovs'k
(1,1 Mio.), Odessa (1 Mio.),
Donec'k (980 000), Zaporižžja
(815 000), L'viv (730 000).
Staatsform: parlamentarisch-präsidiale
Republik.

Gliederung: 24 Oblaste (Gebiete),
dazu die Autonome Republik Krim; die
Städte Kiev und Sevastopol' werden
direkt von der Zentralregierung ver-
waltet.
Religionen: ukrainisch-orthodox (Moskauer Patriarchat) ca. 26 %,
ukrainisch-orthodox (Kiever Patriarchat) ca. 50 %, ukrainisch-orthodox
(autokephal) ca. 7 %, griechisch-
katholisch (uniert) ca. 8 %, jüdisch
ca. 0,6 %, römisch-katholisch, prote-
stantisch ca 2 %, muslimisch ca. 4 %.
Lebenserwartung: Männer 62 Jahre,
Frauen 74 Jahre.
Durchschnittsalter: 39,4 Jahre.
Bevölkerungsentwicklung: –0,652 %
(2008).
Bruttoinlandsprodukt: ca. 6900 US-
Dollar je Einwohner (2008).
Erwerbstätigkeit: Landwirtschaft
25 %, Industrie 20 %, Dienstleistun-
gen 55 %.
Arbeitslosenrate: 2,5 % (offiziell),
geschätzt 7 % (2007).
Wichtigste Handelspartner: Rußland,
Deutschland, Italien, Polen.
Währung: Hryvnja (Гривня) (UAH),
1 Hryvnja = 100 Kopeken (Копійка).
Nationalfeiertag: 24. August (1991
Unabhängigkeit von der Sowjetunion).
Telefonvorwahl: +380.
Internetkennung: ua.

Das kleine Staatswappen der Ukraine

Der Dnepr

Der Dnepr ist ein bescheidener Fluß. Hunderte Kilometer fließt er durch osteuropäische Provinz, an seinen Ufern ist kaum mehr zu sehen als Holzhäuser, rostige Boote, Kühe, Misthaufen und Angler. Und das soll der mit 2200 Kilometern nach Wolga und Donau drittlängste Fluß Europas sein? Der Dnepr ist unter den großen Drei der am wenigsten bekannte. Die Wolga zieht in einem blauen Band um Moskau herum in weitem Bogen nach Südosten. Fragte man Russen, würden sie schwören, daß sie der russischste aller Flüsse sei. Die Donau verbindet Mitteleuropa mit dem Südosten des Kontinents, Hauptstädte sind an ihrem Ufer aufgereiht wie Perlen. Römer sind auf ihr gefahren, die Nibelungen sollen sie überquert haben, deutsche Siedler zogen auf ihr nach Süden. Die Donau bringt Gegensätze zusammen und verbindet Kulturen. Doch mehr als jeder andere Fluß Europas hat der Dnepr ganz unterschiedliche Kulturen und Völker zusammengebracht – ja, er hat Völker erst erschaffen.

Der Dnepr hat den Norden Europas mit dem Mittelmeer verbunden, Wikinger sind mit ihren Schiffen nach Süden gefahren und byzantinische Bischöfe aus Konstantinopel nach Norden, die in Kiev erwartet wurden. 1300 Kilometer hat der Fluß bis Kiev zurückgelegt – wäre er der Rhein, wäre das schon Rotterdam. Seit dem Zerfall der Sowjetunion 1991 fließt er wieder durch drei Staaten. Rußland und Weißrußland liegen hinter ihm, 900 ukrainische Kilometer vor ihm. Das ist der Teil, auf dem die Kreuzfahrtschiffe Touristen nach Süden bringen.

Nicht alle Wikinger, die zuvor in ihren Booten den Westlichen Bug oder die Düna hinaufgerudert sind, haben den Dnepr bloß als Wasserstraße gen Süden benutzt, um dort mit Bernstein zu handeln, am Hofe des Oströmischen Kaisers die Garde zu stellen oder auf weiteren Fahrten das Mittelmeer zu erkunden

Der Dnepr bei Kremenčuk

– mancher der Nordmänner ist auf halber Strecke in einem der Stützpunkte geblieben. Kiev haben sie gegründet, mit den einheimischen Slawen haben sie sich verheiratet, haben Kinder gezeugt, und die einstmals Fremden, die auch Waräger genannt wurden, sind so in den Slawen aufgegangen. Die Nachbarn nannten dieses neue, dieses slawisch-normannische Mischvolk fortan ›Rusi‹ und ihr Reich die ›Rus'‹. Der Name soll vom Wort Ruderer herkommen. Die Wolga mag inzwischen als Seele Rußlands gelten; die Wiege der Russen, auch der Weißrussen und Ukrainer, bleibt der Dnepr.

Im Zweiten Weltkrieg kämpften an seinen Ufern die deutschen und sowjetischen Armeen erbittert gegeneinander, so sehr, daß sich das Wasser rot färbte. Heute ist es friedlich, doch so manches Monument erinnert an den Ufern noch an den Krieg. Und es ist ruhig. Mit dem Ende der Sowjetunion hat auch der Schiffsverkehr nachgelassen. Erst ab Cherson nimmt der Verkehr zu. Oberhalb von Kiev Richtung Weißrußland ist kaum noch ein Kahn unterwegs. Früher zischten Tragflächenboote im Liniendienst den Dnepr auf und ab. Diese Rennboote, die ›Rakete‹ hießen oder ›Komet‹, brachten die Dorfbewohner aus ihrer

Segelboot bei Dnipropetrovs'k

Einsamkeit nach Kiev und wieder zurück. »Es staubt wenigstens nicht.« – Mit diesem Aperçu brachte eine Dorfschullehrerin vom Dnepr den wesentlichen Vorteil der Wasserstraße auf den Punkt.

Der Dnepr ist auch im wörtlichen Sinne die Lebensader der Ukraine, da manche Stadt ihr Wasser aus ihm bezieht. Er ist aber viel mehr, er gibt Erholung, er gibt Weite, er gibt Elektroenergie, Fische, Trinkwasser, frische Luft, im Winter Eis, er glitzert ruhig, er zürnt manchmal – kurzum, er ist wie der Vater der Ukraine. Und das stimmt ja auch.

Der Verlauf des Dnepr

Borysthenes, den vom Norden her Fließenden, nannte ihn der griechische Geograph Herodot im 5. vorchristlichen Jahrhundert. Slawutitsch, Sohn des Ruhms, nannten ihn die alten Slawen. Dnepr nennen ihn die Russen, Dnjapro die Weißrussen, Dnipro die Ukrainer, in den Prospekten der Reisebüros wird er gern ›Fluß des Ruhmes‹ genannt. 2201 Kilometer legt er von der Quelle bis zum Schwarzen Meer zurück.

Wie seine Schwester, die Wolga, entspringt der Dnepr in den Waldai-Höhen westlich Moskaus. Wer in dieses Waldgebiet will, braucht gutes Wetter, einen allradgetriebenen Wagen und gute Orientierung. »Wanderer verweile. Du befindest Dich an der Quelle des großen Dnepr. Beschütze ihn!« Ein pensionierter Förster, Valentin Orlov, hat auf der Lichtung, wo der Fluß entspringt, Bank und Tisch, ein Quellhaus, eine Ikone und diesen Sinnspruch angebracht. Valentin Orlov ist der ehrenamtliche Hüter der Quelle und erster Freund des Dnepr. Hier oben an der Quelle ist der Fluß der Bruder der Wolga, unten an der Mündung ein Nachbar

Der Verlauf des Dnepr

der Donau. Auf seinem Weg nach Süden wird er von den Wassern der Berezina, des Prypjat', der Desna und des Sož gespeist, später teilt er die Ukraine in zwei Hälften und ergießt sich nordwestlich der Krim ins Meer.

Der Dnepr fließt durch weithin unbekanntes Land. Kaum, daß er auf den ersten tausend Kilometern eine richtige Stadt zu sehen bekommt, das russische Smolensk, das weißrussische Mohileu, mehr nicht. Sicher, mancher Bursche fängt im Sommer Fische mit bloßen Händen, steht gebückt und starr, hält beide Hände im Wasser und läßt sie wie eine Falle zuschnappen, wenn der Hecht hindurchschwimmt. Doch mächtige Brücken, breite Uferpromenaden, haushohe Schiffe, Kirchen und Kuppeln, Strände mit Cafés, sich küssende Paare? Fehlanzeige.

Erst in Kiev ist alles da. Die Wasser dürften sich gehörig wundern, wenn sie die ukrainische Metropole erreichen: Schießbuden, Bierpavillons, am Schiffsanleger drängen sich die Dampfer, zwischen ihnen ein fünfstöckiges Kreuzfahrtschiff, über die Uferstraße pulst unablässig der Verkehr, am Abend legen die Ausflugsdampfer ab, und auf den Bänken küssen sich die Paare. Und erst die goldenen Kuppeln des Höhlenklosters! Und der Dnepr? Der glitzert zufrieden, wirft das goldene Licht der Lämpchen, Laternen und Kuppeln tausendfach zurück und steht dabei so still, als wollte er gar nicht mehr weiter.

Zwischen Kiev und der Mündung hat der Fluß im 20. Jahrhundert seine Gestalt komplett verändert. Eine Kaskade von sechs Staustufen hat den Dnepr zu einem Stromlieferanten gemacht, die dazugehörigen Stauseen haben manchen Ort überschwemmt – auch manchen gefährlichen wie die berüchtigten Stromschnellen bei Zaporižžja.

Am Dneprbogen zwischen Dniprodzeržyns'k und Zaporižžja qualmen die Schlote der Hüttenwerke und der chemischen Industrie, bevor der Dnepr in den Steppen bei Cherson an Fahrt gewinnt und ins Schwarze Meer mündet.

Am Unterlauf

Dnepr-Steckbrief

Länge: 2201 Kilometer, in Europa nach Wolga und Donau an dritter Stelle, weltweit auf Platz 62.
Quellgebiet: Waldai-Höhe nähe Smolensk (Rußland)
Quellhöhe: 220 m
Mündungshöhe: 0 m
Einzugsgebiet: 531817 qkm
Schiffbar: 1677 km
Rechte Nebenflüsse: Drut, Berezina, Prypjat', Teteriv, Ros', Inhulec'
Linke Nebenflüsse: Sož, Desna, Sula, Psel, Vorskla, Samara
Stauseen: Kiever Stausee (922 qkm), Kaniver Stausee (582 qkm), Kremenčuker Stausee (2252 qkm), Dniprodzeržyns'ker Stausee (576 qkm), Zaporižžjer Stausee (410 qkm), Kachovker Stausee (2155 qkm)

Entspannung an Deck

Entfernungen in Flußkilometern

Der Dnepr mündet in den Dnepr-Liman (Дніпровський лиман), einer Lagune, die er mit dem Südlichen Bug (Південний Буг) teilt, das Wasser beider Flüsse ergießt sich bei Očakiv ins Schwarze Meer. Daher findet man gelegentlich die Längenangabe 2285 km – diese bezieht dann den Liman mit ein.

Ort	Flußkilometer
Gesamtlänge Dnepr	2201
Kiev	1351
Kaniv	1446
Čerkasy	1552
Kremenčuk	1662
Dniprodzeržins'k	1776
Dnipropetrovs'k	1815
Zaporižžja	1909
Nova Kachovka	2116
Cherson	2178
Liman-Mündung	2201

Die Flußschiffe – ›Made in GDR‹

Wer auf dem Dnepr unterwegs ist, der wird auf Neues und Unbekanntes stoßen, schließlich will ein Land entdeckt sein, seine Kultur, seine Städte, seine Menschen – eines jedoch ist so gewiß wie der Lauf des Flusses selbst: Das Schiff, auf dem man in die Fremde vorstößt, ist ein deutsches Produkt – auch wenn das für viele die größte Überraschung sein könnte. Denn sämtliche Kreuzfahrtschiffe dieser Kategorie, die vor allem auf Dnepr und Wolga unterwegs sind, stammen aus Boizenburg an der Elbe, einem Städtchen im Westen Mecklenburg-Vorpommerns. Die Elbewerft Boizenburg baute zwischen 1973 und 1991 insgesamt 49 Binnenfahrgastschiffe (Bifa genannt) der Serien 301 und 302, die größten Binnenfahrgastschiffe Europas.

In der Schleuse bei Dniprodzeržyns'k

Als der Auftrag für die Entwicklung und den Bau dieser Schiffe an Boizenburg ging, zweifelte nicht nur der zuständige sowjetische Minister für die Binnenflotte, ob die kleine Werft in der kleinen Stadt an dem (für sowjetische Verhältnisse) kleinen Fluß jemals solche großen Schiffe bauen könnte, wie es den sowjetischen Genossen vorschwebte. Hatte doch der 24. Parteitag der KPdSU 1971 beschlossen, die touristischen Möglichkeiten für die sowjetischen Werktätigen deutlich zu verbessern – auch mit Hilfe von Reisen auf den großen Strömen des Landes. Flußreisen waren bis dahin kaum im Angebot, allerdings verfügte die DDR bereits über reichlich Know-how für den Bau von Flußschiffen für die Sowjetunion. Zwischen 1953 und 1961 hatten die Werften in Wismar und Rostock-Warnemünde eine Serie von Schiffen der sogenannten Tschkalow-Klasse mit einer Länge von 96 Metern gebaut, die ursprünglich für den Liniendienst zwischen den sowjetischen Städten vorgesehen waren. Auch diese Schiffe sind noch als Urlaubsschiffe im Dienst, vor allem auf der Wolga–Don-Strecke und hauptsächlich für einheimische Touristen.

Die neue Generation von Urlauberschiffen sollte alles Bisherige an Komfort weit übertreffen: ›Schwimmende Hotels‹ war von Anfang an die elegante Metapher für diese 125 Meter langen Schiffe. »Für unsere sowjetischen Freunde ist uns das beste gerade noch gut genug«, so feuerte die Betriebszeitung der Elbewerft die Belegschaft an und schrieb weiter: ›Wolga-Schiffe erhalten Salons, Café, Musiksalon mit Bibliothek, Bars, Clubräume usw.« Jede Kabine erhielt Dusche und WC – was heute als Standard gilt, war damals purer Luxus.

Die Elbewerft in Boizenburg hatte sich nach 1945 bereits einen Namen gemacht, allerdings im Bereich Frachtschiffbau. Küstenmotorschiffe, Trawler und Kutter hatte sie bis dahin gebaut, doch Passagierschiffbau war Neuland. Und so verbrachten die drei leitenden Ingenieure der Werft erst einmal ein paar Tage auf dem damals schicksten sowjetischen Urlaubsschiff, beobachteten alles, sahen

sich Wolga, Dnepr, Kanäle, Seen und Schleusen an, beobachteten die Anlegemanöver genauso wie die Gewohnheiten der Passagiere, untersuchten die Kabinen, die Decks, bekamen auch von den sowjetischen Auftraggebern reichlich Vorgaben und zogen sich dann in ihr Boizenburger Büro zurück.

Gut 30 Ingenieure waren an Planung und Konstruktion beteiligt, insgesamt waren auf der Elbewerft etwa 2000 Arbeiter beschäftigt. Die Werft, die für den Großauftrag komplett umgebaut wurde, fertigte für die Schiffe die einzelnen Segmente vor, die wie Scheiben (Ringe) auf der Helling aneinandergeschweißt wurden. Die Schiffe haben daher keinen Kiel, sondern einen glatten Boden und sind, bedingt durch ihre Länge von 125 Metern (später 129 Meter), in ihrem Schiffskörper in bestimmtem technisch üblichem Maße elastisch. Pro Jahr verließen in der Regel drei Schiffe Boizenburg Richtung Osten.

Auf der Brücke

Im Dezember 1973 fand der erste Stapellauf statt, die ›Wladimir Iljitsch‹ – das Schiff mit den Vor- und Vatersnamen von Lenin – wurde seitlich ins Elbwasser gekippt. Da das Schiff gut 16 Meter breit war, das Hafenbecken jedoch auch nur 30 Meter maß, mußte das Schiff mit Kunstfasertrossen abgebremst werden, damit es nicht Augenblicke später unsanft am anderen Ufer auflief. Nun war es zwar im Wasser, doch wie sollte es von der Elbe in die Wolga kommen? Zumal die Elbe, die wenige Meter entfernt an der Werft vorbeifließt, damals zwischen Schnackenburg und Lauenburg die innerdeutsche Grenze markierte. Es half nichts, die ›Wladimir Iljitsch‹ und alle ihre Nachfolger mußten, um in die Sowjetunion zu gelangen, erst einmal in das Land des Klassenfeindes. Und da die Schiffe mit ihren Aufbauten für viele Hamburger Brücken zu hoch aufragten, wurden die Oberdecks, Ruderhaus, Schornsteine etc. für den Transport wieder

heruntergenommen, auf Pontons hinterhergeschickt und in Hamburg wieder
aufgesetzt. Dann fuhren die Schiffe aus eigener Kraft die Elbe abwärts, bogen
bei Brunsbüttel in den Nord-Ostsee-Kanal ein, fuhren durch den Fehmarnsund,
durchquerten die Lübecker Bucht und nahmen wieder Kurs auf das sozialistische
Lager. In Wismar wurden die Schiffe dann komplettiert und nach einer Probefahrt
an die Sowjetunion übergeben.

Doch auch Wismar liegt nicht an der Wolga. Und so fuhren die Schiffe weiter
die Ostseeküste entlang in das damalige Leningrad, sie schwammen die Newa
hinauf und gelangten über Ladoga- und Onegasee in den Wolga-Ostsee-Kanal.
Bei Jaroslavl tauchten die Bugspitzen erstmals ins Wolgawasser. Doch für die

Die Dnepr-Prinzessin in Cherson

Schiffe, die auf dem Dnepr fahren sollten, war dort erst Halbzeit. Sie fuhren
weiter die Wolga hinab, bei Wolgograd bogen sie in den Wolga-Don-Kanal ein,
fuhren über den Unterlauf des Don in das Asovsche Meer, umschifften die Krim
und nahmen bei Očakiv endlich Kurs in den Dnepr. Die Reise des Odysseus war
dagegen nur ein Spaziergang.

Die sowjetischen Kapitäne waren bald voll des Lobes. Leicht wie ein Auto
steuere es sich, schwärmte ein Kapitän. Ein anderer schrieb: »Der erste Juli ist der
Geburtstag unseres Binnenfahrgastschiffes Lenin. Aus diesem Anlaß möchten wir
den Schiffbauern der Elbewerft gratulieren und ihnen danken für solch ein schönes Schiff.« Reportagen über Wolga- und Dneprkreuzfahrten füllten sowjetische
Zeitungen und DDR-Journale. Grußadressen erreichten die Boizenburger auch
von begeisterten DDR-Bürgern, die das Glück hatten, Plätze auf einem der Schiffe
zu ergattern. Auf der Leipziger Messe wurden die Schiffe aus Boizenburg mit
Goldmedaillen prämiert sowie mit der Auszeichnung ›Gutes Design‹. Die Schiffe
aus Boizenburg galten als Paradebeispiel für die viel beschworene ›sozialistische
ökonomische Integration‹ zwischen den Bruderländern UdSSR und DDR.

Bis 1982 waren 22 Schiffe der Serie 301 an die Sowjetunion geliefert worden,
und bis 1991 verließen weitere 24 Schiffe der verbesserten Serie 302 die Elbewerft. Die neuen Schiffe waren vier Meter länger, hatten einen schnittigeren Bug,
verfügten über eine eigene Kläranlage und konnten auch bei leichtem Eisgang

und einer Wellenhöhe von drei Metern manövrieren. Nach 46 Schiffen fand die Produktion ein unsanftes Ende: In der DDR galt ab dem 1. Juli 1990 die D-Mark als alleiniges Zahlungsmittel, und die Sowjetunion, devisenschwach wie vormals die DDR, bezahlte die letzten drei fertiggestellten Schiffe nicht mehr. Ein chinesischer Geschäftsmann bekam nach einiger Zeit Wind von der Sache, kaufte die Schiffe und ließ sie mit Spezialschiffen nach Fernost bringen, wo sie seitdem auf Chinas größtem Fluß Yangzi kreuzen.

Nicht nur die Sowjetunion und die DDR sind inzwischen Geschichte – der Elbewerft Boizenburg ist der Verkauf durch die Treuhandanstalt Berlin an einen Werfteigner aus Bremerhaven 1993 nicht gut bekommen. 1997 ging die kleine Werft in der kleinen Stadt am kleinen Fluß in Konkurs. An den Arbeitern und Ingenieuren hat es nicht gelegen, neue Kreuzfahrtschiffe mit geringerem Tiefgang für kleinere Flüsse waren längst projektiert. Die anderen großen Werften der ehemaligen DDR sind inzwischen international konkurrenzfähig. Die Elbewerft hätte es auch verdient gehabt. Rußland, inzwischen wieder solvent, hätte großes Interesse an neuen Schiffen, die Kreuzfahrtbranche boomt.

Die Hinterlassenschaften der Elbewerft, die auf Wolga und Dnepr schwimmen, sind auch ein Erbe der DDR. Und nicht das schlechteste. Auch wenn sich die Namen geändert haben: ›Wladimir Iljitsch‹ heißt längst ›Sankt Peterburg‹ und ›Jewgeni Wutschetitsch‹, benannt nach dem sowjetischen Bildhauer, der die Monumentalskulpturen ›Mutter Heimat‹ in Wolgograd und in Kiev sowie das sowjetische Ehrenmal in Berlin-Treptow geschaffen hat, ist zur ›Dniepr Princess‹ geworden.

Technische Daten

	Bifa 301	Bifa 302
Länge über alles	125 m	129,10 m
Breite	16,70 m	16,70 m
Höhe (ohne Mast)	13,20 m	13,20 m
Tiefgang	2,76 m	2,85 m
Motoren	drei Hauptdiesel á 850 kW (insg. ca. 3500 PS)	
Antrieb	Drei-Propeller-Direktantrieb	
Geschwindigkeit	ca. 26 km/h	
Verdrängung	3570 m³	
Max. Wellenhöhe	2,5 m	3 m

(Mit besonderem Dank an Herrn Oberingenieur Friedrich-Wilhelm Jenckel, Boizenburg)

Geschichte der Ukraine

Ohne den Dnepr ist die Ukraine nicht zu denken. Er zieht sich von Belarus kommend, von Norden nach Süden in einem weiten Bogen durch das Land und mündet schließlich bei Cherson ins Schwarze Meer. Der Fluß, nach Wolga und Donau immerhin drittlängster in Europa, teilt die Ukraine, das mit über 600 000 Quadratkilometern größte Flächenland Europas, in eine westliche und eine östliche Hälfte. Doch damit ist der Dnepr nicht nur eine ordnende geographische Größe. Der Dnepr als europäische Wasserstraße, auf der in früher Zeit nicht nur Bernstein und Honig transportiert wurden, sondern vor allem Gedanken, Ideen und Kultur, hat die Ukraine, mehr noch: die Ostslawen, zu dem gemacht, was sie heute sind: ein vitaler Teil Europas und der europäischen Geschichte. Ein Teil Europas jedoch, den viele erst wieder nach und nach entdecken, stand er doch lange im Schatten des großen Bruders im Osten.

Dabei ist die Ukraine eigentlich unübersehbar: Mit ihren knapp 48 Millionen Einwohnern ist sie nach der Bevölkerungszahl das fünftgrößte Land auf dem Kontinent. Sie teilt mit vielen ostmittel- und osteuropäischen Staaten die Offenheit ihres Territoriums. Im Süden hat sie durch das Schwarze Meer und durch die Karpaten eine natürliche Grenze. Auch der wasserreiche Prypjat' mit seinen Sümpfen im Nordwesten grenzt das Land ab. Doch vom Osten, Norden und auch vom Westen her ist die Ukraine ein ebenes Land, was das Eindringen fremder Mächte – von den Mongolen im 13. Jahrhundert bis zu den deutschen Truppen 1941 – begünstigt hat.

Die natürlichen Reichtümer der Ukraine sind groß. Zwar verfügt sie anders als Rußland nur über bescheidene Öl- und Gasvorkommen, doch es gibt im Donbass immense Steinkohlelagerstätten und – weiter südlich – Eisenerz; beides bildet die Grundlage der ukrainischen Schwerindustrie. Außerdem verfügt das Land in großen Teilen über beste Schwarzerdeböden und über ein milderes Klima als Rußland, so daß die Ukraine in der Vergangenheit gern als ›Kornkammer Europas‹ bezeichnet wurde. Zwar ist dieser Ruf durch die Kollektivierung der Sowjetzeit beschädigt, dennoch knüpft eine effizientere Landwirtschaft wieder an diese Tradition an.

Die Ukraine ist unfertig, ein Land im Übergang, doch sie ist nichts Temporäres, wie mancher – nicht nur in Moskau – gern glauben möchte. Die Geschichte der Ukraine ist allerdings nicht identisch mit der Geschichte des ukrainischen Staates – der Nationalstaat ist ein äußerst junges Gebilde. Es ist vor allem die Geschichte der Region Ukraine. Das Wort ›Ukrajina‹ (von ukraj) bedeutet soviel wie Grenzland, Randgebiet oder ganz einfach ›am Rande‹. In der Steppenregion nördlich des Schwarzen Meeres bildete dieses Land im Mittelalter die Grenze zwischen der seßhaften slawischen Zivilisation und der nomadischen Kultur. Dieses offene Land war lange Zeit Siedlungsraum der Skythen, später Rückzugsgebiet der Kosaken und Grenzgebiet zu den Krimtataren.

Der Erzengel Michael über dem Pečersker Tor auf dem Majdan in Kiev

Nomaden und frühe Siedler

Die Ukraine war und ist nicht nur Lebensraum der Slawen. Lange bevor slawische Stämme in die Geschichte eintraten, waren es indogermanische Steppenvölker (Kimmerier, Skythen, Sarmaten, Alanen), die in dieser Region ihre Spuren hinterließen. Nahezu jedes Kreismuseum östlich von Kiev zeigt stolz eine Kollektion von skythischen Steinfiguren (skyfskaja baba/скифская баба), und im Donbass und im Schwarzmeerraum ragen Kurgane (курган), Grabhügel für skythische Anführer, in den Himmel. Außerdem gründeten Griechen aus Kleinasien im Schwarzmeerraum ab dem 6. vorchristlichen Jahrhundert Tochterkolonien. Nach der Zeitenwende siedelten Goten in der Region, Hunnen und Awaren zogen durch die Steppe Richtung Westen.

Ab dem 6. nachchristlichen Jahrhundert siedelten sich auch Ostslawen – aus dem Karpatenraum kommend – an, allerdings vor allem im waldreichen Nordwesten der heutigen Ukraine. Die offene Steppe blieb noch lange Durchzugsgebiet verschiedener Nomadenvölker. Diese Offenheit führte dazu, daß die Ukraine über die Jahrhunderte stets auch von Nichtukrainern besiedelt war. Sie zog Händler und Siedler unterschiedlicher Nationalität an, die beachtliche Diasporagruppen

Der Palast des letzten Tatarenkhans in Bachčisaraj auf der Krim

bildeten und die Ukraine zu einem multiethnischen Raum machten. Nach der Volkszählung von 2001 leben im Land etwa 78 Prozent Ukrainer, 17 Prozent Russen sowie etwa je 0,5 Prozent (ca. 250 000) Krimtataren, Moldauer und Weißrussen, 0,3 Prozent Polen, etwa je 0,2 Prozent Griechen, Juden und Armenier und 33 000 Deutsche. Insgesamt leben über 100 Ethnien im Land.

Die Kiever Rus'

Die Ostslawen fanden zu einer ersten Blüte in der Zeit der Kiever Rus'. Ihr Aufstieg war eng mit den Warägern verknüpft. Waräger waren skandinavische Fernkaufleute, die zwischen den 8. und 12. Jahrhundert mit ihren Schiffen auf dem Dnepr nach Byzanz reisten. Dazu ruderten sie die zur Ostsee fließenden Flüsse, vor allem Düna und Newa, hinauf, bugsierten ihre Schiffe über Land, setzten sie dann in den Dnepr und fuhren gen Süden. Ab dem 9. Jahrhundert ließen sich Waräger auch am Dnepr nieder. Diesen gelang es, unter den Slawen zwischen Novgorod und Kiev festere Herrschaftsformen zu etablieren. Einer ihrer Anführer, Rjurik, wurde so zum Begründer einer Dynastie in der Kiever Rus'.

Dieser Name rührt daher, daß die Waräger bei den Slawen auch Rusi oder Ruotsi hießen, was vermutlich vom Finnischen kommt, da die Finnen die Küstenbewohner aus Schweden als ›Ruderer‹ (Ruotsi) bezeichneten. Klar ist, daß dieser Name in der Folgezeit auf das Herrschaftsgebiet und deren Bewohner, ob Slawen oder Waräger, überging. Denn die Waräger selbst waren schon im 10. Jahrhundert vollständig assimiliert. Die Herrschaft hieß dann nach ihrer Hauptstadt ›Kiever Rus'‹ und deren Bewohner Rusi.

Die Kiever Rus'

Land und Leute

Das verkehrsgünstig gelegene Kiev entwickelte sich schnell, seine Kontakte reichten von Konstantinopel bis ins Frankenreich. Einen ersten Höhepunkt erreichte die Kiever Rus', als sie 988 unter Großfürst Volodymyr (russ. Vladimir) das Christentum byzantinischer Prägung annahm. Die als ›Taufe der Kiever Rus'‹ bezeichnete Christianisierung wurde die Klammer, die Konstantinopel und Kiev über Jahrhunderte verband. Byzanz schickte über das Schwarze Meer und den Dnepr Mönche und Bischöfe nach Kiev und organisierte den Aufbau der neuen Kirche. Unter der Regentschaft von Volodymyrs Sohn Jaroslav (1036–1054) wurde Kiev ausgebaut und nach dem Vorbild der Hagia Sophia von Konstantinopel die Sophien-Kathedrale errichtet. Bildung und Kultur waren auf hohem Niveau.

Großfürst Volodymyr taufte die Kiever Rus'

Galizien-Wolhynien

Es gelang jedoch nicht, die Herrschaft der Kiever Rus' dauerhaft zu festigen. Der innere Halt ließ nach, und so zerfiel die Rus' nach Thronfolgestreitigkeiten in Teilfürstentümer, die unter verschiedene Einflußzonen gerieten. Der Mongolensturm zu Beginn des 13. Jahrhunderts beschleunigte diese Entwicklung. Während die östlichen und südlichen Gebiete unter direkte Herrschaft der Mongolen gerieten und diesen tributpflichtig wurden, war die mongolische Oberherrschaft im Westen weitaus lockerer. Zwei wichtige Fürstentümer waren Galizien und Wolhynien im Westen der Rus', die sich um 1200 vereint und zu einem neuen Machtzentrum entwickelt hatten. Die Region spielte als Handelsplatz eine große Rolle, ab dem 14. Jahrhundert wurde in den Städten das Magdeburger Recht eingeführt, das zur Rechtssicherheit im Handel und im Stadtleben beitrug.

Polen-Litauen und der Aufstieg Moskaus

Im 14. Jahrhundert wurde Galizien-Wolhynien unter die beiden aufstrebenden Mächte Polen und Litauen aufgeteilt. Damit geriet die Region mehr als vierhundert Jahre unter polnischen Einfluß, was zu einer besonderen Entwicklung führte, die sich nach der polnisch-litauischen Personalunion von 1385/86 noch intensivierte. So wurde die orthodoxe ostslawische Oberschicht systematisch polonisiert; diese konvertierte zum Katholizismus. Die unteren Schichten hingegen hielten an ihrer Sprache und Religion fest. Folge dieser Entwicklung war,

Moskau im 15. Jahrhundert

daß sich zwischen Oberschicht und ukrainischer Bevölkerung eine Kluft auftat, da sich der privilegierte Adel in der Tendenz eher mit der polnischen Oberschicht identifizierte.

Auch im Osten änderte sich die Lage. Nachdem Kiev an Bedeutung verloren hatte, begann im 15. Jahrhundert der Aufstieg Moskaus zur Hegemonialmacht. Der Metropolit hatte schon um 1300 seinen Sitz nach Moskau verlegt. Und die Mongolenherrschaft hatte ihren Zenit überschritten, als ihr unter dem russischen Großfürsten Ivan III. 1480 das Ende bereitet wurde. Unter ihm begann das ideologisch-religiös motivierte Projekt vom ›Sammeln der russischen Erde‹. Militärisch richtete sich dieser Prozeß zuerst gegen Litauen, das sich 1569 unter dieser Bedrohung endgültig mit Polen zum Königreich Polen-Litauen vereinigte. Ivans Enkel Ivan IV., der ›Schreckliche‹, übernahm dann von Byzanz sowohl Kaisertitel als auch das Herrschaftssymbol des Doppeladlers. Solchermaßen ausgestattet, hatte bei diesem ›Sammeln‹ eine eigenständige Ukraine von Anfang an keinen Platz. Sie war im Geiste schon von Moskau ›eingemeindet‹ worden.

Die Kosaken

Da im 16. Jahrhundert die Rechte der Bauern in Polen-Litauen mehr und mehr eingeschränkt wurden, flüchteten immer mehr in die südöstlichen Steppen- und Grenzgebiete am Unterlauf des Dnepr, wo sie sich mit dort lebenden Tataren zu unabhängigen Verbänden zusammenschlossen – den Kosaken. Ursprünglich lebten die Kosaken vom Fischfang, von der Jagd und gingen auf Raubzüge. Sie waren keine politischen Akteure. Doch durch den immensen Zulauf, durch besse-re Organisation und durch militärische Schlagkraft wurden sie für Polen-Litauen zum ernstzunehmenden Nachbarn. Einerseits waren sie zwar steter Unruheherd, andererseits willkommene Verbündete und Grenzhüter. In der zweiten Hälfte des 16. Jahrhunderts versuchte Polen-Litauen, die Kosaken stärker unter Kontrolle zu bringen. Man nahm eine beschränkte Zahl in Dienst, trug diese in Register ein und zahlte ihnen Sold. Diese sogenannten ›Registerkosaken‹ unterschieden sich in der Folge von den zahlreichen freien Kosaken.

Im 17. Jahrhundert griff Polen-Litauen weiter nach Süden in angestammtes Kosakengebiet aus, errichtete Festungen, nahm weitere Kosaken in die Register auf und gewährte zahlreiche Privilegien, die sonst nur dem Adel zustanden. Dauerhaft konnte Polen die Kosaken damit jedoch nicht befrieden. Es kam zu Unruhen, als die polnische Krone Privilegien wieder aberkannte. 1637/38 ent-flammte eine erste große Kosakenerhebung, die blutig niedergeschlagen wurde. Die Unzufriedenheit schwelte weiter, nicht nur bei den Kosaken, sondern auch beim ukrainischen Adel, der Stadtbevölkerung und den Bauern.

1648 brach unter Führung von Hetman Bohdan Chmel'nyc'kyj ein großer Kosakenaufstand aus, dem sich bald Städte und Bauernschaft anschlossen. Chmel'nyc'kyj fügte dem polnischen Heer schwere Niederlagen zu, polni-

sche Adlige wurden verjagt und ihre Gutsverwalter, meist Juden, getötet. 700 jüdische Gemeinden sollen dabei vernichtet worden sein, die Zahl der Toten wird auf mindestens zehntausend geschätzt, vermutlich waren es weit-aus mehr. Der Chmel'nyc'kyj-Aufstand geriet so zum ersten Judenmassaker in Osteuropa, und er wirft bis heute einen Schatten auf die ukrainische Ge-schichte.

In Folge des Aufstandes erreichten die Kosaken für ihr Hetmanat eine relative Unabhängigkeit von der pol-nischen Krone. Allerdings waren sie auf Dauer nicht in der Lage, sich dem polnischen Einfluß zu entziehen, und suchten daher Verbündete. Diese fan-den sie in Moskau. Allerdings zahlten die Kosaken dafür einen hohen Preis. Nach Verhandlungen unterzeichneten sie im Januar 1654 in Perejaslav einen Vertrag, in dem sie sich dem Moskauer Zaren unterstellten. Damit hatten sie die gerade blutig erkämpfte Autono-mie bereits wieder verloren. Moskau

Darstellung von Kosaken im Historischen Museum in Dnipropetrovs'k

Denkmal für Bohdan Chmel'nyc'kyj auf dem Sophienplatz in Kiev

einigte sich seinerseits mit Polen und teilte das Hetmanat entlang des Dnepr. Das Ostufer fiel russischem Einfluß zu, blieb aber bis 1775 als Hetmanat erhalten, das Westufer wurde dem polnischen Königreich angegliedert.

Einen letzten Versuch, dem Hetmanat seine Eigenständigkeit zurückzugeben, unternahm 1709 der Hetman Ivan Mazepa, der sich gegen Zar Peter I. stellte. Jedoch erfolglos. Doch Mazepas Name blieb mit dem Aufblühen von Kultur und Bildung in der Ukraine verbunden. Sichtbares Zeichen war der Wiederaufstieg Kievs als religiöses und kulturelles Zentrum der Ukraine.

Katharina II.

Das 18. Jahrhundert war gekennzeichnet vom Niedergang Polens und dem Aufstieg Rußlands zur europäischen Großmacht. Unter Katharina II., genannt die Große, schritt die ›Sammlung russischer Erde‹ weit voran. 1775 gliederte Katharina das Hetmanat als Provinz in das Reich ein, sie eroberte den Schwarzmeerraum bis zur Krim, schuf das Gouvernement ›Neurußland‹, gründete zahlreiche Städte und holte Kolonisten ins Land. Überdies war Katharina Akteurin bei den Polnischen Teilungen von 1772, 1793 und 1795. Bis auf Galizien mit seiner Hauptstadt Lemberg (L'viv) und das östliche Podolien, die an Österreich fielen, kamen die einstigen Gebiete der Kiever Rus' zum Zarenreich. Die administrative Neuordnung der Gebiete führte zu einer Reihe neuer Gouvernements, für die Kern-Ukraine setzte sich der Begriff Kleinrußland durch. Unter der Zarenherrschaft wurde die rechtliche und soziale Stellung der ukrainischen Bauern beschnitten, die Kosaken wurden ins Heer eingegliedert oder zogen über die Grenzen Richtung Osten.

Erwachender Nationalstolz

Das 19. Jahrhundert war geprägt vom erwachenden ukrainischen Nationalbewußtsein. Getragen wurde diese Bewegung von jungen Intellektuellen aus dem
Adel, unterstützt wurde sie durch die Gründung von Universitäten in Charkiv
und Kiev, durch ein entwickeltes Geistesleben mit eigener ukrainischer Literatur
und durch eine Rückbesinnung auf die ukrainischen Wurzeln. Taras Ševčenko
(1814–1861), Sohn ukrainischer Leibeigener, wurde mit seinen Gedichten zum
Nationalpoeten der Ukraine. Wegen seiner Dichtung schickte ihn der Zar in die
Verbannung. Später wurde er begnadigt, durfte aber die ukrainische Heimat
nie wiedersehen. Sein Leichenzug von St. Petersburg in die Ukraine und das
folgende Begräbnis am Dnepr gerieten zu einer Demonstration des ukrainischen
Nationalstolzes.

Nach einer kurzen liberalen Phase verbot Zar Alexander II. aus Angst vor
Separatismus 1876 die ukrainische Schriftsprache, ukrainisches Theater und
Literatur. Impulse kamen für die Ukrainer in jener Zeit von ihren Landsleuten
unter österreichischer Herrschaft. Die Ukrainer im Habsburgerreich erhielten
politische Gleichberechtigung, konnten ihre Sprache pflegen und standen stärker unter dem Einfluß liberaler Gedanken. 1890 gründen die Schriftsteller Ivan
Franko und Mychajlo Pavlyk die erste ukrainische politische Partei, die für sozialistische Ziele eintrat. 1894 wurde an der Lemberger Universität ein Lehrstuhl
für ukrainische Geschichte eingerichtet. 1899 wurde eine zweite ukrainische
Partei gegründet. Vereine entstanden, Frauen organisierten sich, die ukrainische
Publizistik blühte auf. Zu Beginn des 20. Jahrhunderts war die ukrainische Bewegung zu einem Massenphänomen geworden. Das alles, aber insbesondere die
Publizistik, strahlte auch in die russische, östliche Ukraine aus.

Die zweite Hälfte des 19. Jahrhunderts war im Osten der Ukraine von einer
verstärkten Industrialisierung geprägt, während Galizien eher in der allgemeinen
Entwicklung zurückblieb. Der Donbass wurde zum Zentrum von Bergbau und
Schwerindustrie, die rechtsufrige Ukraine zum Zentrum der Lebensmittelindustrie. Im Donbass profitierten russische und ausländische Unternehmer, in der
Lebensmittelindustrie waren polnische Grundbesitzer und jüdische Industrielle
maßgebend. An der Mehrheit der Ukrainer ging die rasante Entwicklung jedoch
vorbei.

Oktoberrevolution und Bürgerkrieg

In der Folge des Ersten Weltkrieges brachen Österreich-Ungarn und das Zarenreich zusammen. In diesem Machtvakuum suchte die ukrainische Nationalbewegung ihre Chance. Eine Woche nach der Februarrevolution 1917 trafen
Vertreter unterschiedlicher gesellschaftlicher Gruppen in Kiev zusammen und
gründeten die Ukrainische Zentralrada (Central'na Rada), eine Art provisorisches Parlament. Die Rada wählte den Historiker Mychajlo Hruševs'kyj zu
ihrem Präsidenten und rief die Ukrainische Volksrepublik (Ukrajins'ka Narodna
Respublika, UNR) aus – zuerst noch innerhalb des Russischen Reiches. Doch am

Land und Leute

12. (25.) Januar 1918 erklärte sie die Unabhängigkeit: Ihre Hoheitszeichen waren – erstmals in der ukrainischen Geschichte – die blau-gelbe Flagge und als Wappen der Tryzub (Dreizahn).

Allerdings war die Macht dieser Republik beschränkt. Nur mit Hilfe deutscher Truppen konnte sie einen Angriff der Bolschewiki abwehren, die in Charkiv eine sowjetische Gegenregierung ausgerufen hatten. Als Gegenleistung für die Militärhilfe forderten die Deutschen Getreidelieferungen, außerdem setzten sie Pavlo Skoropads'kyj, einen General und Großgrundbesitzer aus altem Kosakengeschlecht, als Hetman und Regierungschef ein. Skoropads'kyj gelang es nicht, die Ukraine zu stabilisieren. Mit dem Abzug der deutschen Truppen Ende 1918 mußte er fliehen, die Macht übernahmen in Kiev Männer der Ukrainischen Volksrepublik unter der Führung von Symon Petljura.

Im österreichischen Teil der Ukraine hatte sich inzwischen die Westukrainische Volksrepublik gegründet. Am 22. Januar 1919 schlossen sich diese beiden Republiken zusammen, womit sich ein langgehegter Wunsch

Sowjetische Insignien

der ukrainischen Nationalbewegung erfüllte: Die Ukraine war geeint – ihr Staat aber ohne Macht und ihr Land ohne Frieden. Im Gegenteil, 1919 wurde die Ukraine blutige und chaotische Hauptbühne des Bürgerkrieges, auf der Rote Armee, Weißgardisten, französische Expeditionstruppen, polnische Truppen und aufständische Bauern agierten. Als im Juni 1919 die Rote Armee endgültig in Kiev einzog, war die ukrainische Staatsgründung gescheitert, der Krieg aber noch lange nicht vorbei. Eines seiner größten Opfer waren die Juden. Bei den von Russen, Polen und Ukrainern angezettelten Pogromen verloren mindestens 30 000 Juden ihr Leben.

Nach dem für die Bolschewiki verheerend ausgegangenen polnisch-sowjetischen Krieg und mit dem Frieden von Riga vom 18. März 1921 wurde die neue Grenze zwischen Polen und Sowjetrußland festgelegt – die Ukraine war wieder geteilt. Galizien und ein Teil von Podolien kamen zu Polen, die Zentralukraine und der Osten zu Moskau. Einziges Zugeständnis an das ukrainische Nationalgefühl blieb die Gründung der Ukrainischen Sowjetrepublik – mit Hammer und Sichel und einem Paar Weizenähren im Wappen.

Die Sowjetukraine unter Stalin

Obwohl die Ukraine nach den Jahren des Krieges völlig ausgeblutet war, erholte sie sich relativ schnell. Eine flexible Nationalitätenpolitik und die zeitweilige Abkehr von sozialistischen Dogmen in der Wirtschaft trugen das ihre dazu bei. Ende der 1920er Jahre war es damit aber schon wieder vorbei. Das im ersten Fünfjahresplan (1929–1933) postulierte Primat der Schwerindustrie und die Zwangskollektivierung in der Landwirtschaft stürzten die Ukraine in eine schwere Krise. Die neugeschaffenen Kolchosen erwiesen sich als ineffizient und stießen bei den ukrainischen Bauern auf erbitterten Widerstand. Die Erinnerung an die Tradition des freien Bauerntums war bei ihnen weitaus lebendiger als bei ihren russischen Leidensgenossen. Die Bauern verhinderten Getreidelieferungen, schlachteten heimlich das Vieh, um es nicht abliefern zu müssen, und versteckten Maschinen und Ernte. Stalins Propagandisten sparten ihrerseits nicht mit brutaler Gewalt gegen die ›Kulaken‹, was 1931 zu einer Mißernte führte.

Dessen ungeachtet wurden die Zwangsmaßnahmen weiter verschärft, die Situation verschlechterte sich zusehends und führte im Folgejahr zu noch größeren Ernteausfällen. Doch trotz Mißernte verkaufte Sowjetrußland immense Getreidemengen ins Ausland. Mit den damit erwirtschafteten Devisen finanzierten die Bolschewiki ihr Aufrüstungsprogramm. Dies hatte eine entsetzliche Hungersnot zur Folge, bei der schätzungsweise sechs Millionen Menschen starben. Stalin leugnete diese von ihm angerichtete Tragödie und sprach von einem Märchen, während in den Städten und Dörfer die Menschen auf offener Straße verendeten. Die Hungersnot, der Holodomor (Голодомор), ist bis heute ein nationales Trauma der Ukraine.

Ab 1936 setzte die sogenannte ›Große Säuberung‹ ein, bei der Stalin gegen potentielle Gegner, auch aus den eigenen Reihen, vorging. Zehntausende Geistliche, Handwerker, Bauern, Lehrer, Akademiker, Juden, Intellektuelle, Schriftsteller, Offiziere und Genossen wurden verhaftet, in Lager geschickt, hingerichtet. Fast die gesamte Oberschicht wurde von Stalin ermordet. Millionen Menschen sind in der Sowjetunion ums Leben gekommen, in Weißrußland und der Ukraine noch mehr als in Rußland.

Denkmal für die Opfer der Hungersnot in Kiev

Zweiter Weltkrieg

Die deutschen Truppen, die am 22. Juni 1941 die Sowjetunion überfielen, wurden an vielen Orten in der Ukraine als Befreier empfangen. Doch Hitler dachte nicht daran, der Ukraine eine andere Rolle zuzugestehen als die eines Getreidelieferanten. Die Ukrainer selbst waren im Rassedenken der Nazis wie alle Slawen Untermenschen, und deutsche Einsatzgruppen ermordeten hunderttausende Juden.

›Tod dem Faschismus‹ – historische Lok in Sevastopol‘

Zudem wurde die Ukraine einer der Hauptkriegsschauplätze. Als die Deutschen 1944 abziehen mußten, hinterließen sie ein vielerorts zerstörtes Land.

Die neue Ukrainische Sowjetrepublik nach den Zweiten Weltkrieg war größer: Zu ihr gehörten auch die bisher polnischen Gebiete im Westen mit Lemberg (L'viv) als Zentrum, der nördliche Teil der Bukowina um Czernowitz (Černivci), der in der Zwischenkriegszeit rumänisch gewesen war, sowie Transkarpatien mit Užgorod, das zur Tschechoslowakei gehört hatte. Die Ukraine war so groß wie nie – aber gleichgeschaltet und unter Moskauer Herrschaft.

Von Stalin zu Gorbatschow

Wegen des früheren österreichischen und polnischen Einflusses galt dem mißtrauischen Stalin die Westukraine noch Jahre nach Kriegsende als Schlangennest. Schon bald nach dem Krieg kam es zu ethnischen Säuberungen, in deren Folge etwa eine Million Polen in die ehemals deutschen Gebiete im Westen Polens deportiert wurden. Gleichzeitig wurde etwa eine halbe Million Ukrainer aus Polen in die Westukraine umgesiedelt. Doch auch innerhalb der Sowjetunion kam es zum Bevölkerungstausch: Mehrere hunderttausend Westukrainer wurden nach Sibirien deportiert, gleichzeitig wanderten Russen ein.

Die Westukraine kam noch lange nicht zur Ruhe. Die sowjetischen Behörden verboten die unierte Kirche und verfolgten die Ukrainische Aufstandsarmee (UPA), die in Galizien und in den Karpaten mit Attentaten und Sabotage die

Sowjetmacht bekämpfte und von den Einheimischen unterstützt wurde. Erst ab 1948 gelang es Polizei und Geheimdienst, die UPA allmählich zu schwächen. Auch auf der Krim kam es zur Deportation: Wegen angeblicher Kollaboration mit den Deutschen wurden 1944 auch die Krimtataren nach Mittelasien verschleppt, stattdessen wurden Russen angesiedelt.

Erst mit dem Tode Stalins und dem Machtwechsel zu Nikita Chruschtschow entspannte sich die Lage. Eine liberalere Nationalitätenpolitik brachte der Ukraine größere kulturelle Spielräume, die auch dadurch erweitert wurden, daß wieder mehr Ukrainer in die Nomenklatur aufgenommen wurden und hohe Funktionen in Kiev und Moskau innehatten. Durch die Begünstigung des Russischen an Schulen und Hochschulen verlor die ukrainische Sprache jedoch immer mehr an Boden. Der Zuzug von Russen in die Industrieregionen des Ostens förderte diese Entwicklung. Insbesondere aus den Städten wurde das Ukrainische verdrängt – außer in der Westukraine mit L'viv als Zentrum.

Dort formierte sich in den 1960er Jahren eine Opposition, die vorerst vor allem für national-kulturelle Ziele eintrat. Doch mit dem Machtwechsel zu Michail Gorbatschow wurden daraus politische Forderungen, Parteien wurden gegründet, und mit dem Machtverlust der Kommunistischen Partei wurde der Ruf nach Unabhängigkeit immer lauter. Die politisch einflußreichste Bewegung der Wendezeit war die Bewegung ›Ruch‹. Als erster Erfolg wurde Anfang 1990 Ukrainisch zur Staatssprache erklärt. Der Oberste Sowjet der Ukraine setzte sich immer stärker von der Moskauer Zentralregierung ab. Am 21. August 1991 scheiterte ein Putsch gegen Kremlchef Michail Gorbatschow, angezettelt vom KGB-Chef und vom Verteidigungsminister. Damit war das Ende der Sowjetunion besiegelt. In den Folgetagen setzten sich alle Sowjetrepubliken von Moskau ab.

Die Unabhängkeit

Am 24. August 1991 erklärt der Oberste Sowjet der Ukraine die Unabhängigkeit. Bei den ersten Präsidentschaftswahlen am 1. Dezember 1991 wurde der gewendete Kommunist und damalige Parlamentspräsident Leonid Kravčuk zum Präsidenten gewählt. Die Ukraine gab sich die Staatsform einer Präsidialrepublik. Doch die politische und wirtschaftliche Entwicklung stagnierte, so daß Kravčuk bei der Wahl im Juli 1994 das Präsidentenamt an den Raketentechniker Leonid Kučma abgeben mußte.

Kučma setzte auf wirtschaftliche Integration mit Rußland, bemühte sich aber gleichzeitig um Einbindung in westliche Strukturen. Dennoch ließ der Aufschwung auf sich warten. Doch mit kräftiger Unterstützung des staatlichen Fernsehens wurde Kučma 1999 bei den Präsidentschaftswahlen bestätigt. Zu Beginn seiner zweiten Amtszeit machte Kučma den Chef der Nationalbank, Viktor Juščenko, zum Ministerpräsidenten. Juščenko fuhr einen wirtschaftlichen Reformkurs, sanierte das Finanzwesen und führte die Hryvnja als Währung ein. Erstmals seit 1991 hatte die Ukraine kräftige Wachstumszahlen. Frühzeitig sah Kučma in Juščenko einen Konkurrenten heranwachsen und entließ den erfolg-

Die Präsidenten der unabhängigen Ukraine als Matrjoschka

reichen Ministerpräsidenten. Doch mit Juščenkos Entlassung begann der Niedergang Kučmas, der durch Cliquenwirtschaft und etliche politische Skandale noch beschleunigt wurde. Der größte war die Ermordung des regierungskritischen Journalisten Georgij Gongadze, in die Kučma verwickelt gewesen sein soll.

Daher trat Leonid Kučma im Herbst 2004 nicht mehr selbst zu einer dritten Amtszeit an, sondern versuchte einen ihm genehmen Kandidaten im Präsidentenpalast zu installieren – seinen bisherigen Ministerpräsidenten Viktor Janukovič, der auch von Rußland kräftig unterstützt wurde. Der Gegenkandidat der Opposition: Ex-Premier Viktor Juščenko. Im Wahlkampf wurde auf Juščenko ein Giftanschlag verübt, der ihn fast das Leben gekostet hätte. Seine Gesundheit ist seitdem angeschlagen, und sein Gesicht war lange entstellt. Die Urheber des Anschlages wurden nicht ermittelt.

Im ersten Wahlgang siegte hauchdünn Viktor Juščenko. Als nach der Stichwahl wider Erwarten Viktor Janukovič zum Sieger erklärt wurde, brach ein Sturm los. In friedlichen Massenprotesten versammelten sich hunderttausende mit orangenen Tüchern, der Farbe der Opposition, und warfen der Regierungsseite Wahlfälschung vor. Wahlbeobachter der OSZE bestätigten, daß die beiden Wahlgänge nicht den internationalen Standards genügten. Am 3. Dezember 2004 annullierte das Oberste Gericht der Ukraine den zweiten Wahlgang und setzte für den 26. Dezember einen neuen an, bei dem Viktor Juščenko klar zum Präsidenten gewählt wurde. Die ›Orangene Revolution‹ hatte gesiegt. Erstmals hatte die Ukraine einen Präsidenten, der sich klar gegen die hegemoniale Bevormundung durch Moskau wehrte und versprach, sein Land in die EU zu führen.

Die Ukraine heute

»Ich schwöre, daß wir unser Leben ändern werden!« Mit diesem Gelübde trat Viktor Juščenko sein Amt am 23. Januar 2005 an. Die Orangene Revolution hatte große Hoffnungen geweckt – von einem wirtschaftlichen Aufschwung mit wachsendem Wohlstand über Reisefreiheit bis hin zur baldigen Aufnahme in die NATO und die EU. Die Ziele waren hoch gesteckt, doch das Land war uneins, und es gab jenseits der Grenzen nicht nur Freunde. Denn trotz aller Euphorie bewies auch die Wahl Juščenkos, daß die Ukraine kulturell und mental uneinheitlich blieb. Während der Osten und der Schwarzmeerraum mehrheitlich Viktor Janukovič unterstützte, fand Juščenko seine Anhänger im Westen und in der Zentralukraine. Außerdem war klar, daß Moskau Juščenkos politischen Kurs hintertreiben würde.

Anti-NATO Demonstranten in Odessa

Viktor Juščenko ernannte bald nach Amtsantritt seine politische Weggefährtin Julija Tymošenko zur Premierministerin. Tymošenko ist eine erfahrene Unternehmerin, allerdings steht sie in dem Ruf, bei den Privatisierungen im Energiebereich in den 1990er Jahren selbst kräftig profitiert zu haben. So sehr, daß sie wegen Steuerhinterziehung, Gasschmuggel und Urkundenfälschung Anfang 2001 in Untersuchungshaft kam. Zu einer Anklage führte das jedoch nicht. Statt dessen war Tymošenko durch die kurze Zeit ihrer Haft bei ihren Anhängern zur Märtyrerin aufgestiegen. Viel mehr als dem oft zögerlichen Juščenko flogen ihr auf dem Majdan in Kiev die Herzen zu. So war es für Juščenko konsequent, die charismatische Julija Tymošenko in die neue Regierung einzubinden.

Die ›Jeanne d'Arc der Revolution‹ kehrte mit eisernem Besen. Sie entließ 18 000 Staatsbedienstete, löste alle Sonderwirtschaftszonen auf und versprach, die dubiose Privatisierung von 3000 ehemaligen Staatsbetrieben, die unter Kučma an dessen Günstlinge verscherbelt wurde, rückgängig zu machen. Eine zweischneidige Aufgabe: Diese ›Reprivatisierung‹ war eine Hauptforderung der Revolution gewesen, doch die praktische Folge der Ankündigung war, daß schlagartig die Investitionen versiegten. Durch kräftige Lohnerhöhungen stieg außerdem die Inflation. Mit administrativen Eingriffen versuchte die Regierung gegenzusteuern und die Preise zu begrenzen, was wiederum zu Mangel in Geschäften und Tankstellen führte.

Das erinnerte viele Ukrainer an das Ende der Sowjetunion. Die Wirtschaft brach ein, und das Traumpaar Viktor Juščenko und Julija Tymošenko war bald heftig zerstritten. Im September 2005 entließ der Präsident die Regierung. Die Orangene Revolution schien am Ende. Das Gefühl verstärkte sich, als Juščenko seinen neuen Ministerpräsidenten Jurij Echanurov mit Stimmen der Partei seines Widersachers Viktor Janukovič ins Amt wählen ließ.

Auf vielen Gebieten stagnierte die Entwicklung. Das Wirtschaftswachstum brach ein. Die Staatsanwaltschaft brachte zwar die Mörder des Journalisten Gongadze vor Gericht, doch die Suche nach den Hintermännern verlief im Sande, ebenso wie Ermittlungen wegen der Wahlfälschungen vom Herbst 2004. Sogar um den Giftanschlag auf Juščenko wurde es auffallend ruhig. Und auch den skeptischen Osten des Landes hatte Juščenko noch nicht von sich überzeugen können. Statt dessen versuchte er, die dortige industrielle Elite strafrechtlich auszuschalten.

Zwischen NATO und Kreml

Bei all dem blieb die Unterstützung des Westens halbherzig, da die Europäische Union nicht willens war, der Ukraine eine klare Aussage für einen Beitritt zu geben. Aus Rücksicht auf Moskau hielten viele westeuropäische Regierungen die Ukraine trotz vollmundiger Versprechungen während der Orangenen Revolution auf Distanz. Viele registrierten das in der Ukraine mit Verbitterung. Der Eindruck entstand, daß nicht wenige Politiker der EU die Ukraine nach altem

Soldaten der russischen Schwarzmeerflotte in Sevastopol'

geopolitischen Verständnis dem Einflußbereich Moskaus zurechneten. Als die Ukraine am 1. Mai 2005 die Visapflicht für EU-Bürger aufhob, hoffte Kiev im Gegenzug auf ein ähnliches Signal der EU – vergebens.

Die Energieversorgung bleibt die Achillesferse der Ukraine. Die hohe Abhängigkeit vom russischen Gas und Öl wird Moskau immer wieder dazu verführen, das als Druckmittel einzusetzen. Denn der Kreml fährt einen konsequent restaurativen Kurs, an dessen Ende eine Sowjetunion ohne Kommunismus stehen könnte. Die ›Sammlung russischer Erde‹ geschieht inzwischen vor allem mit Gashähnen und Erpressung. Seit neuestem aber auch wieder mit Panzern und Geschützen, wie der kurze russisch-georgische Krieg um Südossetien im August 2008 gezeigt hat. Seitdem wird auch immer stärker gedroht, über den Status der Krim und vor allem über den Flottenstützpunkt Sevastopol' neu zu verhandeln. Weil die Halbinsel 1954 eher zufällig der Ukraine zugeschlagen wurde, träumen patriotische Moskauer Politiker gern von der Heimholung der Krim mit ihrer mehrheitlich russischen Bevölkerung – seit dem russisch-georgischen Waffengang so heftig wie nie zuvor.

Und Rußland hat ein leichtes Spiel: Die Ukraine wird von der EU und der NATO weiter auf Distanz gehalten, weder Berlin, noch Paris oder London wollen der Ukraine eine Perspektive geben. Das wird auch immer schwerer, je mehr sich das ukrainische politische System selbst paralysiert.

Parlament und Parteien

Die Schwachstelle der Ukraine bleibt ihr instabiles parlamentarisches System. Mit der bei der Orangenen Revolution vereinbarten Verfassungsreform wuchs dem Kiever Parlament zwar größere Macht zu, doch die Parteien – von Kommunisten bis zu Wirtschaftsliberalen – sind dem nicht im geringsten gerecht geworden. Sie gleichen immer noch eher Gefolgschaften einflußreicher Geldgeber, mit denen diese ihre Interessen durchsetzen. Sie haben keine klaren Programme und kaum eine Vorstellung von Gewaltenteilung und der Arbeit von Regierung und Opposition. Keiner der führenden Köpfe will sich mit einer Rolle in der Opposition begnügen, weil das ihrer Vorstellung von Einflußnahme widerspricht.

Die Ukrainer reiben sich seit 2005 die Augen, mit welchem Tempo sich einstige Kontrahenten verbünden, überwerfen und wieder verbünden. Wer dabei nach welchen Interessen handelt, bleibt für die Öffentlichkeit verborgen. Die Folge davon ist andauernde Instabilität. Und keine Wahl hat bisher der Ukraine eine stabile Regierung beschert. Im Gegenteil, die Parteien und ihre Akteure erleiden einen enormen Vertrauensverlust – insbesondere die einstigen Helden der Revolution Juščenko und Tymošenko. Dabei hatten sie doch einen neuen Politikstil versprochen. Die Ukraine taumelt weiter zwischen West und Ost, zwischen NATO und Kreml. Solange es ruhig bleibt, ist es der EU vermutlich sogar genehm, kann sie doch Kiever Avancen auf eine EU-Mitgliedschaft höflich abschmettern. Und Moskau wird sich eingeladen fühlen, Kiev so manche Falle zu stellen, insbesondere auf der Krim. Dort verliert sich Präsident Juščenko inzwischen in Symbolpolitik, indem er den mehrheitlich russischsprachigen

Bewohnern ukrainischsprachiges Fernsehen aufzwingt, was die angespannte Lage nur noch weiter anheizt. Das Versprechen zu Beginn seiner Amtszeit, daß sich das Leben verändern werde, hat Viktor Juščenko erfüllt – allerdings in einem ganz anderen Sinne als vermutet.

Viele Revolutionäre, angesprochen auf den Orangenen Dezember 2004, schämen sich inzwischen für ihre einstigen Idole. Die Träume von damals sind so geschmolzen wie der Schnee auf dem Majdan. Viele sehnen sich nach einer neuen Generation von Politikern, die der Ukraine zu Stabilität und Ansehen verhelfen könnten. Sie hätte es verdient.

Tryzub und Staatsflagge

Allgegenwärtiges Zeichen der ukrainischen Staatsmacht ist seit dem 19. Februar 1992 das sogenannte ›Kleine Staatswappen‹, der goldene Tryzub – der Dreizahn auf blauem Schild. Artikel 20 der Verfassung bekräftigt, daß der Dreizahn auf die Herrschaft Großfürst Volodymyrs im 10. Jahrhundert zurückgeht, um die Kontinuität des heutigen Staates mit der Kiever Rus' zu bezeugen. Ob er einen Anker oder einen Dreizack oder etwas ganz anderes darstellt – die ursprüngliche Bedeutung des Dreizahns ist unklar. Klar ist, daß er auf Initiative des Historikers Mychajlo Hruševs'kyj, dem Präsidenten der Zentralrada, 1918 als Staatswappen angenommen wurde. Heute trägt jede ukrainische Münze den Tryzub auf der Rückseite – so wie viele Münzen zur Zeit der Kiever Rus'.

Das Projekt ›Großes Staatswappen‹ kommt hingegen nicht vom Fleck, daran wird immer noch gearbeitet. Nach den Vorgaben der Verfassung beinhaltet es den Dreizahn und als weiteres Element einen Kosaken mit über der Schulter gelegter Muskete. Eine Kommission hat dem Parlament einen Entwurf vorgeschlagen, der neben diesen beiden Elementen einen Löwen, eine Krone sowie die Devise ›Freiheit, Einigkeit, Wohlstand‹ beinhaltet. Der Entwurf für das ›Große Wappen‹ hat im Parlament bisher keine Mehrheit gefunden.

Die Staatsflagge ist blau-gelb. In einer volkstümlichen Deutung wird darin der blaue Himmel über reifen Weizenfeldern gesehen. Ihren Ursprung soll die Farbkombination in der warägischen Dynastie der Rjurikiden haben, auch die Kosaken haben diese Farbkombination verwendet. Blau-gelb waren aber auch die heraldischen Farben des Fürstentums Galizien-Wolhynien.

Das ›Kleine Staatswappen‹ in den Karpaten

Die Wirtschaft

In den Vorstellungen vieler Ausländer mag die Ukraine immer noch als Kornkammer Europas gelten, und es ist tatsächlich so, daß immer noch ein Viertel
der Ukrainer sein Auskommen in der Landwirtschaft findet. Beim Getreide- und
Zuckerrübenanbau ist die Ukraine weltweit auf den vorderen Plätzen. Doch das
Bild von der Ukraine als reinem Agrarland ist falsch. Schon zur Zarenzeit gab
es einen großen Sektor der Lebensmittelindustrie, und der Osten des Landes war
seit dem 19. Jahrhundert die Stahlküche des Russischen Reiches. Doch mit der
Sowjetunion kam ein weiterer starker Industrialisierungsschub über das Land
– insbesondere nach dem Zweiten Weltkrieg. Die Kohle- und Stahlproduktion
wurde erhöht, die Energieerzeugung – auch durch die Dneprkraftwerke – verstärkt und damit die Grundlage geschaffen für Chemiewerke, Stahlverarbeitung,
Werften, Fahrzeugbau und Fabriken der Luft- und Raumfahrtindustrie. Mit dieser

Werbung für landwirtschaftliche Produkte

Basis war die Ukraine eine der Rüstungsschmieden der Sowjetunion, aber auch
ein Zentrum für technische Hochschulen und Universitäten.

Mit dem Ende der Sowjetunion stürzte die ukrainische Wirtschaft ins Boden-
lose. Märkte brachen ebenso weg wie Zulieferer. Von einer intakten Volkswirt-
schaft konnte nach Jahren der Verflechtung und des Dirigismus keine Rede sein,
überdies war die technische Basis veraltet. Wirtschaftliche Fehlentscheidungen
kamen hinzu, und so schrumpfte die Wirtschaft auf einen Bruchteil ihrer vor-
herigen Größe zusammen. Der Negativrekord kam 1994, als das Wirtschaftswachstum bei minus 22 Prozent lag, die Inflation hingegen zu einem Höhenflug
ansetzte.

Erst mit den Reformen unter dem damaligen Ministerpräsidenten Viktor Juščenko kam im Jahre 2000 die Wende. Bis zum Jahr 2007 wuchs die Wirtschaft im Durchschnitt um sieben Prozent. Privatisierung und Liberalisierung trugen erste Früchte, der ukrainische Markt lockte ausländische Investitionen, westliche Unternehmer erinnerten sich an den guten Ausbildungsstand ukrainischer Facharbeiter, die vergleichsweise niedrigen Löhne taten ein übriges, mittelständische Unternehmen faßten Fuß.

Politische Instabilität, wechselnde Regierungen nach der Orangenen Revolution 2004, selbst die Streitereien mit Rußland um Öl- und Gaslieferungen – all das konnte das stabile ukrainische Wirtschaftswachstum insgesamt nicht aus dem Tritt bringen. Schließlich sind sich ostukrainische Kohle- und Stahlbarone und westukrainische Software-Unternehmer bei allen politischen Unstimmigkeiten in einem Punkt einig: Die Zukunft der ukrainische Wirtschaft liegt im europäischen Wirtschaftsraum. Mag man sich über Vor- und Nachteile eines NATO-Beitritts

Der Preis der Industrialisierung

lange und erbittert streiten. Daß die Ukraine Mitglied der EU werden sollte, ist bei Unternehmern, egal welchem Lager sie sich zugehörig fühlen, kaum umstritten. Ein Zwischenziel war dann auch am 16. Mai 2008 der Beitritt der Ukraine zur Welthandelsorganisation (WTO).

Doch der erwartete Schub in Form höherer Investitionen und eines zusätzlichen Wirtschaftswachstums kam zunächst nicht. Im Gegenteil – bei der weltweiten Finanzkrise, die im Laufe des Jahres 2008 hervorbrach, zogen ausländische Investoren massiv Kapital ab, so daß die Ukraine so stark unter Druck kam, daß der Internationale Währungsfonds (IWF) dem Land im November 2008 einen Kredit von 16,4 Mrd. US-Dollar einräumte. Der Preis für das Hauptexportgut

des Landes, den Stahl, ging infolge der Krise erheblich zurück. In den Kohle-
und Stahlhochburgen im Osten schlossen die Gruben, und Hochöfen erkalteten.
Dazu kam der Bankensektor in Bedrängnis, der Kapitalstrom drohte zu versiegen.
Die Hryvnja verlor erheblich an Wert, die Preise stiegen. Der IWF diktierte der
Ukraine bei der Kreditvergabe einen strengen Finanzplan, der vom Einfrieren der
Sozialleistungen über die Erhöhung der Energiepreise und den Subventionsabbau
bis zu weiteren Privatisierungen reicht. Die Roßkur, die viele in der Ukraine
schon für abgeschlossen hielten, geht weiter.

Doch trotz aller Unzulänglichkeiten – die Ukraine ist nicht mehr die marode
Wirtschaft von 1992. Die Landwirtschaft hat das Potential, zu einem der weltweit führenden Agrarproduzenten zu werden. Außerdem ist die Ukraine reich
an zukunftsfähigen Technologien. In Kiev werden weltweit konkurrenzfähige
Transportflugzeuge entwickelt und gebaut, in Charkiv Mittelstreckenflugzeuge,
in Zaporižžja Flugzeugtriebwerke und PKW, in Dnipropetrovs'k dominiert der
Bau von Raketen und Satelliten, auch Software-Entwickler siedeln sich mehr
und mehr in der Ukraine an. Hinzu kommt, auch nicht mehr zu unterschätzen,
der Tourismus, insbesondere am Schwarzen Meer und in den Karpaten.

Die Achillesferse der Entwicklung bleibt die schlechte Infrastruktur und die
Energieabhängigkeit von Rußland. Doch die Infrastruktur muß in Vorbereitung
der Fußball-Europameisterschaft 2012 in Angriff genommen werden, und auch
aus der Energieabhängigkeit will sich die Ukraine befreien – mit einem überra-
schenden Projekt: Im Jahr 2008 wurde bekannt, daß die Ukraine, die in der Region Poltava etwa ein Viertel des im Land benötigten Öls fördert, vor der Ostspitze
der Krim nach Öl und Gas suchen ließ und auch fündig geworden ist.

Tschernobyl und die Folgen

An der Grenze zwischen Belarus und der Ukraine durchströmt der Dnepr ein
waldreiches, sehr idyllisches Gebiet, die Polissja. Dort mündet der größte und
wasserreichste Nebenfluß in den Dnepr, der Prypjat'. Seit 1986 ist diese Idylle
Sperrgebiet – hier ist das Atomkraftwerk Tschernobyl explodiert.

In der Nacht vom 25. zum 26. April 1986 unternahm die Schicht des Blocks 4
im Atomkraftwerk von Čornobyl' (russ. Černobyl'), etwa 100 Kilometer nördlich von Kiev gelegen, bei einer Routineabschaltung einen Versuch. Da ein
Kraftwerk nicht nur Strom produziert, sondern seine Aggregate auch welchen
verbrauchen, sollte die Frage geklärt werden: Liefern die Dampfturbinen bei
einem totalen Stromausfall noch etwa 40 bis 60 Sekunden lang ausreichend
Strom, bis die Notstromaggregate anspringen, um dann den Reaktor sicher
herunterzufahren? Ob es nun Bedienfehler waren, Unvermögen oder gar ein
Erdbeben, wie einige offizielle Quellen behaupten – der Reaktor, in den kriti-
schen Minuten von Hand gesteuert, geriet außer Kontrolle. Dabei erwiesen sich
grundlegende Konstruktionsmängel des sowjetischen Reaktortyps als verhäng-
nisvoll. Innerhalb weniger Augenblicke war das Schicksal weiter Landstriche
in der Ukraine und in Belarus sowie der dort lebenden Menschen besiegelt.
Wegen Überhitzung und den dadurch im Reaktorblock ausgelösten chemi-

Land und Leute

schen Reaktionen rissen um 1.24 Uhr zwei Explosionen den 1000 Tonnen schwere Reaktordeckel und das darüberliegende Dach auseinander, und ein großer Teil des radioaktiven Inhalts wurde in die Atmosphäre geschleudert. Der von vielen gefürchtete GAU eines Atomkraftwerks, der ›Größte Anzunehmende Unfall‹, war da.

Eine Wolke mit über 100 radioaktiven Elementen, darunter Jod, Strontium 90 und Cäsium 137, breitete sich aus und zog mit dem Wind nach Nord-Nordwest. Etwa 150 000 Quadratkilometer in der Ukraine, Rußland und vor allem in Belarus wurden durch den Fallout radioaktiv verseucht. Die Katastrophenbekämpfung im Kraftwerk setzte sofort ein, tausende Kraftwerksmitarbeiter, Feuerwehrleute, Soldaten,

Auch in der Ukraine gibt es eine Grüne Partei

Bauarbeiter wurden eilig herangeholt, um unter unglaublichen Anstrengungen den Brand zu löschen und den Reaktorblock notdürftig mit Sand, Bor und Blei zu bedecken. Die sogenannten Liquidatoren, von denen viele nicht wußten, welcher Gefahr sie sich aussetzten, arbeiteten ohne oder nur mit dürftigem Schutz gegen die Strahlung.

In den ersten Stunden brachte man über 200 Menschen in Krankenhäuser, von denen 31 starben. Erst 36 Stunden nach der Explosion wurden die 50 000 Einwohner der direkt neben dem Kraftwerk gelegenen Stadt Prypjat' in Sicherheit gebracht, jedoch völlig unkoordiniert und mit der Zusage, daß man bald wieder nach Hause zurück könne. Es vergingen noch einmal Tage, bis angesichts der gesundheitlichen Gefährdung weitere Städte und Dörfer geräumt wurden, unter anderem auch die kleine Kreisstadt Čornobyl' selbst, nach der das Kraftwerk bei Baubeginn benannt wurde und die 18 Kilometer entfernt liegt. Danach zog man um das Kraftwerk eine 30-Kilometer-Sperrzone.

Dies alles geschah in den ersten Tagen ohne umfassende Information der Öffentlichkeit. Im Gegenteil: Die Verantwortlichen in Kiev und Moskau verschleierten die Gefahr und ließen es zu, daß in Kiev der alljährliche Umzug zum 1. Mai auf der Hauptstraße Chrescatyk stattfand, obwohl dadurch Zehntausende unnötig der Strahlung ausgesetzt wurden. Mehr als zwei Tage nach der Explosion – schwedische Meßstationen hatten die radioaktive Wolke inzwischen nachgewiesen – räumte die sowjetische Nachrichtenagentur TASS vage ein, daß es im Atomkraftwerk Čornobyl' einen Unfall gegeben habe. Noch später meldete der Kreml die Katastrophe der Internationalen Atomenergiebehörde IAEO in Wien. In den folgenden Tagen verteilte sich der Fallout über Polen, Skandinavien bis nach England, er erreichte die Türkei, Rumänien und Bayern.

Der havarierte Reaktorblock 4, der insgesamt zehn Tage gebrannt hatte, wurde in den Monaten danach mit einer Betonhülle, dem sogenannten Sarkophag, umbaut und verschlossen.

Insgesamt sind seitdem etwa 350000 Menschen ausgesiedelt worden. Die geräumten Gebiete in der Ukraine und in Belarus werden für Generationen nicht mehr bewohnbar sein. Die Zahl der Erkrankungen an Schilddrüsenkrebs, Leukämie und anderen Krebsarten ist in den belasteten Gebieten nach der Katastrophe sprunghaft angestiegen. Wie viele von den Liquidatoren erkrankt und gestorben sind, ist ungewiß. Bis Anfang der 1990er Jahre sollen es mehrere Hunderttausend gewesen sein, die an den Aufräumarbeiten teilgenommen haben. Eine genaue Zahl aller Opfer ist vermutlich nicht mehr zu ermitteln. Der Kreml sprach am Anfang von jenen 31 Menschen, die kurz nach der Havarie an der direkten Strahlung gestorben seien. Das ukrainische Gesundheitsministerium nannte 2002 andere Zahlen: Die Rede ist von 15000 Todesopfern unter den Liquidatoren. Und die Weltgesundheitsorganisation WHO überraschte 2005 wieder mit neuen Zahlen. Sie gab an, daß 56 Menschen direkt an der Strahlung gestorben seien und es etwa 4000 Verstrahlte gebe. Diese Zahlen wurden sofort angezweifelt. Denn viele Liquidatoren kehrten ohne fachgerechte medizinische Betreuung nach dem Einsatz in ihre Heimatregionen zurück. Außerdem ist es nach dem Zerfall der Sowjetunion unmöglich geworden, die Liquidatoren, inzwischen Bürger von fünfzehn souveränen Staaten, in einer gemeinsamen Statistik zu erfassen.

Noch im Jahr 1986 gingen die übrigen Kraftwerksblöcke von Čornobyl' wieder ans Netz. Erst nach langem Verhandeln und auf Drängen der EU wurde das Atomkraftwerk am 15. Dezember 2000 abgeschaltet. Weil der hastig gebaute Sarkophag bald Risse zeigte, einigten sich die EU, die USA und die Ukraine auf ein Projekt, den Block 4 mit einem neuen stabileren Sarkophag sicher und dauerhaft zu versiegeln. Der Auftrag wurde 2007 an ein französisch geführtes Baukonsortium vergeben, das sich eigens für den Bau gegründet hat und zu dem auch die deutsche ›Hochtief‹ gehört. Die Kosten dafür und für weitere Schutzmaßnahmen, unter anderem für den Bau eines Zwischenlagers, belaufen sich auf über eine Milliarde Euro. Doch wann das neue, weit über 100 Meter hohe Betondach fertiggestellt sein soll, ist weiterhin unklar. Das Unterfangen ist offenbar zu kompliziert, als daß neue Zeitpläne veröffentlicht werden – alte gingen noch von einer Fertigstellung im Jahr 2009 aus. Die Ukraine, die fast die Hälfte ihres Stroms aus Atomkraft bezieht, hat 2005 angekündigt, daß sie bis 2030 elf neue Reaktoren bauen will. Kraftwerke arbeiten bisher bei Rivne, Chmel'nyc'kyj, Enerhodar und Pervomajs'k.

Für Reisende, die sich nur wenige Wochen im Großraum Kiev aufhalten, besteht keine Gefahr durch radioaktive Strahlung, man sollte jedoch keine Pilze und kein Wild aus der Region essen. Auch sollte man in Kiev nicht unbedingt im Dnepr baden – wiewohl das Einheimische an den Stränden in der Stadt ausgiebig tun. Stärker als das Wasser sind nach wie vor die Sedimente auf dem Flußgrund rings um Tschernobyl belastet. Doch allzu viel kommt davon in Kiev nicht mehr an, da sich der Dnepr nördlich der Stadt zu einem Stausee weitet, in dem sich viele Partikel absetzen, und auch die Staumauer selbst Sedimente zurückhält.

Ostslawen, Kleinrussen, Ruthenen oder Ukrainer?

Die Emotionen kochen in der Ukraine schnell hoch, wenn patriotische Russen das Erbe der Kiever Rus' für sich reklamieren und Kiev als die ›Mutter der russischen Städte‹ titulieren. In vielen Geschichtsdarstellungen wird der Ukraine kein Platz eingeräumt, die Kiever Rus' als erster russischer Staat und die ukrainische Kultur (wie die weißrussische) als landsmannschaftliche Ausprägung der russischen interpretiert. Dazu bemühen russische Historiker die These von der massenhaften Auswanderung der Kiever in Richtung Moskau nach der Mongoleninvasion. Staat und Volk seien also von Kiev nach Moskau umgezogen. Für ein ukrainisches Volk bleibt bei solchen Theorien nicht viel Platz. Doch für einen großangelegten Exodus im 13. Jahrhundert gibt es keine Belege.

Die Deutungshoheit blieb trotzdem bei Moskau. Als die Kosaken unter Hetman Bohdan Chmel'nyc'kyj 1654 in Perejaslav einen Vertrag mit dem Zaren unterzeichneten, war es für die Moskauer klar, daß sich beide Seiten nicht auf Augenhöhe begegneten, sondern die Kosaken sich mit der Rolle neuer Untertanen im größer gewordenen Reich begnügen mußten.

Auch die sowjetische Geschichtsschreibung interpretierte diesen Vertrag als langersehnte Vereinigung zweier Brudervölker – unter Moskauer Führung. Denn die Russen galten wegen ihrer überlegenen kulturellen und politischen Kraft als der ›ältere Bruder‹. Und auch Literaturnobelpreisträger Alexander Solschenizyn forderte nach dem Zerfall der Sowjetunion eine allrußländische Föderation mit Rußland, Weißrußland und der Ukraine – natürlich unter Führung Moskaus. Diese Geschichtsschreibung belastet das russisch-ukrainische Verhältnis bis in die Gegenwart. »Das ist doch gar kein richtiger Staat, George.« – Zeitungen kolportierten im Sommer 2008 diesen Satz Vladimir Putins, den er dem amerikanischen Präsidenten George W. Bush zum Thema Ukraine gesagt haben soll. Doch auch die Ukraine ihrerseits hat den Konflikt aufgeheizt. In der Unabhängigkeitserklärung von August 1991 beruft sie sich auf die tausendjährige ukrainische Tradition. Doch auch das ist Mythos.

Wem gehört also die Kiever Rus'? Ihr Gebiet erstreckt sich von Novgorod im Norden, das heute russisch ist, über Polock', das heute weißrussisch ist, bis nach Kiev, wo bis ins 13. Jahrhundert das politische Zentrum lag. Die Kiever Rus' war weder ein russischer noch ein ukrainischer Staat, sondern ein ostslawischer, seine Bewohner waren Ostslawen, die sich voneinander unterschieden und die Vorfahren aller drei heutigen ostslawischen Nationen bilden.

Die Begriffe Ukraine für eine klar definierte Region und Ukrainer für ein klar definiertes Volk traten erst viel später in die Geschichte ein. Bis ins 17. Jahrhundert bezeichneten sich die Ostslawen als Rus', was die Polen latinisiert als Rutheni wiedergaben. Dem folgend wurden im Habsburger Reich die Ukrainer als Ruthenen bezeichnet. Im Osten hingegen wurde das 1654 ans Russische Reich angeschlossene Hetmanat als Kleinrußland bezeichnet, was mit der entstehenden Nationalbewegung im 19. Jahrhundert von vielen Ukrainern als herabsetzend empfunden wurde. Bis ins 20. Jahrhundert wurden die Begriffe Kleinrussen, Ukrainer und Ruthenen nebeneinander verwendet, was auch im deutschen Sprachraum bis heute zu Verwirrung führt. Inzwischen hat sich die Bezeichnung Ukrainer durchgesetzt, die Begriffe Kleinrussen und Ruthenen gelten als Anachronismus.

Kleine Kirchenkunde

Auf der Reise von Kiev zum Schwarzen Meer hat man viele Gelegenheiten, Kirchen zu besichtigen, und so mancher dürfte über die vielen guterhaltenen und neuen Kirchen staunen. In nahezu allen Städten werden Kirchen wiederaufgebaut, die unter Stalin in den 1930er Jahren in atheistischem Wahn gesprengt wurden. Oft genug werden Kirchen aber auch völlig neu errichtet. Das Land ist von einer Religiosität erfaßt, die nicht nur alte Frauen, sondern auch junge Mädchen, Männer, Geschäftsleute und Politiker in die Gotteshäuser treibt. Es ist eine Wiederbesinnung auf Werte und Traditionen, die die Kommunistische Partei wiederholt für tot erklärt hatte – es ist jedoch eine Wiederentdeckung, die alles andere als einfach ist.

Die orthodoxen Kirchen

In der Regel sind es orthodoxe Kirchen, die man erblickt und die meist leicht an den typischen Zwiebelkuppeln zu erkennen sind. Doch zwischen orthodox und orthodox gibt es feine, für Außenstehende kaum wahrnehmbare Unterschiede, doch sind es Unterschiede, die zu heftigen Spannungen geführt haben. Die Spannungen liegen in der Geschichte begründet, und so kommt es, daß die orthodoxe Kirche in der Ukraine gleich in drei Ausprägungen existiert:

Als ›alteingesessene‹ Kirche gilt die ukrainisch-orthodoxe Kirche/Moskauer Patriarchat (UOK, bis 1990 russisch-orthodoxe Kirche), die dem Patriarchen in Moskau unterstellt ist und deren ukrainisches Oberhaupt, der Metropolit in Kiev, für die gesamte Ukraine zuständig ist. Er residiert im Kiever Höhlenkloster.

Doch mit dem Erstarken des ukrainischen Nationalbewußtseins wurden Forderungen nach einer eigenen, von Moskau unabhängigen orthodoxen Kirche mit Gottesdiensten in ukrainischer Sprache und einem eigenen Oberhaupt (eine sogenannte autokephale Kirche) laut. Unter dem Zaren blieb das ein Traum, als er abdankte, sahen die ›Autokephalen‹ ihre Chance gekommen: Am 9. Mai 1919 konnte in der Garnisonskirche in Kiev der erste Gottesdienst mit ukrainischer Liturgie gefeiert werden. Die Autokephalen machten sich die von den Bolschewiki betriebene Trennung zwischen Staat und Kirche zunutze, ließen sich behördlich registrieren und Kirchen zuweisen. Im September 1921 wurde der Oberpriester Lipkovskyj zum Oberhaupt der ukrainischen autokephalen orthodoxen Kirche (UAOK) geweiht.

Doch die neue Freiheit währte nicht lange. Unter Lenins Diktum »Je mehr reaktionäre Geistliche wir erschießen können, desto besser«, brach für alle Kirchen in den 1920er Jahren eine Zeit des Terrors an. Viele Kirchengebäude wurden enteignet, umgewidmet oder gleich gesprengt. Unter der Verfolgung der Priester und Gläubigen hatte die UAOK besonders zu leiden. Um so erfreuter waren sie, als sie 1941 mit dem Einmarsch der Deutschen wieder gefördert

Orthodoxer Priester im Kiever Höhlenkloster

Im Kiewer Höhlenkloster

wurden. Doch mit dem Abzug der Wehrmacht war Schluß mit dem Traum einer eigenständigen ukrainisch-orthodoxen Kirche. Die Hierarchie rettete sich über Deutschland in die USA und nach Kanada, die Gläubigen blieben zurück. Erst nach der Erlangung der ukrainischen Unabhängigkeit kam es zu einem Wiederaufleben der UAOK.

Diese Spaltung blieb jedoch nicht die einzige unter den Orthodoxen, denn nach der Unabhängigkeit entstand auf Betreiben des ursprünglich moskautreuen Metropoliten Filaret ein zweiter, von Moskau abtrünniger Ableger: die ukrainisch-orthodoxe Kirche/Patriarchat Kiew. Obwohl Filaret lange Zeit der Kiewer Metropolit der ukrainisch-orthodoxen Kirche gewesen war und 1990 sogar bei der Wahl zum neuen Moskauer Patriarchen antrat, bei der er allerdings unterlag, näherte er sich nach dem Zerfall der Sowjetunion den Autokephalen an und trat 1992 sogar über. Umgehend wurde er vom Moskauer Patriarchen Alexij II. aller Ämter enthoben. Doch Filaret wurde auch von der autokephalen Kirche wieder vor die Tür gesetzt, nachdem seine Zusammenarbeit mit dem sowjetischen Geheimdienst KGB ans Licht gekommen war. Filaret sagte sich kurzerhand mit einer ›eigenen‹ ukrainischen autokephalen Kirche/Kiewer Patriarchat von Moskau los. Seitdem gibt es drei orthodoxe Kirchen in der Ukraine, die einander, um das Mindeste zu sagen, nicht freundlich gesonnen sind. Es geht zu wie in einer zerstrittenen Familie: Beide autokephalen Kirchen kämpfen zwar einträchtig gegen die ›Moskautreuen‹, doch wenn sie sich nicht mit Moskau befehden, bekämpfen sie sich untereinander. Mäßigende Geister haben schon versucht, die beiden Autokephalen zusammenzuführen. Bisher ist das gescheitert, weil die Führungsfigur Filaret weiterhin polarisiert.

Der Kampf gegen die ›moskautreue‹ Kirche mit ihrem Metropoliten in Kiew und dem Patriarchen in der russischen Hauptstadt wird meist hinter den Kulissen ge-

Nikolai der Wundertätige

führt. Hinzu kommt, daß sich die beiden autokephalen Kirchen oft in ihren Interessen mit nationalistischen Gruppen verbinden, während den Moskautreuen eine besondere Verbindung zum Kreml nachgesagt wird. Überdies haben auch die ukrainischen Präsidenten ihre jeweilige Präferenz: So hat der erste Präsident Kravčuk stets Filaret die Treue gehalten, während sein Nachfolger Kučma die moskautreue Kirche unterstützte. Tiefpunkt der Auseinandersetzungen war das Begräbnis des damaligen Kiever Patriarchen Volodymyr im Juli 1995. Seine Anhänger mit Ex-Präsident Kravčuk an der Spitze wollten den Leichnam in der Sophienkathedrale beisetzen, obwohl mit den Kiever Behörden ein Begräbnis auf einem Friedhof vereinbart worden war. Die Kathedrale, als Museum im Staatsbesitz, wird von beiden Kirchen beansprucht. Wenn es dort zur Beisetzung gekommen wäre, hätten die ›Autokephalen‹ eine Vorentscheidung im Streit um die Kirche erreicht. Es kam anders: Nach Ausschreitungen zwischen Polizei, Moskautreuen und Zivilisten wurde der Tote schließlich unter dem Fußweg vor den Toren der Kathedrale begraben, über 50 Verletzte kamen ins Krankenhaus.

Präsident Juščenko ist auch ein ›Autokephaler‹. Doch ganz gleich, wem die Präsidenten auch den Vorrang geben, von einem Religionsfrieden ist die Ukraine weit entfernt. An Filaret, inzwischen Patriarch seiner Kirche, werden sich weiterhin die Geister scheiden. Für die einen bleibt er ein KGB-Zuträger, für die anderen ist er eine Lichtgestalt der ukrainischen Nationalkirche.

Die unierte Kirche

In der ehemals polnisch beherrschten Westukraine ist darüber hinaus noch eine weitere Kirche stark verbreitet, die – man ahnt es schon – von allen drei orthodoxen Kirchen gemieden wird: Die griechisch-katholische Kirche, auch unierte Kirche genannt. Bei dieser Form ist der Ritus dem der orthodoxen Kirche nahezu gleich, rechtlich ist sie aber dem Papst in Rom unterstellt.

Die unierte Kirche war einst der Versuch, die Kluft, die das sogenannte Morgenländische Schisma von 1054 geschaffen hatte, zu überwinden. Damals exkommunizierten sich die beiden Oberhäupter von West- und Ostkirche gegenseitig – die katholische Kirche mit dem Papst in Rom und die byzantinische Kirche mit dem Patriarchen in Konstantinopel hatten sich als Folge einer langen Vorgeschichte überworfen. Es gab immer wieder Versuche, diese Spaltung zu überwinden, allerdings ohne Erfolg. Auch das katholische Polen war an einer Annäherung interessiert, weil es seine ukrainischen Untertanen, die orthodox waren, stärker an sich binden wollte. Es gab mehrere Anläufe, eine kirchliche Union zu etablieren, Ende des 16. Jahrhunderts erreichte die polnische Krone dann ihr Ziel: Nach Geheimverhandlungen unterzeichneten sechs orthodoxe Bischöfe 1594 einen Unionsvertrag mit Rom. Die griechisch-katholische Kirche war gegründet. Für die Orthodoxen waren diese sechs schlicht Verräter. Diese Ansicht hat sich bis heute auch nicht wesentlich geändert.

Das derzeitige Oberhaupt der ›Unierten‹, der Großerzbischof Kardinal Ljubomyr Huzar, residierte bis 2005 in L'viv. Huzar unterstützte 2004 die Orangene

Revolution. Im Sommer darauf wollte er die politische Ernte einfahren: Er verlagerte den Verwaltungssitz von L'viv nach Kiev und nennt sich seitdem ›Großerzbischof von Kiev und Halyč‹ – ein Affront für alle Orthodoxen. Der Hinweis, daß das geistliche Zentrum weiterhin die Georgskathedrale in L'viv bleiben werde, fruchtete nicht.

L'viv ist außerdem auch das Zentrum der römisch-katholischen Kirche in der Ukraine, der vor allem Polen und Polnischstämmige angehören. Das Verhältnis zwischen den Römisch-Katholischen und Unierten ist ebenfalls nicht ungetrübt, denn viele Römisch-Katholische halten die Unierten für keine ›richtigen‹ Katholiken.

Als Reisender kann man die Streitereien, die oftmals kaum nachvollziehbar sind, vernachlässigen, doch wenn man eine Kirche betritt, sollte man folgendes berücksichtigen: Frauen sollten ein Kopftuch tragen, vor großen Klöstern und Kirchen werden Kopftücher auch verkauft. Gelegentlich werden auch Kittel gegen Geld verliehen, so etwa am Eingang zu den Höhlen im Kiever Höhlenkloster, denn kurze Hosen und knappe Röcke werden dort nicht geduldet. Wer will, kann an den kleinen Theken, die es in fast jeder Kirche gibt, auch eine oder mehrere Kerzen kaufen und sie entzünden. Der Handel mit Kerzen ist für jede Kirche eine wichtige Einnahmequelle. Meist werden dort auch Devotionalien, Ikonen, Salböl, Kalender und geistliche Literatur verkauft.

Die ukrainische Küche

Auch wenn die Reiseveranstalter Wert drauf legen, daß man auf den Schiffen auf die heimische Küche nicht verzichten muß, und in den Bordrestaurants außerdem hervorragende Köche arbeiten – früher oder später wird man Bekanntschaft mit der ukrainischen Küche machen. Das erste, eher symbolische ukrainische Mahl wird den Reisenden beim Einschiffen gereicht: Nach altem Brauch werden die Gäste mit Brot und Salz (chlib i sil') begrüßt. Brot und Salz, die alten Zeichen der Gastfreundschaft, sollen auch Appetit auf mehr machen. Bald werden die

Trockenfischverkauf

Mitarbeiter der Bordküche zeigen wollen, daß sie die ukrainischen Speisen nicht vergessen haben, und bald wird man bei einem Ausflug aufs Land das erste Stück Speck, den ersten Selbstgebrannten vorgesetzt bekommt. Man sollte solche Angebote nicht ausschlagen – nicht nur aus Höflichkeit. Ein Land lernt man schließlich auch über den Gaumen kennen, und so sollte man Hochprozentiges und Fettiges einmal wenigstens probieren, die sonstigen Ernährungsgewohnheiten ausnahmsweise hintangestellt. Es ist schließlich Urlaub.

Hochprozentiges und Fettiges sind gute Stichworte – denn die ukrainische Küche zeichnet sich durch deftige Speisen und bodenständige Zutaten aus. Verarbeitet wird, was Acker und Stall gerade hergeben. Der schwarze ukrainische Boden ist fett, und die Früchte sind es auch. Im milden Klima der Ukraine wachsen Kartoffeln, Weißkohl, Rote Bete, Tomaten, Paprika, Mohrrüben, Tomaten, Gurken, Auberginen, Mais, Melonen, Wein – das alles auf ausgedehnten Feldern oder auch im kleinen Garten hinter dem Haus.

Zum Gemüse kommen Huhn und Schwein, Eier und Mehl. Nicht zu vergessen Brot in allen Variationen. Honoré de Balzac soll, als er Mitte des 19. Jahrhunderts zum Heiraten in das ukrainische Berdyčiv kam, auf seiner Reise 77 Sorten Brot gezählt haben und darüber sehr erstaunt gewesen sein. Und dann ist da noch Smetana (Сметана), fette saure Sahne, am besten direkt von der Kuh im Hof, mit der fast jede Speise verfeiert wird.

Speisen

Die Ukrainer haben für ihre Küche Elemente ihrer deutschen, polnischen und jüdischen Nachbarn aufgenommen, doch die Nähe zur russischen Küche ist natürlich besonders groß. Populär sind Eintöpfe, allen voran der legendäre Borschtsch (Boršč/Борщ), bei dem sich Russen und Ukrainer immer noch streiten, wer das Gericht aus Kohl, Roter Bete und Fleisch denn nun erfunden habe. Egal, Borschtsch ist einzigartig – es gibt so viele Rezepte für ihn, wie es Herde oder Hausfrauen gibt. Es gibt ganz dünnen, der als Vorsuppe gereicht wird, und es gibt Borschtsch, in dem der Löffel senkrecht steht, es gibt sehr roten Borschtsch und es gibt welchen, der eher bräunlich ist. Die einen schwören auf Kochen, die anderen schmoren erst einmal alles Gemüse. Nur eines ist ehernes Gesetz: Wenn er serviert wird, gibt es einen großen Löffel Smetana hinein.

Beliebt sind außerdem Vareny-ky (Вареники), Teigtaschen, die mit Fleisch, Kraut, Kartoffeln, Quark, eigentlich mit fast allem, gefüllt werden können. Außerdem Golubzi (Голубці), Krautwickel, die in große Töpfe ge-

Köstlichkeiten aus der Bordküche

schichtet und gedünstet werden. Einstiges Hauptverbreitungsgebiet für die Sol-
janka waren wohl die DDR-Gaststätten, aber diese säuerliche Suppe wird auch
gern in der Ukraine kredenzt, wo sie ja auch ihren Ursprung hat.

Natürlich ist auch Speck (сало) ein wichtiger Grundstoff. Ihn sollen die
Kosaken lieben gelernt haben, so heißt es jedenfalls, weil sie mit den fetten
Stücken vom Schwein die muslimischen Tataren ärgern konnten. Es gibt Speck
mit Knoblauch, mit Koriander, er wird eingesalzen oder an der Luft getrocknet
(geräucherter Speck ist hingegen selten), er heißt ›Bauernspeck‹ oder ›Speck nach
Hausmacherart‹. Mit Schwarzbrot und Wodka genossen, ist er eine nahrhafte
Mahlzeit, und er ist ein Muß für eine andere deftige Delikatesse, den Schaschlyk
(Шашлык).

Der Fleischspieß aus Mittelasien ist über den Kaukasus zu den Ostslawen
gekommen und hat sich dort verbreitet. In den Städten, auf den Dörfern und an

Der Schiffskoch führt durch sein Reich

den Landstraßen, hinter den Imbißbuden und Restaurants, an Flußufern, Wiesen
und Seen – überall trifft man auf duftende Schaschlykfeuer, und das nicht nur
im Sommer. In einem Punkt unterscheidet sich die Schaschlykzubereitung von
allen anderen Speisen: Schaschlyk ist Männersache, weil es nicht am heimischen
Herd, sondern im Grünen über offenem Feuer zubereitet wird.

Der ukrainische Schaschlyk hat daher nichts mit den deutschen Kreationen
zu tun, wo auf den Spieß neben dem Fleisch noch allerlei anderes, Leber etwa,
Paprika oder gar saure Gurke, gesteckt wird, um ihn dann in einer Pfanne zu braten. Das ist irgend etwas, aber kein Schaschlyk. Grundlage des Schaschlyks sind
Schweinefleisch (gern auch Lamm), Speck und Zwiebeln. Jeder Schaschlykspe-
zialist – das ist nicht anders als beim Borschtsch – hat seine Rezeptur. Und wenn
es gelingt, ist das Fleisch weich wie Butter und unnachahmlich aromatisch.

Land und Leute

Wodka und Samogon

Wodka gehört zum Schaschlyk wie Speck. Es gibt ihn inzwischen wieder in allen möglichen Variationen, beinahe monatlich kommen neue Sorten auf den Markt, und selbst Kenner verlieren den Überblick. Die Qualität hat sich nach der Krise in den 1990er Jahren wieder deutlich verbessert. Jeder Hersteller schwört auf seine Rezeptur, auf sein Quellwasser, auf seine Zusätze – es gibt Wodka mit Paprika, mit Birkensaft, mit Honig, mit Vitamin C. Doch egal, was noch in die Flasche gemixt wird, eines ist heilig: Der Alkoholgehalt beträgt 40 Volumenprozent. Diese Festlegung wird dem berühmten Universalgelehrten Dmitri Mendelejew aus dem 19. Jahrhundert von russischen Patrioten zugeschrieben. Wer an dem oft schon beeindruckend langen Wodkaregal in den Kaufhallen unsicher ist, sollte sich bei einem Einheimischen oder einer Verkäuferin erkundigen, im Zweifelsfalle nehme man einen aus der mittleren Preisklasse.

Und dann gibt es den Samogon (Самогон), den Selbstgebrannten, der sich oftmals nicht nach Mendelejew richtet. Das Schnapsbrennen hat eine lange Tradition, ist nach wie vor verboten und wird doch nach wie vor – insbesondere auf dem Land – praktiziert. Samogon kann prinzipiell aus fast allem hergestellt werden, was Stärke oder Zucker hat. Wer keinen Garten sein eigen nennt, weicht eben Brot und Zucker ein. Besser ist natürlich in jedem Fall Obst. Insbesondere alte Frauen vom Dorfe haben es beim Brennen zu größter Meisterschaft gebracht. Einer solchen Babuschka kann man getrost vertrauen, ansonsten sind Auge und Nase gefragt. Die Grundregel lautet – je sauberer ein Samogon, desto besser; viele, insbesondere die aus Obst, haben eine leichte Gelbfärbung und riechen auch nach den Früchten, auch ein Hefegeruch ist nicht unüblich. Riecht er aber stark und ist das Gebräu trübe, sollte man die Hände davon lassen. Und noch eines – je mehr Prozente der Samogon hat, desto besser ist er. 50 Prozent und mehr sind keine Seltenheit. Ist er sauber, wird man am nächsten Morgen keine Kopfschmerzen haben. Drei Regeln sollte man, ob Wodka oder Samogon, auf jeden Fall beherzigen: Niemals zusammen mit weiteren alkoholischen Getränken genießen, immer etwas Kräftiges dazu essen und – ganz wichtig – rechtzeitig aufhören.

Ukrainisches Bier

Abschließend noch zu einem neueren Phänomen: Die Ukraine ist in den vergangenen Jahren auch zu einem Land geworden, in dem der Gerstensaft inzwischen hoch im Kurs steht. Internationale Bierkonzerne melden regelmäßig ›außergewöhnliches Wachstum‹ in der Ukraine und in Rußland. Und für bayerische Brauer brach eine Welt zusammen, als im Mai 2004 das Weizenbier ›Etalon‹ (Эталон) aus dem

Bierwerbung in Dnipropetrovs'k

kleinen Städtchen Radomysl in der Nähe von Kiev beim renommierten ›Brewing Industry International Award‹ in London zum besten Weizenbier der Welt geküt wurde.

Anders als bei Wodka oder Samogon kann man die Qualität von Bieren schnell überprüfen. Nahezu jeder Kiosk führt die großen ukrainischen Marken, und auch auf dem Schiff wird in der Regel ukrainisches Bier angeboten. Sehr bekannt ist etwa die Kiever Brauerei ›Obolon'‹ (Оболонь), die im Jahr der Olympischen Sommerspiele von Moskau 1980 mit Hilfe von tschechischen Braumeistern im Stadtteil Obolon' gegründet wurde. Die sowjetischen Herrscher wollten den Sportlern der Welt ein Bier mit westlichem Standard präsentieren, und die Tschechen entschieden sich für Obolon', weil es dort artesische Quellen gibt. Das bekannteste und beliebteste Bier ist ›Obolon' Premium‹, ein helles Bier mit 5,2 Prozent Alkohol und 12,5 Prozent Stammwürze mit einer angenehm herben Note, die an norddeutsches Bier erinnert. Darüber hinaus gibt es eine breite Palette von Lager über Starkbier bis Weizenbier.

Die Brauerei Obolon' ist zwar ein großes Unternehmen, doch ein ukrainisches und damit fast ein Außenseiter. Dem osteuropäischen Biergiganten ›Baltic Beverages Holding‹ (BBH) – einem Joint Venture der dänischen Carlsberg Gruppe und der britischen Scottish & Newcastle Gruppe – gehören gleich mehrere große Brauereien, unter anderem die Brauerei ›Slavutyč‹ (Славутич), die 1974 in Zaporižžja gegründet wurde und 2002 auch eine weitere Produktionsstätte in Kiev bauen ließ. Der Name Slavutyč ist eine alte Bezeichnung für den Dnepr, und so trifft man auch manches Flußschiff mit diesem Namen.

Die größte Brauerei des Landes dürfte das Bierkombinat ›Desna‹ in der beschaulichen Stadt Černihiv im Nordosten des Landes sein, das zum belgisch-brasilianischen Biergiganten ›InBev‹ gehört. Dessen Marke ›Černihivs'ke‹ (Чернігівське) ist in allen Variationen von hell bis schwarz nahezu überall in der Ukraine präsent. Lange Zeit prangte auf den Etiketten ein Abbild der fast tausend Jahre alten Černihiver Christi-Verklärungskirche. Seit einiger Zeit ist das Logo verschwunden und durch ein einfallsloses Ч ersetzt, Č wie Černihiv. Jüngste Kreation ist das ›Bile med‹, ein obergäriges Bier, dem Honig zugesetzt wird und das sehr erfrischend nach Zitrone schmeckt.

Darüber hinaus gibt es viele kleine Brauereien, die allerdings nicht über einen weitverzweigten Vertrieb verfügen und deren Biere daher oft Zufallsentdeckungen bleiben. Kenner ukrainischer Biere schätzen vor allem zwei Sorten: Das ›Obolon' Premium‹ und das ›Černihivs'ke svitle‹. Allerdings sollte jeder, der es mag, seinen eigenen Biertest machen und sich dabei nicht von gelegentlich fremden ukrainischen Vorlieben beirren lassen, wie etwa im Städtchen Kremenec' gesehen, als zwei alte Männer ihrem frisch gezapften Bier eine ordentliche Ladung Smetana, saure Sahne, beirührten und sich dann zuprosteten.

Ob mit oder ohne spätere Zutaten, zwei Dinge sind für deutsche Bierliebhaber betrüblich. Erstens: Die Biere sind in der Regel nicht nach dem deutschen Reinheitsgebot von 1516 gebraut. Zweitens: Obwohl deutsches Bier und deutsche Braukunst in der Ukraine hoch im Kurs stehen, haben deutsche Brauereien den Anschluß verpaßt und sind daher im Biergeschäft der Ukraine nicht dabei.

Ukrainische Rezepte

Borschtsch (nach Marija Makoveckaja, Westukraine)
Zutaten für sechs Personen: Ein halber Weißkohl, ein halber Wirsing, sechs Mohrrüben, sechs Zwiebeln, vier Knoblauchzehen, vier Rote Bete, Kartoffeln, 500 Gramm Räucherfleisch, Smetana (saure Sahne), Öl.

Das Fleisch mit Lorbeer, Piment, Pfeffer und Salz kochen. Inzwischen den Kohl und den Wirsing kleinschneiden, die Mohrüben in Scheiben scheiden, Rote Bete und Kartoffeln würfeln. Wenn das Fleisch etwa eine Stunde gekocht hat, das Fleisch herausnehmen und kleinschneiden, die Brühe stehenlassen. In einem großen Topf eine große Tasse Öl erhitzen, den zerschnittenen Kohl und den Wirsing hineingeben und kräftig umrühren, dann Möhren und Zwiebeln zugeben und bei stets großem Feuer rühren, bis das Gemüse zusammengeschmort ist. Wenn es am Topfboden anzubrennen beginnt, mit der Fleischbrühe ablöschen, Kartoffeln, Rote Bete und Knoblauch dazugeben, würzen. Kurz bevor die Kartoffeln gar werden, das Fleisch dazugeben, abschmecken. Der Borschtsch hat durch den geschmorten Kohl einen leicht süßlichen Geschmack und ist eine vollwertige Mahlzeit. Natürlich mit Smetana servieren.

Schaschlyk

Zutaten für sechs Personen: 1,5 Kilogramm Fleisch, 500 Gramm Räucherspeck, 8 große Zwiebeln, 5 Knoblauchzehen, Essig und Öl, Pfeffer, Salz, Paprika, Thymian, Koriander, Schaschlykspieße aus Stahl (mindestens 50 cm), notfalls kann man sich mit Weidenspießen behelfen (gute Schaschlykspieße gibt es inzwischen in vielen russischen Lebensmittelgeschäften in Deutschland), sauberes Holz, am besten Eiche oder Buche.

Das Fleisch muß einen Tag vor der Zubereitung eingelegt werden. Dabei wird es in nicht zu kleine Stücke zerschnitten, danach wird der Speck in bleistiftdicke Scheiben geschnitten, die Zwiebeln ebenfalls in bleistiftdicke Scheiben schneiden, Knoblauch in hauchdünne Scheiben schneiden. Fleisch, Speck, Zwiebeln und Knoblauch in einen Topf mischen, dazu Salz und Gewürze, man sollte beim Würzen großzügig sein, dann vier Eßlöffel Essig und eine Tasse Öl in den Topf geben, alles mischen und zugedeckt an einem kühlen Ort ziehen lassen.
Wenn das Feuer angeheizt wird, kann man die Spieße mit dem Fleisch bestücken, nach zwei Stücken Fleisch folgen abwechselnd Speck und Zwiebeln. Schaschlyk wird auf Holzfeuer zubereitet, Holzkohle sollte nur im Notfall benutzt werden, da sie kein Aroma hat. Man sollte mit dem Holz nicht geizen, da die Glut nicht so lange vorhält wie bei Holzkohle. Erst wenn ein einheitliches rotes Glutbett vorhanden ist, die Spieße darüberlegen. Dazu muß man sich aus Steinen (Ziegelsteine sind sehr gut) eine Ablage bauen. Beim Braten die Spieße dann gleichmäßig drehen, wenn Fett tropft und Flammen schlagen, mit Bier ablöschen. Wenn die Fleischstücke gleichmäßig und auch an den Enden schön gebräunt sind, Spieße herunternehmen, das Fleisch abziehen, mit Brot und Ketchup servieren. Und natürlich mit Wodka.

Smačnoho (Смачного)! – Guten Appetit!

Volkskunst in der Ukraine

Auch derjenige, der noch nie in der Ukraine war, kennt mindestens eine klassische Vertreterin der ukrainischen Volkskunst – die Matrjoschka, jene kleine bemalte Holzpuppe, die in ihrem Bauch eine weitere Puppe versteckt hält, in deren Bauch wiederum eine noch kleinere steckt. Fünf Puppen und mehr sind keine Seltenheit, und sie gelten als fröhliche Sinnbilder für Fruchtbarkeit und Mütterlichkeit. Bei der Bekanntheit dieses typisch russisch-ukrainischen Souvenirs überrascht es, daß die Idee für die Matrjoschka erst im späten 19. Jahrhundert aus Japan ins Zarenreich kam. Heute sind sie nicht mehr wegzudenken, es gibt sie in der klassischen Form lackglänzend als freudestrahlendes Mütterchen mit Kopftuch, roten Bäckchen und blumenbemalter Schürze mit vielen Töchterchen. Seit langem gibt es aber auch satirische Kollektionen mit tiefer politischer Symbolik: In der grimmigen Lenin-Puppe steckt ein grimmiger Stalin, in ihm ein Chruschtschow, ein Breschnew bis hin zum gegenwärtigen russischen Kremlherrn Medwedjew. Halb augenzwinkernd, halb erschreckt wird mit den Puppen auf eine Kontinuität hingewiesen, die nicht mehr vieler Worte bedarf. In der Ukraine verhält es sich genauso, mit dem Unterschied, daß die ukrainischen Machthaber seit 1991 nicht diese Bekanntheit haben wie ihre russischen Kollegen.

Ebenfalls sehr verbreitet sind bemalte Eier – nicht nur zur Osterzeit. Die Eier als Symbol für Fruchtbarkeit und Auferstehung sind mit Ornamenten bemalt, oft aber auch mit Heiligen oder der Gottesmutter mit Kind. Mit traditionellen Mustern bemalt werden auch gern Teller, Löffel und andere Haushaltsgegenstände, die beliebte Souvenirs sind.

Eine besondere Geschichte haben die äußerst filigran bemalten Dosen und Schatullen, die es in vielen Souvenirgeschäften zu kaufen gibt. Diese mit Miniaturen bemalten Kästchen gehen auf die Malschule des Dorfes Palech nordöstlich Moskaus zurück, wo seit dem Mittelalter die Kunst der Miniaturlackierung gepflegt wurde. Religiöse Motive wechseln sich mit Märchendarstellungen ab. Solche ›Palech-Dosen‹ sind Unikate und damit teure, aber wertvolle Mitbringsel, doch es gibt auch einfachere ukrainische Dosen aus gedrechseltem Holz, auf die Ornamente und Szenen geschnitzt sind. Manchem Meister kann man auf der Straße oder auf Märkten bei der Arbeit zusehen, und die Fertigkeit und der Humor, mit denen die Szenen auf die bauchigen Dosen geschnitzt werden, stehen der Kunstfertigkeit der Miniaturmaler in nichts nach.

Doch auch die textile Volkskunst hat es in der Ukraine zur Meisterschaft gebracht. Insbesondere bestickte Tücher, Bänder, Blusen und Hemden zeugen von der Kunstfertigkeit der Ukrainerinnen, die traditionell mit Weben, Nähen und Sticken betraut sind. An den Festtagen waren früher die bunten Trachten nicht wegzudenken, auch viele Ikonen wurden mit bestickten Tüchern sorgsam umhüllt. Vieles von den Bräuchen ist zwar in der Sowjetzeit in Vergessenheit geraten, doch mit der Unabhängigkeit leben auch die alten Techniken wieder auf.

Land und Leute

Kunstvolle Dekoration in einer Bäckerei

»Kiev ist eine Stadt der goldenen Kuppeln. Überall in der
oberen Stadt am rechten Dneprufer leuchten die goldenen
Dächer der orthodoxen Kirchen,
Klöster und Kathedralen.
Wenn man aus der Ferne auf
die Stadt zukommt, dann hat
man den Eindruck, auf einen
leuchtend-goldenen Hügel zu
blicken. Bei Sonnenschein sieht
das traumhaft aus.«

Vitali Klitschko, Boxweltmeister

Kiev

Ankunft in Kiev

Wer nach vielen Jahren Kiev (ukr. Kyjiv/
Київ) wieder einmal besucht, ist überrascht. Wer zum ersten Mal anreist sowieso. Der Boxer Vitali Klitschko ist
nicht für Sentimentalitäten bekannt,
doch er hat recht. Wer von Osten über
den Dnepr auf das Stadtzentrum blickt,
sieht dichtbewaldete Uferhänge, aus
denen die goldenen Kuppeln der Kirchen ragen. Im Sonnenschein gleißen
sie, daß man die Augen unwillkürlich

zukneift, doch selbst unter einer
Wolkendecke leuchten sie noch feurig.
Das ist nicht nur dem Heiligen Geist
geschuldet, dessen Flammenzungen sie
symbolisieren, sondern auch den Restaurierungen und dem Wiederaufbau
der vergangenen Jahre und Jahrzehnte.
Ganze Klöster sind wiedererstanden,
Kirchen wiederaufgebaut, Häuser restauriert worden.

Dazu kommen die neuen Hotels, edlen
Passagen, unterirdischen Glaspaläste,
die Appartements, Restaurants und

Karte vordere Umschlagklappe

Metroplan, Kiev

Bars – denn Kiev ist mit seinen 2,6 Millionen Einwohnern (zusammen mit den Vororten sind es mehr als 3 Millionen) keinesfalls nur eine Stadt historischer Bausubstanz und vergangener Größe, sondern die pulsierende Metropole eines aufstrebenden Staates. Kiev ist längst dabei, den alten Zentren im Osten des Landes mit ihrer Schwerindustrie durch moderne Industrien und Dienstleistungen den Rang abzulaufen. Sichtbares Zeichen des neuen Selbstbewußtseins sind die Appartementhoch-

häuser am Ostufer. Zur Sowjetzeit war dort nur eine einzige langweilige Schlafstadt, doch die neuen Reichen blicken nun aus ihren gut gesicherten Appartements in hundert Metern Höhe über den Fluß auf die Parks, die gleißenden Kuppeln und den nicht abreißenden Verkehr auf den Uferstraßen.

Orientierung in der Stadt

So unübersichtlich Kiev auf den ersten Blick erscheint, es gibt klare Orientierungen. Die erste ist der Dnepr, der die

Kiev

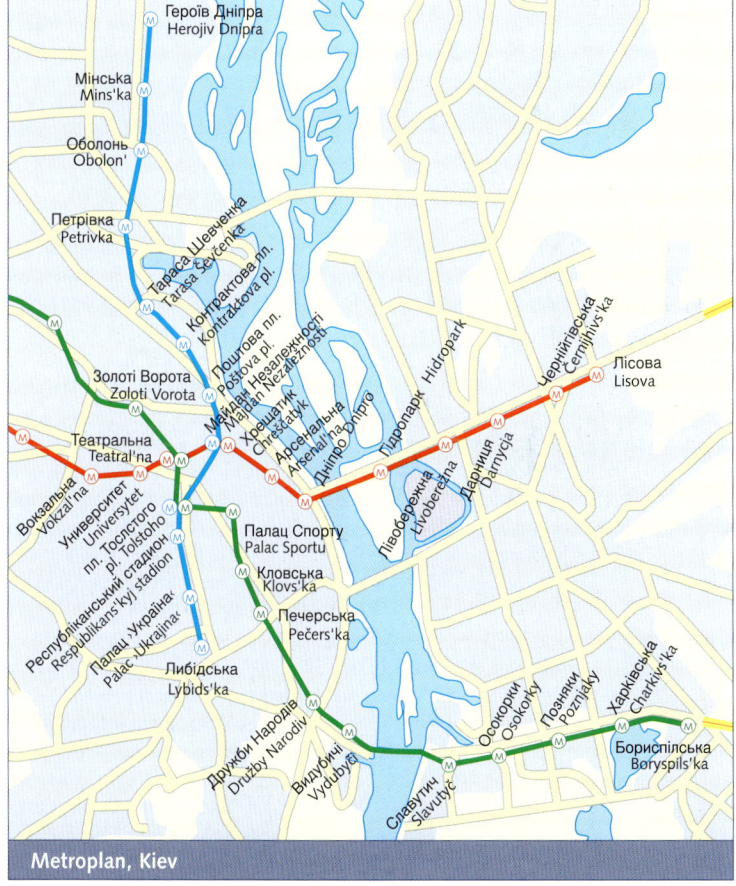

Metroplan, Kiev

Stadt teilt. Auf der westlichen Seite erstreckt sich der ältere Teil mit all seinen Sehenswürdigkeiten.

Die zweite Orientierung sind die Dneprbrücken. Es gibt vier Straßenbrücken (eine mit Metrolinie) und zwei Eisenbahnübergänge. Dazu kommt die Fußgängerhängebrücke, die gut vom Flußhafen zu sehen ist, jedoch nur auf die Insel Truchaniv führt. Im Norden und im Süden der Stadt wird an zwei weiteren Brücken gebaut. Der Brückenbau im Norden, die Podiler Brücke (Подільский міст), ist vom Flußhafen zu sehen. Die kombinierte Straßen-Eisenbahnbrücke ist ein Mammutprojekt der ukrainischen Hauptstadt, das nach Fertigstellung 7,5 Kilometer lang sein wird. Der Bau zieht sich jedoch in die Länge, vor 2010 wird er nicht eingeweiht, am wahrscheinlichsten ist das Jahr der Fußball-Europameisterschaft 2012.

Im Bereich des Stadtzentrums gibt es nur zwei Brücken von Bedeutung: Die Metrobrücke (Міст Метро) und die Patonbrücke (Міст Патона) verbinden die östlichen Teile mit dem Zentrum. Die Metrobrücke führt über die Insel Hidropark, dem Ausflugs- und Badegebiet der Kiever im Herzen der Stadt. Wegen des Uferhanges bündelt sich der Autoverkehr am Westufer direkt am Fluß zwischen Patonbrücke und dem Stadtteil Podil auf der Uferchaussee (Набережне шосе).

Die Metro

Das wichtigste Verkehrsmittel, nicht nur für Schiffsreisende, ist das 60 Kilometer lange Metronetz, das aus drei Linien (eine vierte ist im Bau) mit insgesamt 46 Stationen besteht, die sich unter dem Stadtzentrum kreuzen und ein Dreieck dicht beieinander liegender Haltestellen bilden.

Rolltreppe in der Kiever Metro

Da die Metrostation ›Postplatz‹ (Поштова площа) direkt am Flußhafen liegt und vom Schiffsanleger nur fünf Minuten entfernt ist, kann man von dort aus schnell und bequem ins Stadtzentrum gelangen, oder auch, sollte einem der Sinn danach stehen, bis zur Peripherie. Die Metro verleiht den Touristen Flügel, wenn auch meist unter der Erde.

Die Linien sind durch Farben gekennzeichnet: Die rote Linie führt von West nach Ost durch die Stadt, die blaue von Nord nach Süd und die grüne von Nordwest nach Südost. Die drei Umsteigebahnhöfe unter der Oberstadt haben für jede Linie eigene Namen und sind durch Tunnel miteinander verbunden. An allen Metro-Eingängen werden Kunststoffmarken (Jeton, Жетон) verkauft, mit der man die automatischen Einlaßschranken zur Rolltreppe passieren kann. Wer den Eingang passiert hat, kann solange und sooft hin- und herfahren wie er will. Die letzte U-Bahn fährt gegen 24 Uhr, wenn die Metro geschlossen wird. Die ersten Metrozüge rollen am Morgen wieder gegen 6 Uhr. Achtung: in der Metro ist es, insbesondere zu den Stoßzeiten, drückend voll, was Taschendiebe animiert. Deswegen sollte man gut auf Taschen und Gepäck achten und dabei Rucksäcke in die Hand nehmen.

Karte vordere Umschlagklappe

Geschichte der Stadt

An das vermeintliche Urdatum von der Gründung Kievs erinnert eine Legende, die viel zu schön ist, um wahr zu sein. Die mittelalterliche Nestorchronik berichtet, daß der Apostel Andreas auf seinem Weg nach Rom den Dnepr hinaufgefahren sei, Hügel gesehen und zu seinen Schülern gesprochen habe: »Seht ihr diese Berge? Über ihnen wird Gottes Gnade erstrahlen. Hier wird einst eine große Stadt sein, und Gott wird viele Kirchen errichten.« Danach soll er ein Kreuz aufgestellt haben. Der Apostel müßte allerdings sehr vom Weg abgekommen sein, um den Dnepr als Route zu nutzen. Die Sache ist durchsichtig: Der Verfasser der Chronik, die mit großer Wahrscheinlichkeit in Kiev entstanden ist, wollte mit einem prominenten Stadtgründer glänzen. Und wer steht höher als ein Jünger Jesu? Immerhin erhebt sich heute auf einem Hügel über dem Dnepr die barocke Andreaskirche, und seit dem Jahr 2000 gibt es in Kiev ein Denkmal für den berühmten Reisenden unweit der Metrostation Arsenal'na im Park ›Askold-Grab‹ (park Askol'dova mohyla).

An anderer Stelle ist die Chronik schon weit näher an der Wirklichkeit. Sie erwähnt, daß drei Brüder, Kyj, Ščcek und Choriv gemeinsam mit ihrer Schwester Lybed' auf einem Hügel über dem Dnepr eine Burg gebaut haben, die nach dem ältesten Bruder Kyj den Namen Kiev trug. Tatsächlich fanden Archäologen 1908 die Reste einer Burg aus dem 5./6. Jahrhundert, und tatsächlich kennen byzantinische Chroniken jener Zeit einen Fürsten Kyj. Und so feierte Kiev 1982 das 1500jährige Stadtjubiläum. Dabei wurde unter anderem das Denkmal errichtet, das die Brüder an Deck ihres Bootes majestätisch mit Speer und Bogen zeigt, während sich ihre Schwester Lybed' abenteuerlustig in den Bugwind wirft. Inzwischen ist das Ensemble unweit der Patonbrücke im Süden der Stadt zu einem Wahrzeichen geworden. Doch ein Denkmal neueren Datums zeigt die Geschwister auf dem Majdan Nezaležnosti, dem Unabhängigkeitsplatz im Zentrum der Hauptstadt, schon in einer weitaus ›cooleren‹ Pose.

Da auch das Jahr 482 durch Quellen kaum belegt ist, versucht man seit Jahren, das Gründungsdatum der Stadt genauer zu bestimmen. Hinzu kommt die Vermutung, daß das Jahr 482 im Vorfeld des damaligen Stadtjubiläums unter Druck des Kremls festgelegt worden sei. Das kratzt am ukrainischen Ego. Es geht also nicht nur um die Wissenschaft, sondern um Prestige und Autorität, und man kann nur hoffen, daß sie nicht doch noch auf den Apostel Andreas zurückkommen. Andernfalls, so wird gelästert, werde es wohl bald 2000 Jahre Kiev zu feiern geben.

Die Stadtgründer Kyj, Ščcek, Choriv und Lybed'

Kiev

Von den Wikingern bis zu Katharina II.

Egal, zu welchem Resultat die Historiker noch kommen werden: Kiev ist eine sehr alte Stadt, denn der Dnepr war frühzeitig eine wichtige Wasserstraße, und das nicht erst seit den skandinavischen Warägern, jenen Wikingern, die mit ihren Booten die osteuropäischen Flüsse erkundeten. Doch mit ihnen und ihren Fahrten von Skandinavien zum Mittelmeer erhielt das Verkehrsnetz eine geradezu europäische Bedeutung, und Kiev lag mittendrin. Nicht alle Waräger reisten bis ins Mittelmeer. Viele ließen sich nieder, gründeten Siedlungen und Herrschaften und vermischten sich mit den ansässigen Slawen.

Einer von ihnen war Fürst Oleg aus dem Geschlecht der Rjurikiden, der über Novgorod herrschte. 882 machte er sich mit einem Heer nach Süden auf, eroberte Kiev, erschlug die beiden Herrscher Askold und Dir, vereinte die beiden Fürstentümer und prophezeite: »Kiev soll die Mutter der russischen Städte werden!« So erzählt es die Chronik. Oleg gründete Städte und machte deren Einwohner tributpflichtig. Dort, wo sein erschlagener Widersacher Askold begraben wurde, befindet sich heute der oben erwähnte der Park ›Askold-Grab‹, der bis in die 1930er Jahre tatsächlich als Friedhof gedient hat.

Kiev war nun neben Novgorod im 10. und 11. Jahrhundert das Zentrum der sogenannten Kiever Rus', eines Herrschaftsgebietes, das in seiner Blütezeit von der Ostsee bis zum Dnister und von der Memel bis zum Don reichte. In Folge der Taufe von Großfürst Volodymyr 988 entwickelte sich die Stadt, Handel und Handwerk erblühten, Kiev gehörte im 11. Jahrhundert mit mehreren zehntausend Einwohnern zu den größten Städten Europas. Doch zu einer dauerhaften Blüte unter Volodymyrs Nachfolgern kam es nicht. Der zunehmende Bruderzwist unter den Herrschern schwächte die Rus'. Der jähe Absturz kam 1240, als Kiev in die Hand der Mongolen fiel und zerstört wurde. Das

Karte vordere Umschlagklappe

Das Michaelskloster bei Nacht

Zentrum der Rus' verlagerte sich in der Folge nach Moskau. Im 14. Jahrhundert geriet Kiev unter litauische Herrschaft, dann unter polnische, zwischendurch wurde es noch einmal von Mongolen heimgesucht.

Erst mit dem Auftreten der Kosaken als politischen Akteuren und der Bildung des Hetmanats rückte Kiev im 17. Jahrhundert wieder in den Blick. Mit dem Vertrag von Perejaslav kam Kiev im Jahre 1654 unter Moskauer Oberhoheit, mit Hetman Ivan Mazepa (1644–1709) erlebte die Stadt eine neue Blüte, deren architektonische Zeugnisse heute noch zu bewundern sind. Es wurde gebaut, Schulen wurden eröffnet, Bücher gedruckt. Mit der Aufhebung des Hetmanats unter Katharina II. (1729–1796) wurde Kiev Gouverneursstadt. Kiev war zwar von alter Größe noch weit entfernt, wurde aber mehr und mehr politisches und kulturelles Zentrum der Ukraine.

Industrialisierung und Krieg

Mit den unter Katharina hinzugewonnenen neurussischen Gebieten am Schwarzen Meer wuchs auch Kiev eine größere Rolle zu. Die Industrialisierung trug das ihre dazu bei. 1853 wurde die erste Dneprbrücke eingeweiht, 1870 dampfte die erste Eisenbahn aus der Stadt. Vor dem Ersten Weltkrieg war die Stadt auf 600 000 Einwohner angewachsen. Kiev war auch ein Zentrum der ukrainischen Nationalbewegung. Revolution und Bürgerkrieg zogen die Stadt arg in Mitleidenschaft. 1919 bestimmten die Bolschewiki Charkiv zur Hauptstadt der Sowjetukraine, erst 1934 wurde Kiev wieder Hauptstadt.

Im Zweiten Weltkrieg leistete die Stadt dem deutschen Angriff im September 1941 unerwartet lange Widerstand.

Schließlich fiel auch sie in die Hand der Deutschen. Einsatzgruppen richteten wenige Tage nach dem Einmarsch ein gewaltiges Blutbad an. Um den geplanten Mord an den Juden der Stadt als Evakuierung zu tarnen, veröffentlichten sie folgenden Aufruf: Alle Juden Kievs und der Umgebung sollten sich am Montag, den 29. September 1941, um 8 Uhr auf der vul. Mel'nykova mit Ausweis, Geld, Wertsachen und warmer Kleidung einfinden. Nachdem sich Zehntausende, zumeist Alte, Frauen und Kinder, versammelt hatten, wurden die meisten innerhalb von 36 Stunden in der Schlucht Babyn Jar mit Maschinengewehren erschossen. Insgesamt wurden bis zum 12. Oktober 1941 über 50 000 Juden ermordet. Dort befindet sich heute eine Gedenkstätte (unweit der Station Dorohožyči/Дорогожичи, grüne Metrolinie).

Nach dem Krieg wurden die Zerstörungen beseitigt, der Boulevard Chreščatyk im stalinistischen Barock zur Pracht- und Paradestraße ausgebaut. In den folgenden Jahrzehnten entwickelte sich Kiev zu einem wirtschaftlichen und kulturellen Zentrum der Sowjetunion.

Die Hauptstadt der Ukraine

1990 wurde für viele Ukrainer ein Traum Wirklichkeit: Über dem Kiever Rathaus weht seitdem die ukrainische Flagge, und mit der Unabhängigkeitserklärung vom 24. August 1991 wurde Kiev die Hauptstadt der unabhängigen Ukraine. Als der mit dem Zerfall der Sowjetunion einsetzende wirtschaftliche Niedergang Ende der 90er Jahre gestoppt war, setzte eine rasante Entwicklung ein, die bis heute anhält. Wirtschaftlich gewinnt der Großraum Kiev von Jahr zu Jahr an Bedeutung hinzu. Damit einher geht ein enormer Bauboom: Hotels und Büro-

Kiev

Der Unabhängigkeitsplatz im Zentrum der Stadt, auch Majdan genannt

häuser bedrängen inzwischen das historische Zentrum, und die Infrastruktur kann mit all dem nicht mithalten. Nicht alle Kiever sind über die oft rücksichtslose Bebauung glücklich. Eine wachsende Zahl fürchtet inzwischen um die historische Gestalt der Stadt. Die Proteste mehren sich. Ziel der Demonstrationen ist das Kiever Rathaus, wo dubiose Immobiliengeschäfte inzwischen sehr am Ruf des Bürgermeisters kratzen. So sehr, daß ihn Boxweltmeister Vitali Klitschko gern k.o. schlagen würde – natürlich mit politischen Mitteln. »Kiev war eine Museumsstadt, Gartenstadt, jetzt wird es zu einem Dschungel aus Steinen!« wetterte der Hüne. Zweimal, 2006 und 2008, hat er bereits Anlauf genommen, Bürgermeister zu werden. Bisher vergeblich. So hat sich ›Dr. Eisenfaust‹ vorerst in den Boxring zurückgemeldet und ist im Oktober 2008 Weltmeister geworden. Sein politischer Triumph steht noch aus.

Karte S. 69 ▲

Der Flußhafen

Wer von Kiev aus zu einer Kreuzfahrt aufbricht oder nach einer Schiffreise dort anlegt, hat sein Quartier im Flußhafen (Ričkovyj vokzal/Річковий вокзал) und mit etwas Glück ein Fenster zur Flußseite. Da die Schiffe gewöhnlich gegen die Strömungsrichtung festmachen, müßte man eine Kabine auf der rechten, der Steuerbordseite buchen. Man hat zumindest einen schöneren Ausblick, ruhiger wird es hingegen kaum sein, da sich die Ausflugsdampfer, die am Abend ablegen, schnell in schwimmende Diskos verwandeln und bis Mitternacht den Fluß beschallen.

Der Flußhafen ist eine Ansammlung von Anlegern, wo vor allem die kleine Armada der Ausflugsdampfer festmacht, einige schwimmende Restaurants und ein Hotel sind allerdings auch dort vertäut. Ansonsten ist er Angelstelle, Tummelplatz für Jugendliche und Pärchen und auch ein bißchen Kirmeswiese mit Karaoke, Schießbuden und Bierständen. Vom Anleger der Kreuzfahrtschiffe ist das Gott sei Dank etwas entfernt, dennoch muß man auch dort die Ohren spitzen, um das Glucksen des Wassers zu hören. Bis in die Abendstunden scheppern die Lautsprecher und Mega-

Blick über den Flußhafen und den Stadtteil Podil

phone, mit denen zu den zahllosen Dampferfahrten eingeladen wird. Wer so eine ›Progulka‹, einen Wasserspaziergang, unternehmen will, kauft die Tikkets direkt an Bord des jeweiligen Bootes. Im Hafengebäude selbst, das aus den späten 1950er Jahren stammt und mit Turm und Mast an ein Schiff erinnern soll, befinden sich zwar Reisebüros, öffentliche Toiletten und ein Restaurant – jedoch keine Schalter mehr für Tickets. Jeder Dampfer vermarktet sich inzwischen so gut und so laut, wie er eben kann. Die Ausflüge dauern zwischen

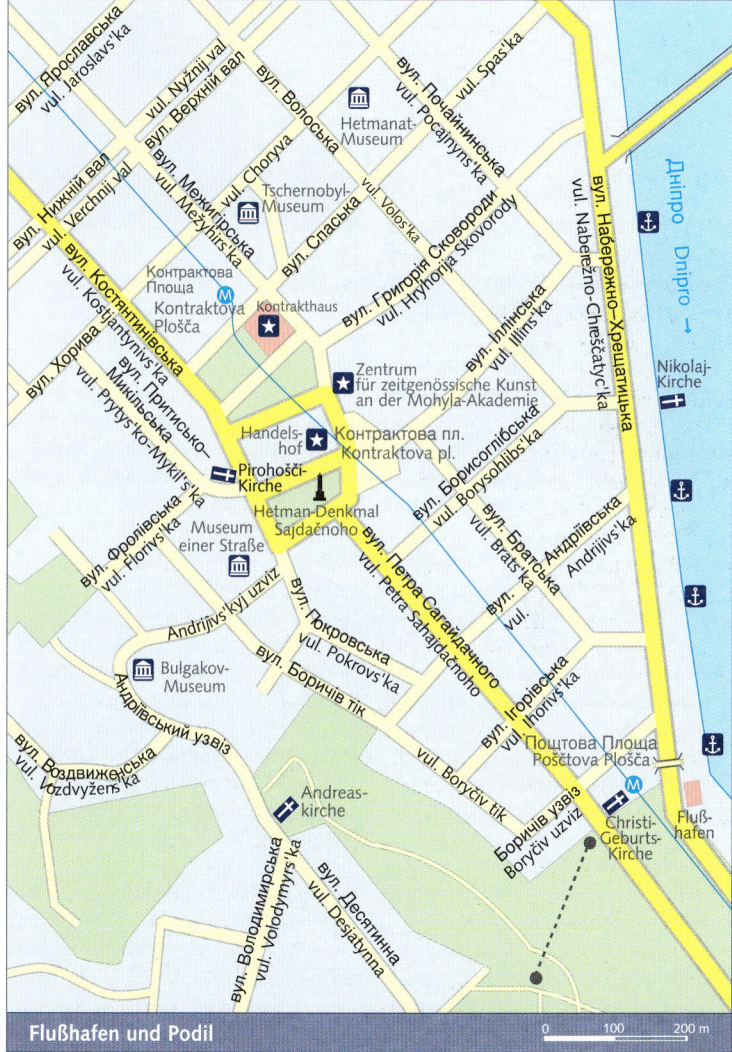

Flußhafen und Podil

0   100   200 m

Kiev

anderthalb und vier Stunden und kosten umgerechnet etwa zwischen fünf und zehn Euro.

Das heutige, wenig repräsentative Erscheinungsbild des Flußhafens täuscht darüber hinweg, daß der Ort wegen seiner bevorzugten Lage für Kiev stets von größter Bedeutung war. Schon in den Zeiten der Kiever Rus' haben hier die Schiffe festgemacht. Boote der Waräger, die aus Skandinavien kamen, schaukelten hier genauso wie Schiffe aus Konstantinopel. Und Katharina die Große legte hier am 1. Mai 1787 mit der Armada von 80 Schiffen und 3000 Matrosen nach Süden ab, um ›Neurussland‹ in Augenschein zu nehmen, die neuen Provinzen am Schwarzen Meer, die Grigorij Potjomkin für sie kolonisiert hatte.

Die Christi-Geburtskirche, im Hintergrund der Flußhafen

Kein Denkmal erinnert daran, was für ein historisches Pflaster unter den Füßen drückt. Noch nicht. Das einzige **Denkmal** hier ist das für die Matrosen der Dnepr-Flottille – das dafür aber um so markanter. Der dreieckige Granit-Obelisk ist knapp 15 Meter hoch und wurde 1979 eingeweiht. Um ihn herum gruppieren sich bronzene Matrosen – wachsam, mutig, kämpferisch, Sinnbild für jene, die im Bürgerkrieg und im Zweiten Weltkrieg gekämpft haben, in den Stein sind die Namen ihrer Schiffe eingelassen.

Rund um den Flußhafen

Die Lage am Hafen ist vorteilhaft, man hat vor sich das Flußpanorama und hinter sich die Stadt, an heißen Tagen verschafft das Wasser eine angenehme Kühlung. Außerdem liegt der Hafen mitten in Kiev – mit einer Einschränkung: Bis auf Podil, die Unterstadt, liegen die Sehenswürdigkeiten 50 und mehr Meter oberhalb des Flusses hinter den Ufer-

hängen. Doch das ist nur auf den ersten Blick ein Hindernis. Man kann es auf drei Arten überwinden, zwei davon sind wenig anstrengend. Der schnellste Weg ist die Metro, der eleganteste die Standseilbahn, der Funiculaire, und der gesündeste ein Fußmarsch.

Vom Flußhafen führt eine Fußgängerbrücke über die Uferstraße vul. Nabereẑno-Chreščatyc'ka zum Postplatz (Поштова пл.). Leider ist die Brücke mit ihren ausgetretenen und lädierten Stufen alles andere als fußfreundlich, und man muß beim Laufen gehörig aufpassen. Außerdem ist sie für Kinderwagen und Rollstühle ungeeignet, da Laufschienen fehlen. Den Gedanken, die mehrspurige Uferstraße lieber ebenerdig zu überqueren, sollte man sich sofort wieder aus dem Kopf schlagen. Das wäre bei der endlosen Autolawine und ihrem unberechenbaren Tempo die weit größere Gefahr. Sicher auf dem **Postplatz** angekommen, breiten sich Sonnenschirme aus, Restaurants offerieren ihre Speisen und Kioske ihr Bier.

Karte S. 69

Als schmucker Kontrast zu dem welt-
lichen Trubel leuchtet seit 2004 die
wiederaufgebaute **Christi-Geburtskirche** im schönsten Orange. Auch sie war
1935 dem Wüten der Bolschewiki zum
Opfer gefallen. Direkt neben der Kirche
befinden sich die Eingänge zur Metrostation ›Poštova plošča‹. Da die U-Bahnen im Minutentakt fahren, kommt
man in Windeseile in die Oberstadt,
schon der nächste Stop Richtung
Lybids'ka ist die Doppelstation ›Majdan
Nezaležnosti/Chreščatyk‹ (Майдан
Незалежності/Хрещатик). Von dort
gelangt man auf den Unabhängigkeitsplatz, auch Majdan genannt, und auf
den Boulevard Chreščatyk – mit anderen Worten mitten ins Herz der Hauptstadt. Man kommt auf den anderen
Linien ebenso schnell weiter, etwa zur
›Arsenal'na‹ (Арсенальна), um zu Fuß
zum Höhlenkloster zu gelangen, oder
zur ›Teatral'na‹ (Театральна), um das
Opernhaus oder das Goldene Tor zu
besichtigen.

■ Die Standseilbahn

Der Eingang zur Metro ist gleichzeitig
auch die Unterführung zur anderen Straßenseite der vul. Petra Sahaidačnoho.
Dort fällt schon der geschwungene Eingang zur nächsten Transportmöglichkeit
ins Auge, dem altertümlichen Funiculaire, der seit dem 7. Mai 1905 den
Postplatz in Podil mit dem Michaelsplatz in der Oberstadt verbindet. Auf
222 Metern Länge überwindet das Ge-
fährt in geruhsamen drei Minuten eine
Höhendifferenz von 75 Metern – ergibt
knapp 4,4 Stundenkilometer. Der Funiculaire ist – auch wenn die beiden Waggons inzwischen recht proletarisch an-
muten – ein sympathisches Relikt aus
dem vorrevolutionären Kiev – und angesichts des Verkehrsinfarkts ringsum ein

galanter und zuverlässiger Dinosaurier
der Fortbewegung. Er fährt täglich von
6 bis 23 Uhr, eine Reise kostet umgerechnet nur wenige Euro-Cent, die am
Eingang zu entrichten sind. Die Bergsta-
tion befindet sich etwas versteckt zwischen dem Außenministerium und dem
hinteren Ausgang des St. Michaelsklosters. Von dort ist es nicht mehr weit zur
Sophienkathedrale.

■ Zu Fuß in die Oberstadt

Bleibt noch der Fußweg. Man kann
durch den Park ›Volodymyrs'ka Hirka‹
über Serpentinen spazieren, mit gutem
Schuhwerk auch querfeldein entlang
dem Funiculaire. Das alles ist aber genauso wenig zu empfehlen wie der Aufstieg über den Andreassteig vom Kontraktplatz aus. Damit sei nicht gesagt,
daß man das nicht tun sollte. Wer aber
Stadt und Flußpanorama genießen und
seine Beine schonen möchte, sollte auf
diesen Wegen am Abend bei der Rück-
kehr zum Schiff gemütlich absteigen.

Bequemer Aufstieg mit dem Funiculaire

Kiev

Podil

Aber warum sich gleich Gedanken machen, wie man am besten in die ›obere Etage‹ der Hauptstadt kommt? Warum nicht das erkunden, was vor der Nase liegt – Podil, die Unterstadt? Es lohnt sich, denn Podil hat seinen ganz eigenen Reiz. Wenn es am Flußhafen noch ruhig zugeht, ist in Podil schon alles auf den Beinen. Als ob die Unterstadt einem eigenen Rhythmus folgte, sind nicht nur Geschäftsleute und Straßenkehrer, sondern auch Touristen früh unterwegs.

Podil war lange Zeit die Siedlung vor den Stadtmauern, hingebaut zwischen Fluß und Hang, Vorstadt, Lebensraum für die, die nicht oder noch nicht nach oben hineingelassen wurden. Sie war schon früh besiedelt, allerdings auch – weil ohne Schutz – oft bedrängt.

Das Viertel am Wasser war Schmelztiegel, das Geschehen dominierten Kauf- und Fahrensleute. Hier wurde nicht repräsentiert, hier wurde gelebt: Jeder Händler fand einen Käufer, jeder Beter eine Kirche und jeder Durstige ein Bier. Noch heute trotzt an der Uferstraße eine alte Brauerei den Giganten der Branche (vul. Naberežno-Chreščatyts'ka/ Ecke vul. Borisohlibs'ka). Das grüne, verschnörkelte Gebäude ist inzwischen ein schönes Beispiel für die Industriearchitektur des frühen 20. Jahrhunderts. Den Schornstein kann man leicht vom Hafen aus entdecken, leider gibt es dort kein frisch gezapftes Bier zu genießen. Wer aber möchte, findet in Podil erstaunlich viele Restaurants und Bars – nicht nur in der vul. Petra Sahajdačnoho, quasi der Hauptstraße des Viertels, die vom Postplatz zum Kontraktplatz (Kontraktova pl.), dem Herzen von Podil, führt. Handelsniederlassungen und Speicherhäuser wechselten sich hier ab. Der jüdische Zuckerkönig Lazar Brodsky besaß neben dem Postplatz die größte Mühle der Stadt, in ihrem Förderturm ist heute die Parlamentsbibliothek untergebracht. Griechische Siedler gründeten am Kontraktplatz ein eigenes Kloster, heute ist dort eine Filiale der Nationalbank. Und Studenten gehörten hier schon zum Straßenbild, als noch Kosaken auf Pferden angesprengt kamen. Die Kosaken sind zu Bronze erstarrt, die Studenten räkeln sich auf den Bänken.

Historisch betrachtet ist Podil allerdings auf dem absteigenden Ast. Nach der Eroberung und Zerstörung Kievs durch die Mongolen im Jahre 1240 zog sich das städtische Leben nach Podil zurück.

Karte S. 69

Blick über Podil von der Andreaskirche aus

Der Magistrat nahm hier seinen Sitz, das kulturelle Leben konzentrierte sich ebenso auf Podil wie das religiöse. Seine Blüte erlebte der Stadtteil zur Zeit der polnisch-litauischen Herrschaft und der Zeit des Hetmanats. Unter den Hetmanen begann auch der Wiederaufstieg Kiews. Die Stadt erblühte geistig und kulturell – seinen Anfang nahm es in Podil. Dann wanderten allerdings viele der hohen Herrn nach und nach wieder in die Oberstadt. Man wollte sich nicht auf den Scheitel starren lassen. Den Rest besorgte ein Großbrand, der 1811 hier wütete. Es wurde stiller in Podil. Eines hat sich jedoch seit über 300 Jahren erhalten: Die unnachahmliche Mischung aus Business und kreativem Studentenleben – zusammengehalten durch eine Vielzahl von Kneipen, Bars und Restaurants. Und dann ist da noch der Dnepr, dem man hier so nah ist wie nirgends sonst in der Stadt.

Postplatz

Der Postplatz gleich neben dem Flußhafen wird heute noch gelegentlich das ›Tor nach Podil‹ genannt. Allerdings ist das Tor ramponiert und ein Sorgenkind der Stadtplaner. Vom Autoverkehr völlig eingekreist, hat man in den 1990er Jahren zugelassen, daß in seiner Mitte eine McDonald's-Filiale errichtet wurde. Das Gebäude versperrt derart den Blick, daß selbst Fast-Food-Freunde inzwischen jammern, zumal der Platz nach all den planlosen Plänen, den Feuersbrünsten, dem Krieg und den ideologischen Abrißorgien im 20. Jahrhundert nach einer grundlegenden Neuordnung ruft. Die Pläne sind weit gediehen, und die Architekten versprechen, bis zum Jahr 2011 soll der Platz nicht wiederzuerkennen sein – abgesehen von der **Christi-Geburtskirche**, die dann endlich als alleinige Dominante das ›Tor nach Podil‹ schmücken soll. Spätestens dann soll auch die Fußgängerbrücke zum Fluß ausgedient haben. Allein das wäre die Anstrengung wert.

Nachrichten wurden auf dem Postplatz schon immer genauso gern umgeschlagen wie Roggen und Weizen. Offiziell wurde der Platz 1865 nach dem Postamt benannt, das auf Geheiß von Zar Nikolai I. hier eröffnet wurde. Von dem größeren Komplex hat sich nur dessen kleines Stationsgebäude erhalten, das hinter dem Wald von Sonnenschirmen fast nicht mehr zu sehen ist und heute als Ausstellungssaal genutzt wird. An der Spitze des Fortschritts stand der Platz, als 1892 die erste elektrische Straßenbahn im ganzen Zarenreich hier ihren Betrieb aufnahm und auf dem Vladimirsteig (Volodymyrs'kyj uzviz) zwischen Podil und dem Chreščatyk verkehrte. Mit dem Metro-Zeitalter wurde diese Linie zwar 1975 eingestellt, was geschichtsbewußte Kiever nicht daran hinderte, ihr zum 100. Geburtstag 1992 ein Denkmal zu errichten. Andere Linien fahren hier ja noch.

Kontraktplatz

Der Postplatz ist der eine zentrale Platz von Podil. Der andere ist der Kontraktplatz (Kontraktova pl./Контактова пл.), auf den die **vul. Petra Sahajdačnoho** vom Postplatz aus schnurgerade zuläuft. Die Straße selbst ist jedoch nicht minder bedeutsam und hat ihre jetzige Gestalt nach dem Großbrand von 1811 erhalten. Zwei- bis dreistöckige Häuser bestimmen das Straßenbild, vieles ist restauriert, Messingschilder glänzen, im Parterre warten sie mit schicken Boutiquen, Pizzerien und Restaurants auf, sie heißen ›Double Coffee‹, ›Celentano‹, ›Korsar‹ oder ›Marrakesch‹ und machen

Kiev

sich auf den Bürgersteigen breit. Auf der Straße stehen teure Karossen im Stau, auf dem Trottoir geht es nicht minder edel zu. Über allem flattert Reklame, alles ist da, auch, direkt am Postplatz, eine Erotik-Show, nur Bäume fehlen. Die findet man hier nur in den Nebenstraßen.

Am Kontraktplatz öffnet sich die Straße, und sofort mischen sich auch weniger gut Betuchte unters Straßenvolk. Es wirkt alles weniger aristokratisch. Hier werden keine Drinks verkauft, hier stehen die Kvas-Wägelchen mit ihren gelben Fässern. Ob es etwa mit dem **Denkmal des Hetman Konaševyč-Sahajdačnyj** (1570–1622) zu tun hat? Der hier keulenschwingende bronzene Hetman, der auch der Straße ihren Namen gab, ging als siegreicher Feldherr über die Türken in die Annalen ein. Allerdings war er nicht nur ein wilder Haudrauf, wie das Standbild suggeriert, sondern Politiker und Diplomat, der Anfang des 17. Jahrhunderts wesentlich dazu beitrug, daß sich die Kosaken mit der kulturell-religiösen Elite Kievs verbündeten. Sahajdačnyjs Kosaken verstanden sich als Beschützer der Orthodoxie und traten kollektiv in die 1615 gegründete Kiever Bruderschaft ein. Der Hetman legte damit den Grundstein für ein gemeinsames ethisch-religiöses Bewußtsein für die Ukraine, das später in ein ukrainisches Nationalbewußtsein mündete. Kein Wunder, daß so einem in der unabhängigen Ukraine ein Denkmal errichtet wurde. Und da damals in Podil das Herz des Stadt schlug, geschah es im Mai 2001 folgerichtig hier.

Doch Politik und Geschichte sind hier nicht die Hauptthemen der Gespräche. Der kleine gepflegte **Park** neben dem Denkmal lädt eher zum Dösen ein. Da wo sich die Bänke gegenüberstehen,

erinnern drei überdimensionale Speere, unter denen eine Fontäne plätschert, an die namenlosen Kosakenkrieger, ohne die ein Hetman, sei er auch noch so bedeutend, kaum einen Hammel erlegen würde. Der Kontraktplatz hat eben etwas Demokratisches. Der Platz ist überhaupt ein Wunder, genau genommen besteht er aus mehreren einzelnen Plätzen. Es gibt lauschige Orte, einen lärmenden Markt, Straßenbahnhaltestellen, eine Metrostation, Parkplätze. Alles hat Raum. Der Kontraktplatz ist der Treffpunkt des Viertels. Wer will, macht Musik. Wer muß, kauft schnell ein. Straßenbahnen rumpeln, klappern, klingeln – und manchmal fahren sie auch. Mittendrin ruht, wie ein weißleuchtender Berg, der alte zweigeschossige Handelshof ›Hostynnyj dvir‹.

Denkmal des Hetmans Sahajdačnyj, hinten der Handelshof

Karte S. 69 ▲

■ Handelshof

Mit dem Bau des Handelshofs (Hostynyj dvir/Гостиний двір) wurde 1809 begonnen, richtig fertig wurde er aber erst in den 1980er Jahren. Denn kaum war das Erdgeschoß errichtet, wütete 1811 der Großbrand. Danach fehlte das Geld, und so wurde der Bau provisorisch beendet, die Baupläne galten später als verschollen. Als sie 150 Jahre später bei Restaurierungsarbeiten gefunden wurden, entschloß man sich, den Handelshof wie einst geplant mit zweitem Geschoß und Arkaden zu vollenden. Heute befinden sich hier diverse Kneipen und Cafés, darunter das Irish Pub ›Belfast‹, Geschäfte, ein Theater und eine Bibliothek. Vor allem aber ist der Handelshof heute ein städtebaulicher Raumteiler: Mit einer Seitenlänge von 100 mal 60 Metern gibt er dem Platz die Mitte und teilt ihn gleichzeitig.

Mag der heutige Trubel auf dem Kontraktplatz auch beeindrucken, so ist es doch nur ein später Nachhall auf das Treiben von einst. Seit 1797 fanden hier Messen statt, und sie konnten nicht nur, wie bis dahin üblich, per Handschlag, sondern auch mit Vertrag (Kontrakt) besiegelt werden. Paul I., Sohn und glückloser Nachfolger Katharinas der Großen, führte das als zivilisatorischen Fortschritt ein – eine Heerschar von Advokaten muß ihm das eingeredet haben. Jedenfalls waren diese Jahrmärkte bald kaum weniger bedeutsam als die damaligen Messen in Leipzig. Der Januar, in dem sie ausgerichtet wurden, war für Podil die fünfte Jahreszeit, wo jeder ein Geschäft oder doch Geschäftchen machen konnte. Es gab alles außer genügend Quartieren. Das chaotische Treiben überlebte zunächst zwar die Oktoberrevolution, brach aber mit dem Ende der ›Neuen ökonomischen Politik‹, einer Zeit vorübergehender witschaftlicher Liberalisierung, in den späten 1920er Jahren ab. Damals hieß der Platz Roter Platz, erst seit 1990 trägt er wieder dauerhaft seinen ursprünglichen Namen.

■ Kontrakthaus

Zentrales Gebäude für diese neuen Märkte war das in Weiß und Gelb leuchtende Kontrakthaus (Kontraktovyj budynok), das sich mit seinem klaren rechteckigen Korpus und dem Säulenportal im Norden des Platzes erstreckt. Hier wartete die Heerschar von Anwälten und Notaren darauf, die Verträge zu beglaubigen und Streitigkeiten zu schlichten. Wenn wider Erwarten alles glattging, konnten die Vertragsparteien gleich die Geigen aufspielen lassen. Das stattliche Gebäude verfügt in der zweiten Etage über einen Konzertsaal, wo während der Messen ›Superstars‹ der damaligen Zeiten auftraten, unter ihnen Franz Liszt, der 1847 hier konzertierte und dabei Fürstin Carolyne zu Sayn-Wittgenstein kennenlernte. Die Begegnung war so eindrücklich, daß Liszt sein Virtuosendasein endgültig an den Nagel hing und sich mit der Fürstin dauerhaft in Weimar niederließ. Eine Plakette erinnert am Portal des Kontrakthauses an die Begegnung.

Das Vertragshaus ist heute, die edlen Karossen auf dem gut bewachten Parkplatz nebenan verraten es, Valuta-Börse. Der erste Präsident der ukrainischen Nationalbank, Vadym Get'man, ging hier ein und aus. Get'man war in den 1990er Jahren ein Hoffnungsträger in der sonst tristen postsowjetischen Finanzwelt. Er scharte junge Talente um sich, unter ihnen ein Banker, den er bald zu seinem Stellvertreter machte: Viktor Juščenko. Im Frühjahr 1998 wurde Get'man in seinem Haus erschossen.

Kiev

Die Filiale der Nationalbank

Der Mord war ein Schock für die Ukraine. Juščenko, ursprünglich eher ein etwas blasser Technokrat, entwickelte sich nach dem Verbrechen mehr und mehr zum Politiker, allerdings zu einem vorsichtigen. Seine Zurückhaltung legte er erst in den Tagen der Orangenen Revolution ab, als er zum Präsidenten gewählt wurde. Eine Tafel neben dem Eingang erinnert an Vadym Get'man, der 53 Jahre alt wurde.

Die Finanzwelt hält am Kontraktplatz noch zwei weitere Gebäude besetzt, die wegen ihrer Höhe unübersehbar sind und in blassem Grün und Blau leuchten. Die **Filiale der ukrainischen Nationalbank** in der Ecke zwischen vul. Illins'ka und vul. Petra Sahajdačnoho hat eine wechselvolle Geschichte: Hier stand zuerst eine Kirche für die Griechen, die sich in Podil niedergelassen hatten. Später wurde ein griechisches Kloster gebaut. Nach Abriß und Umbauten wurde das Hauptgebäude 1914 vollendet, die Kirche rechts daneben stammt in ihrer jetzigen Form aus dem Jahre 1996. Schon durch den goldbelegten Zwiebelturm ist der Gebäudekomplex heute wieder eine Dominante des an herausragenden Bauwerken reichen Kontraktplatzes.

■ Mohyla-Akademie

Allerdings hat nicht nur das Geld auf dem Kontraktplatz eine Heimstatt, sondern auch der Geist. 1632 gründete der Metropolit von Kiev und Galizien, Petro Mohyla, nach dem Vorbild der Jesuitenkollegs, die er in Mitteleuropa kennengelernt hatte, im Kiever Höhlenkloster aus einer Klosterschule heraus ein Kollegium, das später entscheidend die Vermittlung westlicher Ideen beeinflußte, insbesondere als es 1701 in eine Akademie umgewandelt wurde. 1819 zog die Schule nach Podil um und wandelte sich zu einer geistlichen Akademie. Knapp hundert Jahre später wurde sie geschlossen. Die Bolschewiki, die auch die Theologie mit Stumpf und Stiel ausrotten wollte, übergaben die Gebäude der Dnepr-Flottille. Erst 1992 erwachte der Lehrbetrieb von neuem, heute studieren in der Kijevo-Mohyljans'ka Akademija etwa 3000 Studenten Sozial- und Geisteswissenschaften, Kunst, Wirtschaft, Informatik und Recht.

Es gibt einen alten, beschaulichen Korpus mit schönem Innenhof und nebenan einen repräsentativen neuen mit klassizistischem Portal (beide Kontrakova pl.). Im **Zentrum für zeitgenössische Kunst** im alten Korpus stellen Studenten und Absolventen regelmäßig ihre Ideen zu Schau: Graphische Arbeiten, Video-

Karte S. 69 ▲

Die Mohyla-Akademie

Kiev

kunst, Installationen. Wem inzwischen der Magen knurrt, gehe über die Straße in die Kantine der Akademie (Kontraktova pl. 4), die ›Trapezna Akademiija‹, wo man für umgerechnet fünf Euro gut ißt. Nach dem Essen lohnt sich ein Besuch beim erwähnten ›Zentrum für zeitgenössische Kunst‹ an der Ecke vul. Skovorody (вул. Сковороди). Und der Innenhof ist allein schon eine Idylle. Gleich gegenüber fällt noch eine silbrig leuchtende Kuppel auf. Es ist das **Musiktheater für Kinder und Jugendliche** (vul. Mezhygirs'ka 2).

■ Samsonbrunnen

Auch auf die Gefahr hin, vom Platz nicht mehr wegzukommen – zwei Sehenswürdigkeiten müssen noch erwähnt werden. Zum einen der Samsonbrunnen (Fontan Samson) am nordwestlichen Ende des Platzes an der vul. Kostjantynivs'ka. Der Brunnen samt Rotunde wurde errichtet, als in Podil das erste Wasserleitungssystem fertiggestellt wurde. 1809 erhielt der Bau die hölzerne Figur des Samson, der einem Löwen ins Maul greift. Es geht bis heute die Legende, daß derjenige, der aus dem Brunnen trinkt, immer in Kiev bleiben wird. Man möge sich also genau überlegen, ob man wirklich aus dem Brunnen trinken will. Eine groteske und bedrückende Begebenheit wird außerdem über den Brunnen erzählt. Als in den 1930er Jahren ein hoher Kiever Parteifunktionär Müll um den Brunnen herumliegen sah, sagte er: Das muß man wegmachen! Seine ängstlichen Untergebenen ließen nicht etwa den Müll wegräumen, wie er tatsächlich gemeint hatte – sie ließen den Brunnen abreißen! Glücklicherweise wurde der hölzerne Samson gerettet. 1981 wurde der Brunnen wieder aufgebaut, der Samson ist seitdem eine Kopie aus Beton.

■ Pirohošči-Kirche

Die zweite Sehenswürdigkeit war für Jahrzehnte ebenfalls verschwunden, die Pirohosšči-Kirche der Heiligen Gottesgebärerin. Die Kirche wurde im 12. Jahrhundert unter Fürst Mstyslav erbaut. Ihren Namen erhielt sie von der byzantinischen Ikone der Gottesmutter Pirohošča, die hier einst gezeigt wurde. Im 17. Jahrhundert war sie eine der Hauptkirchen Kievs. Das hinderte die Bolschewiki jedoch nicht daran, sie 1935 abzureißen. Erst 1998 wurde sie wieder aufgebaut. In einem der Häuser hinter der Kirche befindet sich die Botschaft der Niederlande.

Wer nun aber glaubt, daß hier Podil sein Ende findet, dem sei gesagt, hinter dem Kontraktplatz geht Podil erst richtig los. Hübsch sanierte Gebäude, daneben alte Fabriken, übergangslos Bankfilialen, dazwischen Botschaften, Kirchen und immer wieder Restaurants und Straßencafés. Natürlich reichlich Staub und hohe Bordsteine – für die Füße ist Podil nichts.

■ Haus Peters I.

Wer noch Reserven hat, sollte ein Stück auf der vul. Kostjantynivs'ka spazieren. Nicht weit vom Kontraktplatz ist das ›Haus Peters I.‹ zu sehen. Eigentlich nennen sie es seit Generationen ›Häuschen‹ – verglichen mit dem Kreml in Moskau ist das wahrlich bescheiden, dennoch ist es mit seinen zwei Etagen keine Hütte. Ob Peter wirklich hier abgestiegen ist, läßt sich nicht mehr nachweisen, Tatsache ist, daß Zar Peter im August 1706 und im Januar 1707 in der Stadt war, um den Bau der Kiever Festung am Höhlenkloster zu beaufsichtigen. Tatsache ist ferner, daß das Haus um 1700 für das Kiever Stadtoberhaupt Jan Bykovič errichtet wurde und den großen Brand von 1811 überstanden hat. Um das Jahr 1800 diente es als Irrenanstalt, später war es Sonntagsschule, dann Waisenhaus. Wen wundert es also, daß nun in dem Haus, das 2007 restauriert wurde, neben einer Galerie auch ein Museum für die Geschichte der Wohltätigkeit der Stadt Kiev seinen Platz hat.

■ Hetmanats-Museum

Das Hetmanats-Museum (Muzej Get'-manstva, vul. Spas'ka 16 b), das etwas zurückgesetzt in einem hübschen Garten steht, wird im Volksmund ›Mazepas Haus‹ genannt. Zwar stammt das Haus tatsächlich aus der Zeit des Hetman Mazepa, doch ist eine direkte Verbindung von diesem zweigeschossigen, durchaus repräsentativen Gebäude zu Ivan Mazepa nicht belegt. In der Exposition spielt Mazepa, diese tragische Figur zwischen Verrat und ukrainischer Selbstbehauptung, natürlich eine wesentliche Rolle.

■ Tschernobyl-Museum

Keine fünf Minuten vom Hetmanats-Museum, jedoch etwas versteckt, liegt das Tschernobyl-Museum (Ukrajinskyj nacional'nyj muzej Čornobyl'). Es liegt in der Choryva-Gasse (prov. Choryva 1), die die vul. Spas'ka mit der vul. Choryva verbindet. In der vul. Choryva kann man es lange vergeblich suchen! Das Museum befindet sich seit 1992 in der alten Podiler Feuerwache und erzählt die Geschichte der größten Katastrophe in der zivilen Nutzung der Atomenergie. Über dem Eingang ist der lateinische Spruch eingelassen ›Est dolendi modus, non est timendi!‹ – ›Der Schmerz kennt Grenzen, die Furcht nicht.‹ Versinnbildlicht wird diese Aussage des römischen Senators und Schriftstellers Plinius des Jüngeren durch die Skulptur vor dem Muse-

Skulptur am Tschernobyl-Museum

um: Eine Mutter, vor sich ihr Kind in der Geste des Gekreuzigten, neben sich zwei Glocken. Die Katastrophe von Tschernobyl vom April 1986 wirkt fort; in den Gestorbenen und den Hinterbliebenen, in den Umgesiedelten und den Entwurzelten; und sie wirkt fort in einer Region, die auf unabsehbare Zeit unbewohnbar bleiben wird – und weniger als 100 Kilometer von Kiev entfernt beginnt.

ℹ Podil

Für einen **Spaziergang vom Flußhafen** über den Postplatz zum Kontraktplatz und zurück sollte man etwa zwei Stunden einplanen. Geht man weiter nach Podil hinein, sollte man drei Stunden planen.

Wer **Lebensmittel** einkaufen oder **Geld wechseln** will, findet am Kontraktplatz – wenn man von der vul. Petra Sahajdačnoho kommt, links – den Supermarkt ›Sil'no‹ mit Wechselstube, der rund um die Uhr geöffnet hat.

Wer eine **Apotheke** braucht, findet, vom Postplatz kommend, rechts auf der vul. Petra Sahajdačnoho eine gut ausgestattete.

Die Oberstadt

Die beiden Hügel, auf denen sich die Stadtgründer Kyj, Šček und Choriv nebst Schwester Lybed' niederließen, liegen am Westufer des Dnepr und bilden zusammen das Stadtzentrum. Zwischen beiden Anhöhen verläuft ein Tal, lange Zeit Chreščatnyj jar genannt, in dem ein Bach zum Dnepr eilte. Kurz bevor er in den Fluß mündete, strömte er durch eine Niederung. Die Idylle ist verflogen, die Niederung ist heute der Majdan Nezaležnosti (Майдан незалежності), der Unabhängigkeitsplatz, auf dem im November 2004 die Orangene Revolution ihren Höhepunkt fand. Das Tal ist heute die Vorzeigemeile der Stadt und nennt sich Chreščatyk (Хрещатик). Dort wachsen Kastanien und pulsiert der Verkehr. Auf dem nördlichen Hügel, wo heute auch die Standseilbahn endet, liegt die Oberstadt mit den gleißenden Kuppeln der Sophienkirche und des Michaelsklosters, auf dem südlichen Hügel, gut zwei Kilometer entfernt, rekken sich die Türme des Höhlenklosters in den Himmel.

Parallel zum Chreščatyk zieht sich die vul. Volodymyrs'ka (вул. Володимирська) durch die Oberstadt, benannt nach Großfürst Volodymyr (russ. Vladimir) dem Heiligen, der mit seinem Übertritt zum Christentum und der danach erfolgten Massentaufe der Kiever Einwohner zum Urvater der russisch-orthodoxen und der ukrainisch-orthodoxen Kirche geworden ist. Die Oberstadt war Volodymyrs Stadt und die seiner Nachfolger. Sie war das politische, wirtschaftliche und geistliche Zentrum der Kiever Rus' im 11. und 12. Jahrhundert. Das Ende kam 1240, als die Mongolen über die Stadt herfielen. Danach verlagerte sich das Zentrum nach Podil.

Orientierung

In die Oberstadt gelangt man am schnellsten, indem man die Metro am Postplatz (Поштова площа) nimmt, am Chreščatyk (Хрещатик) umsteigt und bis zur Station Goldenes Tor/Zoloti Vorota (Золоті Ворота) fährt. Von dort sind es zehn Minuten Fußweg zur südlichen Begrenzung der Oberstadt, dem bul. Ševčenka (бул. Шевченка).

Hier ging es im 19. Jahrhundert großbürgerlich zu, die Fabrikanten und Akademiker ließen auf der 1834 gegründeten Universität ihre Söhne studieren – unter ihnen ein junger Mann, Michail Bulgakov, Student der Medizin, der später nicht als Arzt, sondern als Schriftsteller Weltgeltung erlangte, leider erst nach seinem Tod.

Rund um den Ševčenko-Park

Gleich an der Kreuzung Volodymyrs'ka/ Ecke bul. Ševčenka beginnt der Ševčenko-Park. Er ist eine Oase inmitten des Verkehrs, eine Idylle ist er jedoch nicht unbedingt, denn er ist ständiger

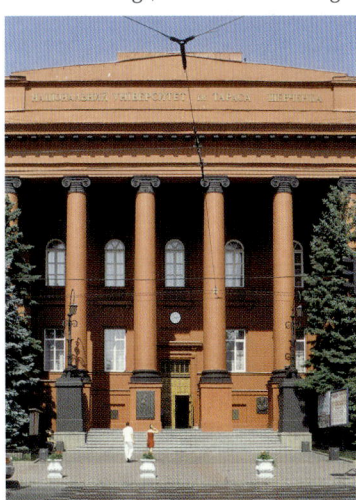

Das Hauptportal der Universität

Kiev

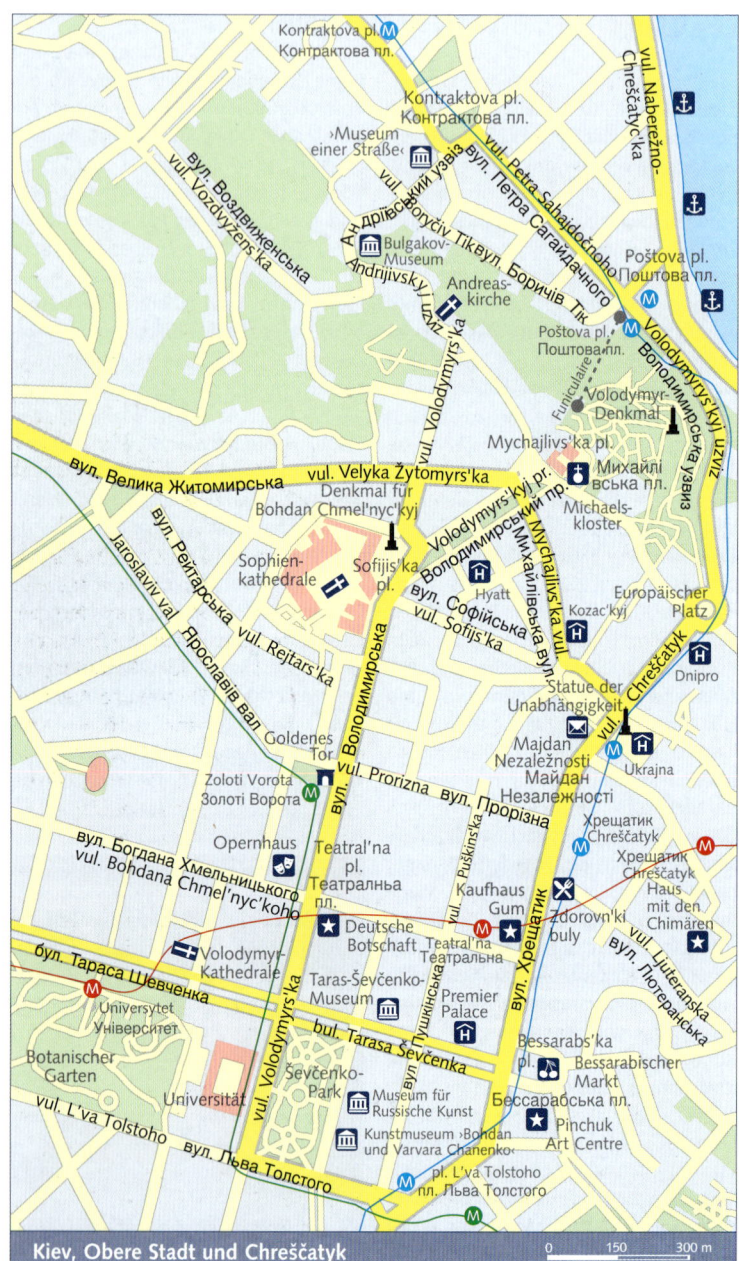

Treffpunkt der Studenten, die aus dem auffallend roten **Hauptgebäude der Universität** hinüber ins Grüne strömen, dem mächtigen Ševčenko-Denkmal entgegen, das dem Park sowohl Mitte als auch Namen gibt. Reichlich Parkrestaurants und Biergärten laden ein, und die Studenten müssen sehr standhaft sein, um nicht permanent Vorlesungen und Klausuren zu verpassen.

■ **Volodymyrkathedrale**

Fünf Minuten von hier, gegenüber dem weitläufigen **Botanischen Garten** der Universität, steht die Volodymyrkathedrale mit ihren tiefblauen Kuppeln. An ihrem Anfang stand die Kritik frommer Kiever, die sich über das Volodymyr-Denkmal erregten, das 1853 am Abhang zum Dnepr aufgestellt wurde: Warum wird dem Fürsten, der selbst vor Jahrhunderten die Götzenbilder stürzen ließ, jetzt ein ebensolches errichtet? Schnell war man sich einig, daß eine Kirche zur 900. Wiederkehr der Taufe der Kiever Rus' m Jahre 1888 eine viel bessere Ehrung sei. Das Vorhaben sprengte jedoch sehr bald den Zeitplan, die Gründe waren fehlende Spenden und Konstruktionsmängel. Und so wurden mehrere prominente Architekten verschlissen und das Projekt so sehr abgespeckt, daß von den einst 13 Kuppeln nur noch 7 übrigblieben. Zwar wurde der Bau 1882 tatsächlich fertiggestellt, als Kirche geweiht wurde er aber noch lange nicht. Das Jubiläumsjahr 1888 verstrich genauso wie die acht folgenden Jahre, bis die Kirche endlich 1896 in Anwesenheit von Zar Nikolaus II. geweiht wurde. Der Grund für die erneute Verzögerung war der Schatz, den die Kirche bis heute in ihren Mauern birgt: 14 Jahre benötigten Michail Vrubel', Viktor Vasnecov, Michail Nesterov und

Die Volodymyrkathedrale

andere bedeutende russische Maler, um die insgesamt über mehrere tausend Quadratmeter großen **Fresken** fertigzustellen, die das gesamte himmlische Drama entfalten, vom Schöpfergott, über Jesu Leben, Sterben und Auferstehung bis zum Jüngsten Gericht – und natürlich der Taufe der Kiever Rus'. Die Kathedrale ist heute die Hauptkirche von Filaret, dem Patriarchen der Kiever Rus' und der ganzen Ukraine.

■ **Museen**

Mehr von Vrubel' kann man unweit der Kathedrale im **Museum für russische Kunst** in der vul. Terešenkivs'ka (вул. Терешенківська) 9 sehen.
Gleich nebenan, in der Nr. 15–17, befindet sich das **Kunstmuseum Bohdan und Varvara Chanenkiv**. Das Industriellenehepaar Chanenko hatte eine umfangreiche Sammlung westeuropäischer Malerei zusammengetragen, das es 1904 der Stadt Kiev vererbte. Diese öffnete mit diesem Grundstock ein Museum, das nach dem Ehepaar benannt

Kiev

Häuserfassaden im Stadtzentrum

ist. Im Hauptgebäude ist reichlich hochkarätige Malerei zu sehen, unter anderem Bilder von Bellini, Rubens, Vernet, Velázquez und David. Allerdings ist auch die Kollektion russischer und byzantinischer Ikonen umfangreich. Als Kontrast dazu gibt es im Nebengebäude Fernöstliches: Schnitzwerk, Fayencen, Gemälde, auch Waffen. Nicht nur die Sammlungen selbst, sondern auch das Interieur des Palais ist sehenswert, gibt es doch, vom Knarren der Dielen begleitet, eine Ahnung der städtischen Pracht im 19. Jahrhundert.

Überhaupt gibt es rund um den bul. Ševčenka einige reich ausgestattete **Adelspalais**. Hier mit ausreichend Abstand zum Trubel der Innenstadt wohnte die Aristokratie. Nach der Oktoberrevolution und der ›Nationalisierung‹, sprich entschädigungslosen Enteignung, quartierten sich in den Repräsentativbauten zuerst die neuen Machthaber selbst ein. Wenn der Platz noch reichte, wurden Museen eröffnet, wie etwa in der vul. Terešenkivs'ka. Aber auch auf dem bul. Ševčenka, im ehemaligen Palais San Donato des Kiever Stadtoberhaupts Fürst Pavel (Nr. 12), war das so.

Dort findet sich heute das **Ševčenko-Museum**.

Nicht nur der Adel wußte die Ruhe zu schätzen, auch das diplomatische Corps. Im Viertel hinter der Volodymyrkathedrale haben sich heute etliche Botschaften niedergelassen, unter ihnen seit 2002 auch die **Deutsche Botschaft** mit ihrer neuen Residenz in der vul. Bohdana Chmel'nyc'koho (вул. Богдана Хмельницького) 25.

■ Opernhaus

Schräg gegenüber an der Ecke zur vul. Volodymyrs'ka steht das Kiever Opernhaus, das 1901 eröffnet wurde. Am 1. September (14. September) 1911 wurde bei einer Sondervorstellung der russische Ministerpräsident Petr Stolypin, der bis dahin mehrere Anschläge überlebt hatte, von einem Sozialrevolutionär niedergeschossen. Zeugen der Bluttat waren Zar Nikolaus II. und seine Töchter, die alles aus nächster Nähe miterleben mußten. Stolypin starb vier Tage später, sein Grab befindet sich auf dem Gelände des Höhlenklosters. Das Attentat war eines der vielen Menetekel vor dem Ende der Zarenherrschaft. Keine sieben Jahre später wurde die Zarenfamilie selbst Opfer einer solchen Bluttat.

Goldenes Tor

Fünf Minuten von der Oper entfernt verlief im 11. Jahrhundert die Stadtgrenze. 1037 erweiterte Volodymyrs Sohn Fürst Jaroslav Mudrij, der Weise, die zu klein gewordene Stadt und ließ Wälle und vier große Stadttore errichten. Eines davon ist das Goldene Tor (Zoloti vorota/Золоті ворота), das beim Mongolensturm 1240 zwar schwer beschädigt wurde, aber dennoch bis ins 17. Jahrhundert als Einfahrt diente. Da-

nach wurde das Tor mit Erde aufge-
schüttet, die im 19. Jahrhundert wieder
abgetragen wurde. Aus Anlaß der 1500-
Jahr-Feier der Stadt 1982 kam es zu
einer umfassenden Rekonstruktion.
Über dem Tor thront wieder die Verkün-
digungskirche, neu ist neben dem Tor
das Denkmal für Jaroslav, in seiner Hand
hält er ein Modell der Sophienkathedrale, deren Bau er veranlaßt hat. Um
das Tor breitet sich ein kleiner Park aus,
wo Springbrunnen und Biergarten zur
Pause einladen.

Auf der Kreuzung vul. Volodymyrs'ka/
Ecke vul. Prorizna fällt ein **Haus mit
üppigen Verzierungen** ins Auge. Der
Bauherr, Kaufmann Pjotr Grigorivič-Bar-
skyj, wünschte sich das prächtigste Gebäude der Stadt, koste es was es wolle.
So kam es dann auch, allerdings anders
als vom Gernegroß gedacht. Einer seiner
Gläubiger drehte kurzerhand den Geld-
hahn zu, übernahm die Baustelle und
vollendete das Haus. Die Kiever erinnern sich gern an die Zeit, als hier im
Erdgeschoß das Restaurant ›Leipzig‹ mit
deutscher Küche geöffnet war. Zu Zeiten des ›unverbrüchlichen Bruderbundes

Das Goldene Tor

zwischen der UdSSR und der DDR‹ wurde von den Obrigkeiten beider Staaten
zwischen Kiev und Leipzig eine Städte-
partnerschaft angebahnt. Zwar hatten
die Einwohner nicht allzu viel davon,
aber die Leipziger hatten auf ihrem
Markt ein Spezialitätenrestaurant ›Kiev‹
und die Kiever ihr ›Leipzig‹ – geschlossen sind sie inzwischen beide, die Partnerschaft dauert fort.

Sophienkathedrale

Von der Kreuzung sind es etwa zehn
Minuten zur Sophienkathedrale (Sofijs'-
kyj sobor/Софійський собор). Doch
bevor man die älteste Kiever Kirche erreicht, passiert man auf der rechten
Seite in der vul. Volodymyrs'ka 33 ein
Haus von ganz anderem ›Charme‹: In
dem grauen Gebäude residiert der ukrainische Sicherheitsdienst SBU, Vormieter
waren unter anderem der sowjetische
KGB und die Gestapo.

Die Sophienkathedrale steht seit 1990
auf der UNESCO-Weltkulturerbeliste.
Wie andere Kirchen und Klöster auch
ist das weitläufige Gelände um die Kirche herum eine wohltuende Insel inmitten des Großstadtlärms. Sobald man
durch den Eingang am Glockenturm
tritt, ist Vogelzwitschern und, wenn
man Glück hat, das Lied eines Kobzars,
eines typisch ukrainischen Barden, auf
seiner Bandura zu hören.

Doch ganz so harmonisch geht es auch
in einer Kirche nicht immer zu, wie das
Grab des Patriarchen Volodymyr vor
dem Eingang beweist. Nach dem Willen
seiner Anhänger sollte das verstorbene
Oberhaupt der ukrainisch-orthodoxen
Kirche/Kiever Patriarchat 1995 in der
Kathedrale beigesetzt werden, doch der
Leichenzug kam nur bis zum Tor. Denn
auf dieses zentrale Heiligtum erhebt
auch die moskautreue ukrainisch-ortho-

Kiev

doxe Kirche Anspruch, die zum russischen Patriarchen hält. Um Neutralität zwischen den verfeindeten Schwestern zu wahren, verboten die Kiever Behörden eine Beisetzung – mit guten Argumenten: Die im Staatsbesitz befindliche Kirche ist seit langem ein Museum. Der Leichenzug fand keinen Einlaß, und so begann man im heiligen Zorn vor dem Tor die Straße aufzubrechen und ein Grab auszuheben. Es kam zu wüsten Handgreiflichkeiten, Dutzende fanden sich im Krankenhaus wieder. Allein, der Trauerzug hatte sich vergeblich für seinen Patriarchen geprügelt, der Sarg kam nicht aufs Klostergelände. Und so wurde er am Fuße des 76 Meter hohen Glockenturms, quasi auf der Straße, in die Erde gesenkt. Das Grab, inzwischen kein Provisorium, sondern in Marmor gefaßt, erinnert jeden an die kirchliche Spaltung des Landes und irgendwie auch an das Gebot der Nächstenliebe.

Der Glockenturm der Sophienkathedrale

Gott sei dank geht es drinnen friedlich zu. Das Ensemble der Sophienkathedrale umfaßt den **Glockenturm**, die ehemalige **Residenz des Metropoliten**, eine kleinere Kirche, die Umfassung mit zwei Pforten, **Wohn- und Wirtschaftsgebäude** und die Kathedrale, deren Grundstein Fürst Jaroslav der Weise vermutlich 1037 legte. An ihrer Stelle hatte Jaroslav zuvor die Petschenegen, ein Turkvolk, geschlagen. Nun sollte die Kirche der Heiligen Sophia, der göttlichen Weisheit, von der engen Verbindung nach Konstantinopel künden, deren größte und schönste Kirche, die ›Hagia Sophia‹, wie eine mächtige Schwester erschien. Jaroslav ließ kostbare Baumaterialien herbeischaffen, Mosaiken entstanden in den leuchtendsten Farben, das größte: die Oranta (Präsenspartizip von lateinischen Verb orare/beten: die Betende), die betende Gottesmutter, von der bis heute der Glaube umgeht, daß sie die Stadt beschütze. Für den Gottesdienst ließ der Fürst ganze Chöre von Byzanz herbeischaffen, er beschäftigte ein Heer von Kopisten, die Bücher abschrieben, und ließ in unmittelbarer Nähe die erste öffentlich zugängliche Bibliothek und für sich einen Palast errichten. Als 1054 hier der Sarkophag von Jaroslav beigesetzt wurde, war Kiev eine blühende Stadt und ihr Symbol – die Sophienkathedrale.

Und so wurde die Kirche 1240 von Mongolen verwüstet und später mehrfach umgebaut. Die anderen Bauten, die heute zu sehen sind, wurden im 18. Jahrhundert im Stil des ukrainischen Barock errichtet, als dort ein Männerkloster gegründet wurde. Das Kloster hatte nur bis 1786 Bestand. Nach der Revolution wurde das Gelände verstaatlicht und ist seit 1934 ein ›architekturhistorischer Museumskomplex‹.

Kiev

Die Sophienkathedrale

Der **Sarkophag von Fürst Jaroslav** findet sich versteckt in einer Nische im Erdgeschoß, über der goldenen Ikonostase erhebt sich wie vor fast tausend Jahren das **Mosaik der Gottesmutter Oranta**. Es ist zwar das bedeutendste, doch längst nicht das einzige Mosaik. Im Gewölbe erhebt sich Christus Pantokrator, der Allherrscher, dazu kommen Fresken, dargestellt anderem die Familie des Erbauers Jaroslav. Die Kirche ist auch weiterhin nicht nur Museum ihrer selbst, sondern hat sich durchaus ihre fragwürdige Funktion als **Religionsmuseum** bewahrt. Gerettete Mosaiken und Fresken aus dem 1937 abgerissenen Michaelskloster befinden sich ebenso als Exponate unter ihrem Dach wie Teile der barocken Ausstattung der Andreaskirche. Man kann ahnen, wie sie unter den Sowjets als Prunkstücke einer untergegangenen Kultur vorgeführt wurden. Warum diese Gegenstände nicht längst an ihren angestammten Platz zurückgefunden haben, bleibt ein Rätsel. Völlig unverdächtig findet sich in einem Nebenraum aber auch ein Modell des mittelalterlichen Kiev. Die Sophienkathedrale ist Museum, Grabungsstätte, nationales Heiligtum und Streitobjekt in einem – wie vieles in der heutigen Ukraine.

Tickets: Um überall hineinzukommen, muß man übrigens mehr als einmal zahlen. Am Tordurchgang wird der allgemeine Eintritt verlangt, dann aber noch für die Sophienkathedrale selbst und ebenfalls für den Aufstieg zum Glockenturm und für das Museum. Die Tickets kosten maximal vier Euro (Sophienkathedrale) und werden alle im Kiosk im Klosterhof, links neben dem Eingang, verkauft.

Sophienplatz

Der Sophienplatz (пл. Софійська) vor
der Kathedrale war lange Zeit Zentrum
der Stadt. 1648 soll Hetman Bohdan
Chmel'nyc'kyj mit seinen Kosaken nach
seinem Sieg über die Polen hier jubelnd
begrüßt worden sein. 1888 errichteten
Kiever Bürger ein aus Spenden finan-
ziertes **Chmel'nyc'kyj-Denkmal**. Seine
Entstehung war ein Politikum: Der Bildhauer Michail Mikešin wollte am Sockel
zum einen Angehörige rußlandtreuer
slawischer Völker verewigen, aber auch
– in entsprechender Pose – besiegte
Feinde, unter ihnen Jesuiten, Polen und
Juden. Die Stadt fürchtete Konflikte,
der Zar segnete das Vorhaben trotzdem
ab. Gescheitert ist es letztlich am Geld,
nur ein Drittel der benötigten Spenden
kam zusammen, und so wurde ein
schlichter Steinsockel gebaut. Geldnot
hat auch ihre guten Seiten. Der grün-
spanbelegte Kosakenführer, der sich
kampfeslustig mit seinem Roß an-
schickt, in den Himmel zu springen, ist
längst ein Wahrzeichen, das sich wie
der gesamte Platz inzwischen auch in
der Glasfassade eines Nobelhotels
spiegelt.

Ab dem Sophienplatz verengt sich die
vul. Volodymyrs'ka in Richtung Norden
zusehends. Der Verkehr nimmt schlagartig ab, es wird ruhig. Wer auf ihr
weitergeht, dem fallen bald hunderte
Ölbilder ins Auge, die im Schatten der
Bäume auf einem **Markt für Kunsthand-
werk** angeboten werden, dazu Holztel-
ler, T-Shirts, auch Überbleibsel des Krieges, Schmuck. Das Treiben der Händler
nimmt auf jedem Meter zu, und nach
wenigen Minuten steht man plötzlich
vor der barocken Pracht der Andreaskirche. Hier beginnt der Andreassteig.
Dieser Weg wird im nachfolgenden
Kapitel (S. 90) beschrieben.

*Blick vom Glockenturm über das Sophien-
kloster und die Stadt*

Rund um das Michaelskloster

Bereits vom Kosaken-Denkmal ist das
Michaelskloster nicht mehr zu übersehen: Seine Kuppeln gleißen bei schönem
Wetter so feurig, daß man die Augen
zukneift. Hinter dem Kloster endet das
Plateau der Oberstadt, der Abhang
führt zum Dnepr, der Park heißt ›**Volo-
dymyr-Hügel**‹ (Володимирська гірка),
an seinem Hang steht das **Volodymyr-
Denkmal**. Der Fürst, auf den Kreuzstab
gestützt, blickt zum Fluß, wo 988 die
Massentaufe erfolgt sein soll. Nachts
funkelt das Kreuz, elektrisch beleuchtet,
weit über den Fluß. Eine Säule unweit
des Fürsten erinnert an die Taufe. Sie
dient interessanterweise gleichzeitig als
Denkmal für das Kiev im 15. Jahrhundert verliehene Magdeburger Recht.

Die Promenade vom Glockenturm der
Sophienkathedrale und dem Kosaken-
denkmal zum Michaelskloster – der

Volodymyr-Gang (Володимирський проїзд) – scheint wie eine spirituelle Achse das Resultat frommer Stadtplanung. Das Gegenteil ist der Fall: Als diese Schneise 1934 geschlagen wurde, riß die Sowjetmacht das Michaelskloster ab, daneben – auch dort stand eine Kirche – errichtete es den **Monumentalbau**, in dem anfangs das Zentralkomitee der ukrainischen Kommunisten residierte und heute das Außenministerium untergebracht ist. Ein ebensolcher Bau sollte symmetrisch auf den Trümmern des Klosters errichtet werden, dazwischen ein 75 Meter hoher Lenin mit Blick zum Fluß. Dieser monströse Plan wurde Gott sei dank nie verwirklicht.

Das Außenministerium

Auch das **Denkmal für die Fürstin Olga** auf dem pl. Mychajlivs'ka (пп. Михайлівська) wurde abgebrochen. Seit 1996 steht die Figurengruppe, aus Marmor neuerschaffen, wieder an ihrem Platz. Neben der Regentin Olga, Volodymyrs Großmutter, die als erste Russin, damals jedoch quasi privat, zum Christentum übergetreten war, gruppieren sich der Apostel Andreas und die griechischen Mönche Kyrill und Method, die den Slawen das Alphabet brachten. Die ursprünglich 1911 von Ivan Kavaleridse geschaffene Trias ist somit die Ahnengalerie der ukrainisch-orthodoxen und der russisch-orthodoxen Kirche.

Als das im 11. Jahrhundert entstandene **Michaelskloster mit den Goldenen Kuppeln** (Mychajlivs'kyj Zolotoverchyj monastyr/Михайлівський Золотоверхий монастир), wie es mit vollem Namen heißt, 1937 zerstört wurde, hat es vielen Kievern das Herz zerrissen, doch nur einer protestierte offen. Ein Historiker verweigerte seine Unterschrift, die die Sowjets von Fachleuten als formales Einverständnis verlangt hatten: Professor Mykola Makarenko. Makarenko wurde in ein sibirisches Gefängnis geworfen, wo er wenig später starb. In dem 1997 bis 2000 wiederaufgebauten Kloster steht heute eine Büste des couragierten Professors.

Das Kloster ist inzwischen auch in einem anderen, wesentlich umfangreicheren Sinn Mahnmal für die Opfer des Stalinismus. Neben dem Eingang mit seinen biblischen Fresken erinnert seit 1993 ein weiteres **Denkmal an die Toten der Hungersnot** von 1932/33 (Holodomor/Голодомор). Nach der Zwangskollektivierung wurden die Bauern zu immer höheren Abgaben gepreßt. Stoßtrupps wurden auf die Dörfer geschickt, um die Bauern zur Herausgabe der Ernte zu

Das Michaelskloster mit den Goldenen Kuppeln

zwingen. Der Hintergrund: Obwohl die eigenen Menschen hungerten, verkaufte Sowjetrußland in den dreißiger Jahren auf dem Weltmarkt riesige Mengen Getreide sowie andere Lebensmittel, um im Gegenzug immense Rüstungsprojekte zu finanzieren. Schließlich sollte die Weltrevolution eines Tages auch wirklich in die Welt hineinmarschieren. Die seit 1861 freie Bauernschaft in der Kornkammer Ukraine trug die Hauptlast. Die Bauern, denen man nicht nur das Land, sondern auch die Ausweise abgenommen hatte, so daß sie sich nicht mehr frei bewegen konnten, waren zu Leibeigenen der Sowjetmacht geworden. Wer sich wehrte, wurde erschossen. Tausendfach wurden Todesurteile vollstreckt. Die ausgeplünderte Landbevölkerung verhungerte, es kam zu Kannibalismus. Schätzungsweise sechs Millionen Menschen hat diese bewußt von Stalin in Kauf genommene Tragödie das Leben gekostet, die meisten in der Ukraine. Inzwischen haben viele Staaten, darunter die EU und die USA, den Holodomor als Völkermord anerkannt, nicht jedoch Rußland. Moskau weist kühl darauf hin, daß nicht allein Ukrainer Opfer des Hungers geworden waren, man folglich nicht von einem Völkermord sprechen könne.

Das Klostergelände mit Garten und Brunnen ist ein stiller Ort, wer es durch den Hinterausgang verläßt, gelangt zur Standseilbahn Funiculaire, die wieder zum Fluß führt. Wer noch nicht pflastermüde ist, sollte aber an der Andreaskirche vorbei den gleichnamigen Stieg hinabgehen. Allerdings ist das nichts für Eilige, denn die gepflasterte Gasse ist einer der schönsten Wege der Stadt.

Karte S. 80 ▲

Andreaskirche

Wenn man vom Bohdan-Chmel'nyc'kyj–Denkmal der vul. Volodymyrs'ka weiter folgt, wird die Straße jenseits der belebten vul. Velyka Žytomyrs'ka (вул. Велика Житомирська) zunehmend ruhiger. Maler bieten ihre Bilder an, Wälder, der Dnepr, Stadtansichten, auch Kirchen als Motive, natürlich auch die, die gleich hinter den Kastanien erscheint – die Andreaskirche (Andrijivs'ka cerkva/ Андріївська церква).

Unter allen Kiever Kirchen mit all ihrer Pracht und ihrem Glanz ist diese eine ganz besondere: Es sind nicht nur Gestalt und Farbe, es ist auch ihre Lage, die sie so einzigartig macht. Es ist die barocke Inszenierungslust, die noch heute zu spüren ist. Nähert man sich von der Stadt, steht man plötzlich vor ihr, nähert man sich vom Fluß, grüßt sie von weitem und scheint dabei über dem Hügel zu schweben. Sie wirkt wie ein Schmuckkästchen in Gold und Türkis und hat doch gewaltige Fundamente, um sich am Hang zu halten. Sie lehnt sich in der Gestalt an die vielen älteren Kirchen an und hat doch eine ganz eigene Form.

Zarin Elisabeth I., die Tochter Peters des Großen, regte das Vorhaben an und legte 1744 auch den Grundstein. Bei der Wahl des Bauplatzes folgte man der mittelalterlichen Nestorchronik, die berichtet, hier auf dem Hügel habe der Apostel Andreas einst ein Kreuz errichtet und den Bau der Stadt Kiev vorausgesagt. Andreas, nach dem Johannesevangelium ein Bruder des Simon Petrus und Jünger Jesu, gilt aus diesem Grunde als der ›geistliche Stadtgründer‹ Kievs, er wurde später zum ›Nationalheiligen‹

Schönster ukrainischer Barock: die Andreaskirche

der Russen befördert. Zwar hält diese vorweggenommene Stadtgründung kritischer Betrachtung nicht stand – Andreas ist hier nie gewesen –, aber der Hügel hieß von alters her der Andreashügel, und an dem Platz hatten schon zuvor Kirchen gestanden.

Der Bauplan stammt von Elisabeths Haus- und Hofarchitekten und Liebhaber Bartolomeo Rastrelli, auf dessen Pläne in und um St. Petersburg etliche Paläste zurückgehen. 1767 wurde die 46 Meter hohe Kirche geweiht – einer der schönsten Bauten des sogenannten ukrainischen Barock, einer Mischung westlicher und östlicher Stile. Gottesdienste fanden hier nur statt, wenn die Zarenfamilie in Kiev zu Gast war. Nach der Oktoberrevolution wurde die Kirche der ukrainischen autokephalen orthodoxen Kirche (UAOK) übertragen, die sie bis 1938 nutzte. Seit 1968 ist die Kirche ein Museum, ein Teil der prächtigen Inneneinrichtung wurde aber in die Sophienkathedrale ausgelagert und befindet sich noch dort. An die Urheberin Elisabeth erinnert in allen vier vergoldeten Giebeln deren Monogramm. Seit dem Jahr 2000 feiert die UAOK hier wieder Gottesdienste, und deren Oberhaupt bemüht sich inzwischen kräftig,

das architektonische Juwel zurückzubekommen. Mehrmals wöchentlich finden am Abend Konzerte statt.

Gleich neben der Kirche buhlt auf dem Bürgersteig ein Galan, der auf die Knie gefallen ist, um die Gunst einer Dame. Es ist der Barbier Svirid Golochvastov, der sich um Pronja Prokopovna bemüht. Die Szene ist natürlich nicht echt – im doppelten Sinn. Die beiden sind nur aus Bronze, und die Avancen macht der Barbier der Dame nur des Geldes wegen. So erzählt es jedenfalls die Komödie ›Hinter zwei Hasen‹. Sie wurde hier 1961 im historischen Ambiente gedreht. Die Skulptur, 1999 aufgestellt, erinnert an den populären Film und ist inzwischen ein beliebtes Fotomotiv.

Andreassteig

An der Andreaskirche beginnt der Andreassteig (Andrijivs'kij uzviz/Андріївський узвіз) mit seinem buckligen Pflaster. Schon lange hatten Künstler hier ihre Ateliers, und diese Tradition setzten Maler, Restauratoren und andere Künstler zur Sowjetzeit fort, als sie sich in den 1970er und 1980er Jahren verstärkt hierher zurückzogen. Sie haben sich hier, weitab vom Chreščatyk, wo die Paraden stattfanden, ein Refugium ge-

▲ *Flohmarkt auf dem Andreassteig*

schaffen. Hier, wo man beim besten Willen nicht marschieren kann, haben sie diskutiert, gearbeitet, gefeiert. Und das alles im Milieu von Michail Bulgakov, dem wohl berühmtesten Kiever Schriftsteller mitsamt seinem literarischen Personal, allen voran aus dem ›Meister und Margarita‹, einem der grandiosesten Romane der frühen Sowjetzeit. Bulgakov wohnte hier zu verschiedenen Zeiten im Haus seiner Eltern. Die Gasse war ein Stück vorrevolutionäres Kiev in der sowjetischen Stadt. Die Künstler boten schon damals am Fuße der Andreaskirche ihre Werke an. Touristen kamen, Souvenirhändler folgten.

Seit Jahren liegt Flohmarktstimmung in der Luft, Leninbüsten, Medaillen, Keramik – vieles wird verkauft, Cafés und Biergärten preisen ihre Lage, dazwischen Galerien, Theater, Museen. Heutzutage wird das alles schon gern mit Montmartre in Paris verglichen. Doch die Kiever sollten keine Vergleiche bemühen, ihr Andreassteig ist einzigartig. Einmal sollte jeder Kiev-Besucher diese Gasse hinabgebummelt sein. Ob in der Sommerhitze oder im Schnee, ob am Morgen oder in der Abenddämmerung – sie bezaubert zu jeder Zeit. Wer es sich aussuchen kann, gehe in der Ruhe der frühen Morgenstunde über den Steig oder am späten Abend, wenn sich die Scharen von Touristen bereits wieder verlaufen haben. Aber wie auch immer – der Andreassteig wird niemanden enttäuschen. Nur auf zwei Dinge sollte man unbedingt achten: Darauf, daß man die Straße von oben nach unten entlang bummelt und – noch wichtiger als anderswo – daß man gutes Schuhwerk trägt, denn die Katzenköpfe sind fußballgroß und auch das Trottoir zeigt ein beachtliches, teilweise riskantes Gefälle.

Plakette am Haus des Dichters Michail Bulgakov am Andreassteig

■ Bulgakov-Museum

In der Nr.13, einem zweigeschossigen Haus, hat Michail Bulgakov gewohnt. Es wird auch ›Haus der Turbins‹ genannt und beherbergt heute das Kiever Bulgakov-Museum. Die Turbins, eine bürgerliche Familie im revolutionären Kiev, waren die Protagonisten in Bulgakovs Revolutionsroman ›Die weiße Garde‹. Später gestaltete Bulgakow aus dem Stoff das Bühnenstück ›Die Tage der Turbins‹. Das Obergeschoß, wo die Familie von Afanasij Bulgakov, Professor an der Kiever Geistlichen Akademie, tatsächlich wohnte, ist im Stil jener Jahre eingerichtet, als die Bulgakovs hier lebten. Im Untergeschoß ist Platz für wechselnde thematische Ausstellungen.

An Bulgakov, lange Zeit vom sowjetischen Kulturbetrieb verunglimpft, erinnert erst seit der Perestroika 1986 eine Plakette neben dem Eingang. Drei Jahre später beschloß der Stadtrat, hier auch ein Museum einzurichten, das dann zum 100. Geburtstag des Schriftstellers, am 15. Mai 1991, eröffnet wurde. Vom

Kiev

Nachbarhaus blickt inzwischen fett und frech der Kater Behemoth auf die Passanten, der allerdings – anders als im Roman ›Der Meister und Margarita‹ – nicht mehr gefährlich werden kann.

■ **Schloß Löwenherz**

Gleich nach dem Museum kommt mit der Nr. 15 eine neogotische Phantasieburg mit Türmchen und Zinnen in den Blick. Es ist das sogenannte ›Schloß des Richard Löwenherz‹ aus dem Jahr 1904. Der Bauherr Dmitrij Orlov hatte damit kein Glück. Plagiatsvorwürfe wurden laut, so ein Haus gebe es schon in St. Petersburg, hieß es. 1911 verunglückte der Hausherr unter ungeklärten Umständen im Fernen Osten, und die Witwe, allein mit fünf Kindern, war gezwungen, das prächtige Haus zu verkaufen. Spätere Mieter behaupteten ernsthaft, daß es im Haus spuke, und wähnten den verunglückten Bauherrn am Werk. Geklärt wurden die Vermutungen nie, manche nannten Baumängel, andere den toten Hausherrn als Ursache. Den Titel ›Schloß Löwenherz‹ erhielt das Haus vom 1911 in Kiev geborenen Schriftsteller Viktor Nekrasov. Nekrasov, inzwischen nur noch wenigen bekannt, verarbeitete seine Erlebnisse im Zweiten Weltkrieg literarisch, war ein überzeugter Gegner des Stalinismus und starb 1987 im französischen Exil. In das Haus soll nach großer Renovierung ein Hotel einziehen. Hoffentlich hört dann der Geist auf zu spuken – es sei denn, ein cleverer Besitzer spannt ihn kurzerhand ins Hotelmarketing mit ein.

■ **Museum einer Straße**

Weiter links unten im Haus Nr. 2b, kurz vor dem Kontraktplatz (Kontraktova pl./ Контрактова пл.), hat der Andreasstieg sein eigenes ›Museum einer Straße‹

(Музей однієї вулиці), wo mit viel Hintersinn die Atmosphäre des vorrevolutionären Kiev wie in einer Puppenstube eingefangen ist. Da hockt ein Schneider am Nähtisch, ein Herr liest Zeitung, und ein Fräulein spielt am Piano Romanzen. Es war ursprünglich das Haus des Lederwarenhändlers Akim Frolov, und das inszenierte Leben könnte sich 1915 durchaus so zugetragen haben, als das Jugendstilhaus fertiggestellt wurde. Und welche Gasse kann das schon von sich behaupten?

Der Andreasstieg endet im Herzen von Podil. Er stößt auf die vul. Pokrovs'ka, wo man sich links hält, dann ist man augenblicklich auf dem Kontraktplatz/ Kontraktova pl. Will man zum Flußhafen zurück, gehe man, auf dem Platz angekommen, gleich wieder rechts in die vul. Petra Sahajdačnoho hinein, die zum Postplatz und Schiffsanleger führt.

ℹ **Oberstadt**

Wer zwei Stunden Zeit hat, sollte mit der Metro zur Station Goldenes Tor (Золоті Ворота) fahren und von dort über die vul. Volodymyrs'ka an der Sophienkathedrale und am Michaelskloster vorbei zum Funiculaire spazieren.

Etwa eine Stunde zusätzlich einplanen sollte, wer die Sophienkathedrale besichtigen will. Für Opernhaus, Volodymyrkathedrale und Ševčenko-Park sollte man ebenso eine Stunde zusätzlich einplanen, und es ist ratsam, mit der Metro gleich bis zur Station Universität (Університет) zu fahren und von dort zu beginnen.

Wer nicht fußlahm ist und noch Zeit hat, kann den Spaziergang über den malerischen Andreasstieg hinab nach Podil' fortsetzen. Etwa vier Stunden sollte man dann aber einplanen.

Karte S. 80

Chreščatyk

Wer vom Flußhafen direkt zum Chreščatyk (Хрещатик) fahren will, nehme
am Postplatz die Metro und fahre eine
Station bis zum Majdan Nezaležnosti
(Майдан Незалежності). Hier schlägt
gewissermaßen das säkulare, bürgerliche Herz der ukrainischen Hauptstadt,
hier beginnt der bekannteste Kiever
Boulevard. Wer den Boulevard von seinem südlichen Ende her erlaufen will,
fahre noch eine Station weiter zum Lev-
Tolstoj-Platz (pl. L'va Tolstoho/ пп. Льва
Толстого) und beginne am Bessarabischen Platz (Bessarabs'ka pl./Бесс-
арабська пл.). Das hat den Vorteil, daß
man sich beim Bummeln gleich wieder
dem Dnepr nähert.

Stalin-Barock auf dem Chreščatyk

Kiev

Geschichte der Straße

Von seinen Anfängen als schlichtes
sumpfiges Tal hat sich der Chreščatyk in
den vergangenen 1000 Jahren schon
sehr gemausert. Die eigentliche Straße
wurde im 18. Jahrhundert geschaffen,
nach 1900 war sie unangefochten die
Hauptstraße mit Rathaus, Börse, Banken, Hotels, Telegrafenamt und – ganz
neu – Kinotheatern. Der Zauber endete
mit Beginn des Zweiten Weltkrieges. Als
im September 1941 die deutschen Truppen einmarschierten, sprengte die Rote
Armee als letzte verzweifelte Abwehr-
maßnahme die Straße in die Luft. Unter
deutscher Besatzung wurde der Chreščatyk in Eichhornstraße umbenannt
nach einem kaiserlichen Generalfeld-
marschall, der hier 1918 bei einem
Attentat getötet worden war. Drei Jahre
später zog durch dieses Ruinenfeld das
endlose Heer der geschlagenen Wehr-
machtssoldaten, ehemalige deutsche
Besatzer, denen man Kriegsverbrechen
vorwarf, wurden hier öffentlich gehenkt.

Später dann ließen sich zwischen den
von deutschen Kriegsgefangenen errichteten Bauten des Stalin-Barock die
Kremlherrscher zujubeln, und schließlich
standen hier 2004 die Zelte der Orangenen Revolution im Schneematsch.
Der damals an die Macht gekommene
Präsident Juščenko bekräftigte hier mit
Militärparaden am Tag der Unabhängigkeit den Anspruch seines Landes auf
eine NATO-Mitgliedschaft – ganz unbeeindruckt davon, daß die Ukraine darüber völlig zerrissen ist.
Der Chreščatyk war und ist der Pracht-
saal für öffentliche Aufführungen aller
Art. Das einzige Beständige in diesem
Wandel scheinen die Kastanien zu sein.
Doch Achtung, die Bäume sind in großer
Gefahr – der Grund: die Miniermotte,
die auch in Mitteleuropa eingefallen ist
und die Roßkastanien schon im August
so trocken und braun aussehen läßt, als
wäre es Oktober. Lange halten das die
Bäume nicht aus, und es hat den An-

schein, als litten sie in Kiev noch mehr als in Berlin. Noch spenden sie Schatten, und noch blühen im Mai die weißen Kerzen, doch die Roßkastanie, Kievs schönster und prägendster Baum, ist schwerkrank.

Ein Bummel über den Chreščatyk

Im Alltag ist der Chreščatyk eine lange und breite Straße mit noch breiteren Bürgersteigen, mit flanierenden Leuten und Händlern, die ihren Krimskrams unters Volk bringen wollen. Der Verkehr pulsiert ohne Ende, und es gibt ein großes Problem – man kommt einfach nicht über die Straße. Höchstens unterirdisch, doch auch die Unterführungen reichen nicht. Und es ist ja in einem ganz anderen Sinne unterirdisch, die Passanten in die Unterwelt zu verbannen, damit oben der Verkehr ohne Hindernisse rollt, oft genug auch auf den Bürgersteigen. Sowjetdenken trifft hier auf PS-Mentalität. Wenigstens das hat die Stadt geändert: An den Wochenenden ist der Chreščatyk ab Samstag mittag zwischen Majdan Nezaležnosti und Bessarabischem Platz für den Autoverkehr gesperrt.

Auf dem Bessarabischen Markt

■ Bessarabischer Markt

Am Bessarabischen Platz boten einst Bauern aus Bessarabien Melonen, Auberginen und was sie sonst noch herangekarrt hatten, unter freiem Himmel feil. Ab 1912 konnten sie das im überdachten Bessarabischen Markt tun. Der Bau ähnelt in vielem einem Theater. Nicht nur, weil die Händler ihre Tomaten und Pflaumen zu gewagten Pyramiden auftürmen und auch sonst gern eine Show abziehen, auch seine Pracht könnte es mit der Oper aufnehmen. Wer sich hier mit Obst und Gemüse eindecken will, wird fündig, doch was Angebot und Preise betrifft, hat sich der Markt den Edelboutiquen angenähert, die in einem Shoppingcenter unter dem Platz ihre Waren anbieten. Das ist für westliche Geldbeutel zwar seltener ein Problem, doch einfache Kiever wird man hier kaum noch treffen.

Bummeln über den Chreščatyk

Karte S. 80

■ PichukArtCentre

Noch seltener sieht man sie nebenan im PichukArtCentre – obwohl dort freier Eintritt ist. Das erste Museum für zeitgenössische Kunst in der Ukraine ist eine Idee des Oligarchen Viktor Pinčuk, der sein persönliches Prestigeprojekt 2006 am Bessarabischen Platz im Luxusquartier ›Arena City‹ eröffnet hat. Das Museum solle die Ukraine zivilisieren und als Brücke zwischen ukrainischer und internationaler Kunst fungieren, sagte Pinčuk zur Eröffnung. Damit sich diese Ambitionen zumindest teilweise erfüllen, hat das Museum seit Oktober 2008 einen der profiliertesten Kunstmanager zum Direktor, den Deutschen Eckhard Schneider, der zuvor acht Jahre das Kunsthaus in Bregenz geleitet hat.

■ Kaufhaus CUM

Der Chreščatyk ist mehr und mehr der Treffpunkt junger zahlungskräftiger Kiever, die sich zur Elite zählen und das auch stets gern zeigen. Unter der feierlichen Kühle der Monumentalbauten hat sich ein erstaunliches Eigenleben entwickelt, das die sowjetischen Stadtplaner gar nicht vorgesehen hatten. Staatsrituale und Paraden, das schon.

Aber Biergärten und Nachtclubs? Boutiquen und Einkaufstempel? Wenigstens einer der Tempel geht auf ihr Konto: Das Kaufhaus CUM, Nr. 38/2. Wer gut, preiswert und ukrainisch essen will, sollte in das **Schnellrestaurant Zdoroven'ki buly** schräg gegenüber einkehren. Es ist die ukrainische, sehr sympathische Antwort auf McDonald's und liegt versteckt hinter einem Durchgang, der am Haus Nr. 21 auf die Ljuterans'ka vul. führt. Allerdings ist dort zur Mittagszeit inzwischen kaum noch ein freier Platz zu finden. Am Durchgang verkauft eine **Theaterkasse** Karten für alle Bühnen.

■ Majdan

Die ganze urbane Unrast kulminiert am Majdan Nezaležnosti (Майдан Незалежності), kurz Majdan genannt. Wie in einem Wohnzimmer hat man hier in den 1990er Jahren die Tapeten gewechselt und komplett neu möbliert: Zuerst wurde Lenin vom Sockel gestoßen, dann der gläserne Einkaufspalast ›Globus‹ gebaut, der vom Keller bis zum Himmel reicht, neue Wasserspiele und ein Denkmal für die Stadtgründer Kyj, Šček und Choriv hingezaubert, das Hotel Moskva patriotisch in Ukrajina umbenannt und

Kiev

Der Majdan war das Zentrum der Orangenen Revolution von 2004

als Krönung, die man keinesfalls übersehen kann, das **Monument der Unabhängigkeit** hingepflanzt. Es ist im Jahr 2001 genau an der Stelle aus der Erde gewachsen, wo einst der granitene Lenin verstoßen wurde. Ein ukrainisches Künstlerkollektiv hat das patriotische Ensemble erschaffen, auf einer schneeweißen Säule mit goldglänzendem Kapitell reckt die Figur der Unabhängigkeit, eine ukrainische Freiheitsstatur im strengen heimatlichen Gewand, einen güldnen Zweig über dem Haupt. Sehr barock, irgendwie katholisch, insgesamt 62 Meter hoch – es gibt sicher geschmackvolleres, aber nichts, was mehr Selbstbewußtsein demonstriert. Geblieben ist die Umgebung: Das jetzige **Hotel Ukrajina**, das **Haus der Gewerkschaften** mit sowjetisch anmutender Digitaluhr nebst elektronischem ›Glockenspiel‹ auf dem Dach, die **Hauptpost**, das **Konservatorium**.

Als alles eingerichtet war, haben die Ukrainer ihre gute Stube gleich für ein ganz großes politisches Fest gebucht: Ende November/Anfang Dezember 2004 war hier das Zentrum der Proteste gegen die Wahlfälschung der Präsidentschaftswahlen. In Folge der Orangenen Revolution löste Viktor Juščenko den abgehalfterten Leonid Kučma als Staatspräsidenten ab. Kučma selbst hatte seinen Favoriten Viktor Janukovič als Nachfolger – auch mit Wahlmanipulation – durchbringen wollen. Das Menschenmeer auf dem Majdan hat das verhindert. Tage und Nächte schallte der Revolutions-Rap ›Razom nas bahato!‹ (Gemeinsam sind wir viele!) aus hunderttausenden Kehlen. Aus allen Ecken der Ukraine waren Juščenkos Anhänger

hierher zusammengeströmt, wo sie sich mit den Kievern zusammentaten.

Das ist allerdings schon lange her, die Protagonisten von damals sind zerstritten, und wer heute nach der Revolution sucht, muß in den Untergrund gehen. Im Gewirr zwischen den Metroeingängen ist ein ›Revolutionsmuseum‹ versteckt, winzig wie eine Puppenstube, in dem man hauptsächlich allerlei orangefarbene Devotionalien kaufen kann. Glanzstücke sind Gipsbüsten von Viktor Juščenko und seiner damaligen politischen Gefährtin und heutigen Erzfeindin Julija Tymošenko.

■ **Europäischer Platz**
Den Abschluß des Chreščatyk bilden am Europäischen Platz (Jevropejs'ka pl./ Эвропейська пл.) das **Ukrainische Haus** von 1981, Kulturhaus und Ausstellungshalle, das ursprünglich als Leninmuseum bestimmt war, und die **Philharmonie**, die 1882 als Haus der Kaufmannsversammlung eröffnet wurde.

■ **Chreščatyj-Park**
Rechts neben der Philharmonie führt ein Fußweg in den Chreščatyj-Park. Nach 100 Metern steht man auf einem Platz, vor sich den **Bogen der Völkerfreundschaft**, ein gewaltiges Halbrund aus Titan, 50 Meter im Durchmesser, der 1982 errichtet wurde. Er soll die Freundschaft zwischen den Brudervölkern der Russen und der Ukrainer symbolisieren und an den Vertrag von Perejaslav erinnern. In dem kleinen Ort etwa 100 Kilometer flußabwärts von Kiev haben 1654 der ukrainische Hetman Bohdan Chmel'nyc'kyj und Abgesandte des Moskauer Zaren einen für die Geschichte der

Karte S. 80

▲

Skulptur des Kosaken Mamaj mit seinem Pferd auf dem Majdan

Der Bogen der Völkerfreundschaft

Ukraine folgenschweren Vertrag unterzeichnet. Chmel'nyc'kyj stellte das Hetmanat unter den Schutz Moskaus. Für
die Kosaken war das nichts weiter als
ein gewöhnlicher Treueeid – quasi auf
Augenhöhe –, der ihnen viele Rechte
und Privilegien sicherte. Moskau sah
das völlig anders. Mit dem Vertrag von
Perejaslav begann die Eingliederung der
Ukraine in den russischen Staat. Kein
Wunder, daß der Bogen heute deplaziert wirkt, er erinnert zu sehr an Moskaus Hegemonie. Wegräumen kann
man ihn nicht, dazu ist er zu groß, doch
mit offizieller Mißachtung strafen, das
geht. Und so macht er aus der Nähe
nicht mehr den besten Eindruck, die
Figurengruppen zu seinen Füßen wirken
antiquiert, umrahmt wird das Monument von einem Rummel und einem
Freilichttheater. Trotzdem ist der Platz
ein Treffpunkt, von dort hat man einen
herrlichen Blick auf den Dnepr, auf Podil
und auf den Flußhafen.
Wer zu Fuß zum Flußhafen zurück will,
gehe zuerst zum Europäischen Platz zurück, gehe um das Ukrainische Haus
herum die vul. Tr'ochsvjatitels'ka hinauf
und halte sich rechts. Serpentinen führen durch den Park Volodymyrs'ka Hirka
hinunter. Es gibt auch einen Weg über
den Volodymyrsteig (Volodymyrs'kyj
uzviz). Nach den letzten Häusern rechts
führt eine Treppe zum Fluß hinab, allerdings war sie 2008 noch wegen Baufäl-
ligkeit gesperrt.

Karte S. 80

ℹ Chreščatyk

Für einem **Bummel über Chreščatyk
und Majdan Nezaležnosti** sollte
man mit Hin- und Rückfahrt (Metro)
etwa gut zwei Stunden einplanen, für
eine große Tour bis zum ›Bogen der
Völkerfreundschaft‹ mit Dnepr drei
Stunden.
Für Hungrige: einige sehr ordentliche
Restaurants liegen in der vul. Michaj-
lovs'ka, die vom Majdan Nezaležnosti
zum Michaelsplatz führt.

Vom Zentrum zum Höhlenkloster

Wer vom Europäischen Platz zum Höhlenkloster will, kann die vul. Mychajla Hruševs'koho (вул. Мухайла Грушевсь-кого) parallel zum Dnepr nach Südosten laufen. In der Nr. 6 auf der rechten, der Stadtseite, befindet sich unübersehbar in einem angegrauten Repräsentativbau mit mächtigem Portikus das **Nationale Kunstmuseum der Ukraine**. Drinnen geht es farbenfroher zu: von Ikonen über Realismus bis zur Russischen Avantgarde – die Kollektion umfaßt über 20000 Werke, unter anderem von Kasimir Malewitsch, der 1878 in Kiev geboren wurde.

Auf der Parkseite zieht sich der Chreščatyj-Park etwas hin, später das Dynamostadion und der Stadtgarten, zur Stadtseite befinden sich Regierungsgebäude. Allerdings ist das ein Weg von rund zweieinhalb Kilometern. Sinnvoller ist es, den Weg vom Majdan Nezaležnosti zum Arsenalplatz (Arsenal'na/ Арсенальна) mit der Metro zu verkürzen. Auch wer sich direkt vom Flußhafen zum Höhlenkloster im Stadtteil Pecers'k aufmacht, fährt bis zum Arsenalplatz. Die dortige Metro-Station gilt mit einer Tiefe von 102 Metern als eine der tiefstgelegenen U-Bahn-Stationen weltweit.

Auf der Rolltreppe verbringt man einige Minuten, bis man oben ist. Dort gibt es zwei Möglichkeiten: Entweder man folgt sofort der Straße zum Höhlenkloster nach links, oder man macht zuerst einen Abstecher in die entgegengesetzte Richtung zum sehenswerten Marienpalast, der in einem Park liegt.

Marienpalast und Parlament

Das Barockschloß in der vul. Mychajla Hruševs'koho 5 ist auf Geheiß von Zarin Elisabeth I. von ihrem Haus- und Hofarchitekten Bartolomeo Rastrelli errichtet worden, Elisabeths Nachfolgerin Katharina II. residierte 1787 einige Wochen hier, im 19. Jahrhundert war es die Residenz des Generalgouverneurs. Das Gebäude brannte später ab und erhielt seine jetzige Gestalt 1870. Heute dient es dem Präsidenten für Staatsempfänge und als Gästehaus. Etwas deplaziert wirkt neben der barocken Pracht das Parlamentsgebäude (Verchovna Rada) mit seiner gläsernen Kuppel. In dem 1939 eingeweihten Bau proklamierte der damalige Oberste Sowjet der Ukraine am 24. August 1991 die Unabhängigkeit des Landes. Während der Orangenen Revolution ging es im Parlament hoch her, und auch heute geht es vor und hinter seinen Mauern immer noch oft genug handgreiflich zur Sache.

Kiev

Der Marienpalast

Rund um den Arsenalplatz

Der Arsenalplatz hat eine militärische Prägung, in einer ehemaligen Kaserne befindet sich heute noch die Kiever Militärkommandantur. Unweit von hier befand sich die Neue Perčersker Festung und die Waffenschmiede ›Altes Arsenal‹. Viele Arbeiter vom › Arsenal‹, die stets leichten Zugriff zu den Waffen hatten, waren Parteigänger der Bolschewiki. Als sich die Ukrainische Zentralrada, die provisorische Vertretung einer zukünftig souveränen Ukraine, im Januar 1918 für unabhängig erklärte, erho-

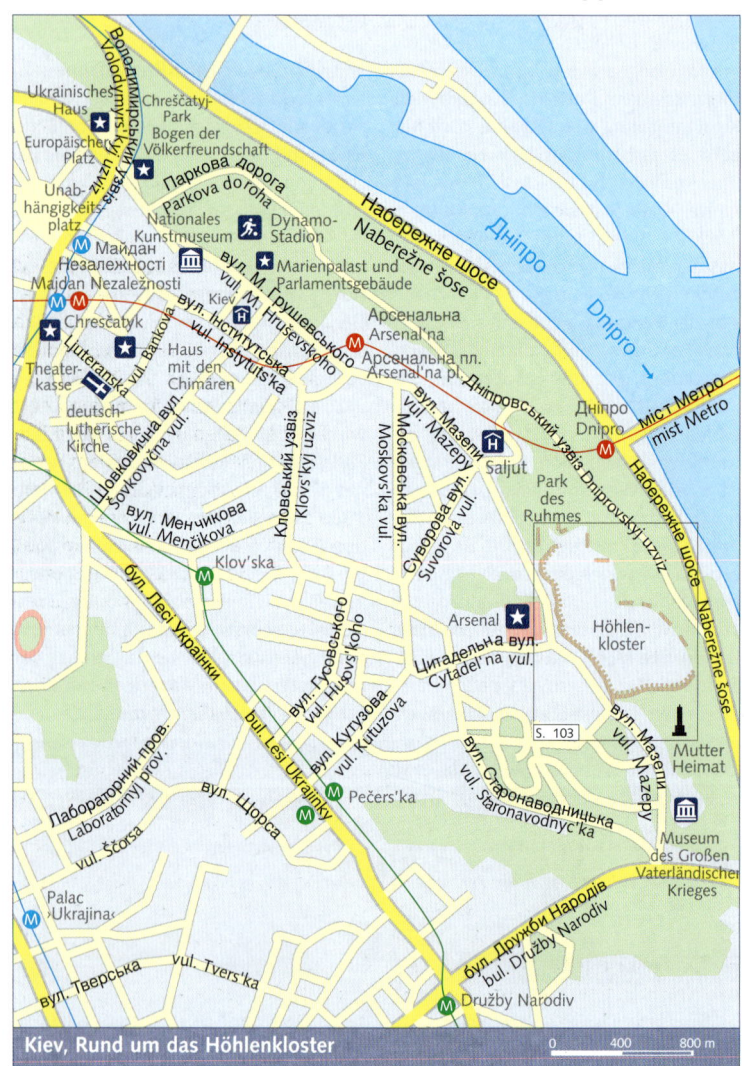

Kiev, Rund um das Höhlenkloster

ben sich die ›Arsenalisten‹ dagegen, da sie ihre Hoffnung auf die Sowjetmacht setzten. Ihr Aufstand wurde zwar niedergeschlagen, doch die später auch in Kiev siegreichen Bolschewiki setzten ihren Kämpfern 1923 ein Denkmal: Gegenüber dem Eingang zur Metrostation steht auf einem Sockel aus rotem Granit ein kleines Geschütz, von dem die Bolschewiki behaupteten, daß die ›Arsenalisten‹ damit ihren ersten Schuß auf die ›Konterrevolutionäre‹ abgefeuert haben. Sehr wahrscheinlich ist das nicht.

■ Ivan-Mazepa-Straße

Doch wie auch immer, genutzt hat es auf Dauer nicht. Schlimmer noch, im Jahre 2007 ist die Straße des Januaraufstandes, die an den Aufstand erinnerte und die von hier nach Süden zum Höhlenkloster führt, in Ivan-Mazepa-Straße (vul. Ivana Mazepy/вул. Івана Мазепи) umbenannt worden, eine ideologische Kehrtwende um 180 Grad. Die Revolutionäre von gestern gelten heute als Verderber, und der Verräter von einst ist nun der Held. Achtung, das macht auch Touristen zu schaffen! In vielen Stadtplänen ist die für Besucher nicht unwichtige Straße (immerhin befindet sich hier mit dem Höhlenkloster eine der bedeutendsten Kiever Sehenswürdigkeiten) fälschlicherweise noch mit vul. Sičnevoho povstannja (вул. Січневого повстання) angegeben, und auch nicht allen Einheimischen ist diese Umbenennung schon zu Ohren gedrungen. Die vul. Ivana Mazepy führt also zum Höhlenkloster. In etwa einer Viertelstunde gelangt man, vorbei am **Hotel Saljut**, zunächst zur zentralen Gedenkstätte für die Gefallenen des Zweiten Weltkrieges, den sogenannten **Park des Ruhmes**. Auch hier bricht die Ukraine sichtlich mit der russisch-sowjetischen Geschichts-

schreibung. Nicht am Ehrenhain selbst, doch gleich nebenan hat der Kiever Stadtrat eine **Gedenkstätte für die Opfer des Holodomor** eingefügt – ein Glockenturm im Form einer stilisierten Kerze soll an die vermutlich sechs Millionen Toten erinnern, die bei der Hungersnot 1932/33 ums Leben gekommen sind. Die Hungertoten waren von Stalin bewußt in Kauf genommen und die Tragödie von der Sowjetgeschichtsschreibung geleugnet worden. Von hier ist es nicht mehr weit zur Dreieinigkeits-Torkirche des Höhlenklosters.

■ Altes Arsenal

Dem Höhlenkloster gegenüber streckt sich ein schier endloses Gebäude – das ehemalige ›Alte Arsenal‹, die bereits erwähnte Waffenschmiede des Zaren. Zu Sowjetzeiten war hier ein Rüstungsbetrieb, der entsprechend abgeschirmt wurde. Jetzt stehen die Tore weit offen. Schon einen Monat nach seinem Amtsantritt hat Präsident Juščenko im März 2005 einen Erlaß unterzeichnet, der aus der Waffenkammer eine Heimstatt der Künste machen wird. Vermutlich schwebte Juščenko eine ukrainische Eremitage oder ein Kiever Louvre vor, von der Fläche her auf jeden Fall. In der Kunstszene ist das Projekt inzwischen hochumstritten. Viele sehen in den Plänen die vom Präsidenten kontrollierte Idee einer nationalistisch-religiösen Wiedergeburt der ukrainischen Kunst als Gegenentwurf zum weltoffenen Pinchuk-ArtCentre des Oligarchen Viktor Pinčuk. Ob nun ein Zentrum für Gegenwartskunst entstehen wird oder doch eher ein ukrainisches Walhalla – die üblichen Verzögerungen eingerechnet, werden die Arbeiten jedenfalls weit über das Jahr 2014 andauern, das ursprünglich als Eröffnungsjahr geplant war.

Kiev

Höhlenkloster

Das Höhlenkloster ist ein unumstrittenes nationales Heiligtum. Schon sein vollständiger Name ›Heiliges Kiever Maria-Entschlafens-Höhlenkloster‹ (Свято-успенська Києво-Печерська лавра) klingt wie ein in Jahrhunderten erworbener sakraler Titel und läßt den Rang aufscheinen, den das Kloster seit einem Jahrtausend in der orthodoxen Kirche ostslawischer Prägung genießt – und das nicht nur auf religiösem, sondern auch auf kulturellem und politischem Gebiet. Das Kloster war Ursprung geistlichen Lebens, Stätte des Aufbruchs und Hort der Bewahrung, der Bildung, des konfessionellen Kampfes und der geistlichen Übung – und natürlich immer Ziel für orthodoxe Pilger. Vor dem Tor und den Kirchen bekreuzigt und verbeugt sich die nicht abreißende Schar der Gläubigen, noch mehr vor den hun-

Das Höhlenkloster ist UNESCO-Welterbe

derten Ikonen, tausende Kerzen werden täglich entzündet, Gebete gestammelt, Mönche hasten in ihrer schwarzen Kluft über das Pflaster – kurzum: Das Kloster ist nicht nur eine Sehenswürdigkeit für weitgereiste Touristen und seit 1990 UNESCO-Weltkulturerbe, sondern das lebendige religiöse Herz der Ukraine.

Geschichte des Klosters

Die Anfänge des Klosters gehen ins 11. Jahrhundert zurück. Der Einsiedler Ilarion soll sich am Steilufer des Dnepr eine Höhle gegraben haben, später wurde er erster Kiever Metropolit. Antonij, ein Mönch, der auf dem Heiligen Berg Athos in Griechenland weilte, soll hinzugekommen sein. Er gilt als Gründer des Klosters, als erster Abt gilt Varlaam. Feodossij stellte den Mönchen ein Ordnungsbuch zusammen, das sogenannte Typikon, in dem Vorschriften zum gemeinsamen Leben, zu geistlicher Übung und körperlicher Arbeit festgehalten waren. Unter Feodossij begann auch der oberirdische Ausbau des Klosters. Es erhielt Zulauf, und die Einsiedler gruben immer mehr Höhlen als Orte der Ein-

Die Dreieinigkeits-Torkirche

Karte S. 103

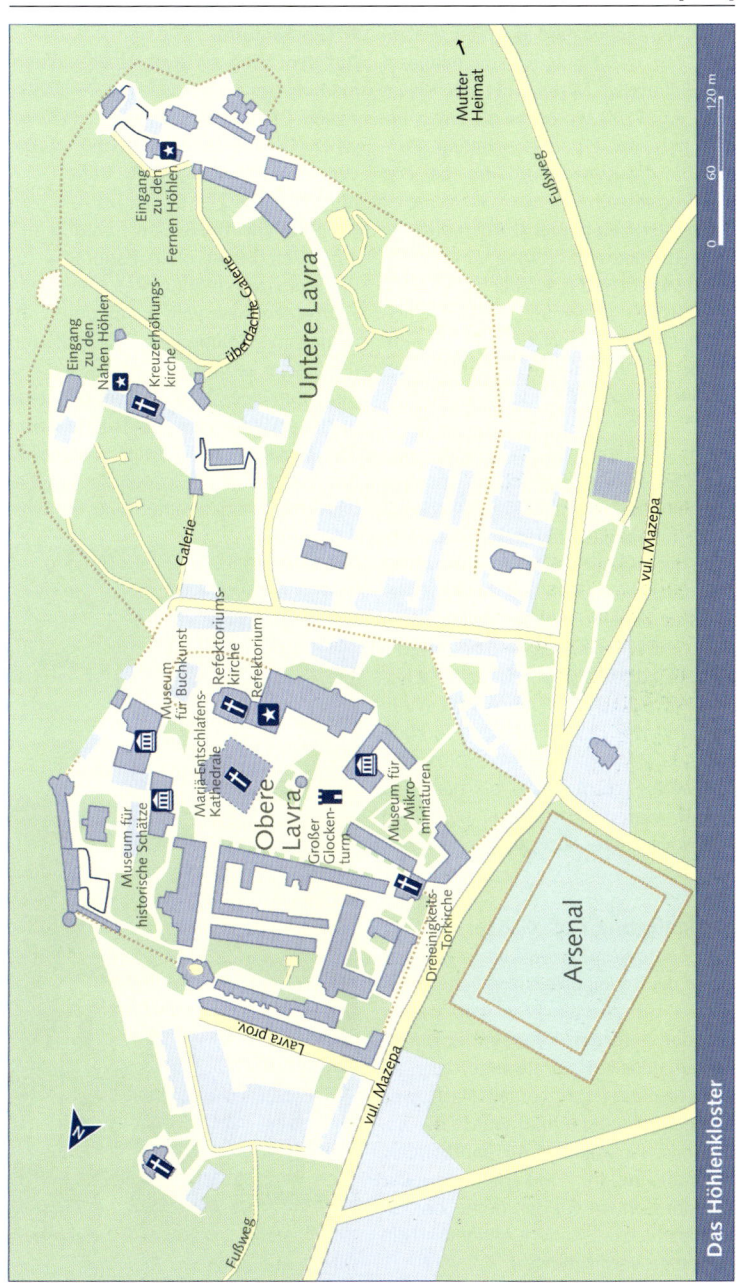

Das Höhlenkloster

Kiev

Mutter Heimat

Untere Lavra

Fußweg

vul. Mazepa

Eingang zu den Fernen Höhlen

Eingang zu den Nahen Höhlen

Kreuzerhöhungs-kirche

überdachte Galerie

Galerie

Museum für Buchkunst

Refektoriums-kirche

Refektorium

Museum für historische Schätze

Marija-Entschlafens-Kathedrale

Obere Lavra

Großer Glocken-turm

Museum für Mikro-miniaturen

Dreieinigkeits-Torkirche

Lavra prov.

vul. Mazepa

Arsenal

Fußweg

0   60   120 m

kehr, als Kirchen und Begräbnisplätze. Bald war das Höhlenkloster religiöser und kultureller Mittelpunkt der Kiever Rus'. Ab 1169 wurde es als Lavra bezeichnet, eine Ehrenbezeichnung. Offiziell hat das Kloster den Titel aber erst 1786 erhalten.

Nach dem Mongolensturm erlitt die Klostergemeinschaft große Verluste, zudem wanderte das kirchliche Zentrum der Rus' in die Wälder im russischen Nordosten aus. Dort beerbte das aufstrebende Moskau Kiev politisch und kirchlich. Doch das Kloster existierte weiter.

Im 18. Jahrhundert begann seine zweite Blüte. Es wurde rege gebaut, das heutige Erscheinungsbild nahm Gestalt an. Außerdem übte das Höhlenkloster als Zentrum der Bildung großen Einfluß auf das Hetmanat aus. Die Zäsur kam mit der Oktoberrevolution. 1927 schlossen die Bolschewiki das Kloster und befestigten an der Hauptkirche, der Maria-Entschlafens-Kathedrale, das Transparent ›Mönche sind die Blutfeinde der Werktätigen!‹ Im November 1941 wurde die Kathedrale gesprengt – bis heute ist unklar, wer diese Barbarei begangen hat: sowjetische Partisanen oder deutsche Besatzer.

Besichtigung des Klosters

Wer heute von der vul. Ivana Mazepy durch die Dreieinigkeits-Torkirche in das Kloster tritt, dessen Blick wird wieder von den goldenen Kuppeln der **Maria-Entschlafens-Kathedrale** angezogen, als wäre sie nie zerstört worden. Nach zweijährigem Wiederaufbau wurde die Kathedrale, die aus dem 11. Jahrhundert stammte, im Jahr 2000 erneut geweiht. Nur der Pavillon vor der Kirche, der ein Ruinenstück präsentiert, erinnert an die unsinnige Vernichtung.

Karte S. 103

▲

■ Glockenturm

Auf dem Weg zur Kathedrale passiert man den mächtigen, fast 100 Meter hohen Großen Glockenturm, der zwischen 1731 bis 1744 errichtet wurde. Wer über ausreichend Kondition verfügt, kann die 239 Stufen bis zum vierten Ring erklimmen. Dort wird er mit einem eindrucksvollen Panorama für die Strapaze entlohnt. Wer aber seine Kräfte schonen will, kann unten im Ikonenladen zumindest Ansichtskarten und Poster kaufen.

Rings um den Glockenturm liegt eine wohltuende Ruhe in der Luft, die von den Schlägen der Turmuhr nur milde unterbrochen wird. In den flachen Gebäuden zu beiden Seiten sind Mönchs-

Die Maria-Entschlafens-Kathedrale

zellen eingerichtet, es gibt aber auch thematisch wechselnde **Ausstellungen** zum Kloster zu sehen. Um die Maria-Entschlafens-Kathedrale sind **Wirtschaftsgebäude** gruppiert: Die alte Druckerei, die Bäckerei, die nach ihrem Erbauer auch Kovnir-Bau genannt wird, und das Refektorium – der Speisesaal der Mönche. Im Schatten des Turmes liegt außerdem die Residenz des Metropoliten.

Die Refektoriumskirche

■ **Refektorium**

Das Refektorium (Trapezna) mit seinem auffallend grünen Dach und der angrenzenden Kirche war gegen Ende des 19. Jahrhunderts nötig geworden, denn die Zahl der Mönche hatte die Tausend überschritten. Die **Refektoriumskirche** lehnt sich mit ihrer zwanzig Meter breiten Kuppel an Byzanz mit der Hagia Sophia an, das zu jener Zeit längst Geschichte war. Am Refektorium haben drei Männer der russisch-ukrainischen Geschichte ihre letzte Ruhe gefunden, die alle eines gewaltsamen Todes starben: Der russische Ministerpräsident Pjotr Stolypin wurde 1911 bei einem Attentat in der Kiever Oper erschossen. Von Staats wegen getötet wurden hingegen Vasili Kočubej und Ivan Iskra. Kočubej hatte Zar Peter I. vom bevorstehenden Verrat Hetman Ivan Mazepas unterrichtet, der mitsamt seinen Kosaken zu den Schweden überlaufen wollte. Der Zar vertraute Mazepa mehr als den beiden und ließ die Unglücklichen 1708 enthaupten. Kurz darauf wechselte Mazepa tatsächlich die Fronten, und so wurden den beiden Unschuldigen diese Ehrengräber zuteil. Ivan Mazepa war es auch, der das Kloster mit wehrhaften Mauern, Türmen und Toren hat versehen lassen. Mit dem Refektorium endet der Gang durch die Obere Lavra.

■ **Die Nahen Höhlen**

Eine Galerie führt hinter dem Refektorium zur Unteren Lavra, wo sich die Höhlen befinden. Mittelpunkt des unteren Teils ist die **Kreuzerhöhungskirche**. Neben der Kirche, die von 1700 bis 1704 erbaut wurde, liegt der Eingang zu den Nahen Höhlen. Der Eintritt ist kostenlos, wer allerdings in kurzen Hosen daherkommt, muß bei einer der Frauen, die dort Wache halten, einen Kittel für etwa vier Euro mieten – was für einheimische Touristen schon schmerzhaft sein kann. Außerdem gibt es einen schwunghaften Handel mit Kerzen, von denen man schon deshalb ein oder zwei kaufen sollte, da sie als Lichtquelle gut zu gebrauchen sind.

Aus den Gängen quillt feuchte, warme Luft, Schatten tanzen an der Wand, und wenn sich das Auge an die Dunkelheit gewöhnt hat, tauchen in den Nischen die ersten Särge auf, über denen rote Lämpchen glühen. Unter den Glasdeckeln liegen, gut eingewickelt, Mumien, zu ihren Häuptern sind die Namen ge-

Kiev

Mönch im Höhlenkloster

Um die Gänge ranken sich wundersame Erzählungen, so etwa, wie die Gebeine der Sagengestalt Il'ja Muromec hierher gekommen sein sollen. Die fromme Legende berichtet, daß der Recke, von einem Speer tödlich verwundet, von Engeln ins Höhlenkloster getragen worden sei, um am heiligen Ort zu sterben und begraben zu werden. Auch sollen der Überlieferung nach die Gänge über hunderte von Kilometern bis Moskau und Novgorod führen. Ihre wahre Länge beträgt etwa 400 Meter, und nur ein Teil ist für Besucher zugänglich. Der Ausgang führt direkt in die Kreuzerhöhungskirche hinein.

■ Die Fernen Höhlen

Wenn man wieder ans Tageslicht gekommen ist, kann man über eine lange hölzerne Galerie zu den Fernen Höhlen laufen. Wenn die Füße schon schmerzen, empfiehlt sich das aber nicht, zumal sich diese Höhlen nicht von den Nahen Höhlen unterscheiden: in den Särgen liegen, in edles Tuch gehüllt, die Mönchsmumien. Das Areal mit Kirchen und kleinem Friedhof hat aber einen großen Vorzug: Eben weil es so abseits liegt und seltener besucht wird, ist es eine Idylle mit einzigartigem Blick auf das gesamte Kloster.

■ Museen im Höhlenkloster

Auf dem Klostergelände befinden sich, gut verteilt, eine ansehnliche Anzahl an Museen. Die einzelnen Häuser haben vortreffliche Expositionen, die jedoch thematisch wenig mit dem Kloster zu tun haben. Ursache ist die Sowjetmacht, die das Kloster in ein Museum umgewandelt hat. Insbesondere nach dem Krieg wurden in den leerstehenden Gebäuden nach und nach Ausstellungen angesiedelt wie das Museum für Thea-

schrieben. In den Höhlen gibt es insgesamt drei Kirchen, Führer erklären gestenreich deren Bedeutung, und Aufseher ermahnen jeden, der sich erdreistet, hier zu fotografieren.

Nirgendwo sonst im Kloster kommen sich Touristen und Pilger so nah, und es ist eine Frage des persönlichen Einstellung, ob man durch die Höhlen mit religiöser Andacht oder wohligem Gruseln durchquert. Unabhängig davon ist es jedoch eine Sache des Respekts, daß man sich in den Höhlen, wenn überhaupt, nur leise unterhält. Immerhin ruhen hier nicht nur der Klostergründer Antonij, der Chronist Nestor und andere Heilige der russisch-ukrainischen Kirchengeschichte, sondern unzählige Einsiedler.

Karte S. 103 ▲

ter-, Musik- und Filmkunst, das Museum für Buchdruck, das Museum für historische Schätze und das Museum für Mikrominiaturen. Es ist sinnvoll, sich vorher zu entscheiden, welche Ausstellungen man besuchen will, da sie in ihrer Gesamtheit selbst den eifrigsten Besucher überfordern.

Zu empfehlen ist auf jeden Fall das **Museum für Mikrominiaturen** mit solchen Kuriositäten wie der kleinsten Uhr und dem kleinsten Elektromotor der Welt. Wenn man sich sattgesehen hat, kann man das Kloster über die Untere Lavra über eine Steintreppe und einen Rosengarten zur Flußseite verlassen oder wieder auf die vul. Ivana Mazepy zurückkehren.

Mutter Heimat

Es wirkt schon seltsam, daß ausgerechnet dieses Kloster im 19. Jahrhundert von einer Festung umbaut wurde, deren Schanzen und Tore heute noch zu sehen sind. Noch seltsamer ist es, daß die Sowjetmacht das Kloster mit atheistischen Kultstätten regelrecht umzingelt hat. Im Norden stößt der Park des Ruhmes mit Obelisk, Heldengräbern und Ewiger Flamme an die Klostermauer. Im Süden erhebt die gewaltige ›Mutter Heimat‹ düster Schild und Schwert. Beide Anlagen heroisieren den Kampf im Zweiten Weltkrieg gegen die deutschen Eindringlinge. Die Aufstellung hat ihre innere Logik: Gegen das reaktionäre, unwissenschaftliche Christentum mit seinen Ikonen und Mönchen setzten die Genossen einen sozialistischen Kultus, und es ist nur konsequent, daß die 530 Tonnen schwere Mutter Heimat mit 108 Metern den Großen Glockenturm um zehn Meter übertrifft. Allein das Schwert ist 16 Meter lang und wiegt neun Tonnen.

Die ›Mutter Heimat‹

Das 20 Hektar große Gelände um die metallene Göttin, die 1981 eingeweiht wurde, beherbergt das **Museum der Geschichte des Großen Vaterländischen Krieges**, das vor allem aus Waffentechnik mehrerer Generationen besteht, die unter freiem Himmel zur Schau gestellt wird. Dazu kommen die üblichen Figurenkompositionen kämpfender Sowjetsoldaten, getragene Musik und das eigentliche Museum, das unter dem Sockel der ›Mutter‹ zu Hause ist und einen guten Einblick in die Besatzungszeit gewährt. Im Sockel selbst ist so etwas wie eine kommunistische Kirche eingerichtet mit viel Marmor und den Namen der Kriegshelden. Daß die Heroisierung selbst ein Anachronismus geworden ist, belegen drei

Kiev

Dinge überdeutlich: Die beiden Panzer, ein sowjetischer und ein westlicher, die an den Kanonen zusammengebunden sind und das Ende der Blockkonfrontation symbolisieren, das obsolet gewordene Sowjetwappen auf dem Schild der eisernen Frau und das Afghanistanmuseum, das etwas abseits Platz gefunden hat.

Das **Museum für die Opfer des Afghanistankrieges** ist es wert, besucht zu werden. Im Foyer hängen von der Decke herab Rotorblätter von Hubschraubern, auf denen zu Tausenden die Fotos der Gefallenen geheftet sind, als wäre es ein erdrückender Himmel für Gefallene. Junge Männer, alle geboren zwischen 1958 und 68, die kaum älter als 20, 25 Jahre waren und vom vollständig senilen Politbüro im Moskauer Kreml als ›Internationalisten‹ – man kann es nicht anders sagen – ›verheizt‹ wurden. Wie das genauer vonstatten ging, davon kann man sich im Obergeschoß ein Bild machen. 15 000 sowjetische Soldaten wurden zwischen 1979 und 1989 im Zinksarg nach Hause geflogen, wenn überhaupt.

Vor dem Museum der Geschichte des Großen Vaterländischen Krieges

Wenn man sich von dem zerstörerischen Geist etwas erholen will, braucht man sich nur auf die Balustrade vor der Dame aus Eisen zu setzen. Von dort hat man ein herrliches Panorama über den Dnepr, und die beiden bunten Panzer nebenan, Überbleibsel der Perestroika, sind inzwischen beliebter Kinderspielplatz.

ℹ Höhlenkloster und Mutter Heimat

Für **alle Sehenswürdigkeiten** auf dieser Route braucht man mit Hin- und Rückfahrt mindestens vier Stunden, dazu kommen die Pausen, das Gelände ist weitläufig.

Wer nur das **Höhlenkloster** besuchen will (dabei die Fernen Höhlen außer acht läßt), sollte drei Stunden einplanen. Museumsbesuche, Aufstieg zum Glockenturm etc. verlängern den Ausflug erheblich.

Das **Memorialkomplex mit Mutter Heimat** ist nicht besonders verkehrsgünstig gelegen und verlangt inklusive An- und Abreise mindestens zwei Stun-

den. Ein kleiner Trost ist da die Straßenbahn der Linie 5, die parallel zur Uferchaussee (Naberežne Šose) am Dnepr entlang fährt und am südlichen Ende des Memorialkomplexes, nahe der Patonbrücke, wendet. Mit ihr kann man von dort, aber auch vom unteren Ausgang des Höhlenklosters, direkt zum Flußhafen zurückfahren. Doch besonders schnell ist man nicht, die Bahnen verkehren nicht häufiger als etwa im 20-Minuten-Abstand.

Wer will, kann vom Flußhafen mit der Tram bis zur Endstation fahren und erst das Memorial, dann das Höhlenkloster besuchen.

▲ Karte S. 100

Vydubyc'kyj-Kloster

Am malerischen Abhang zum Dnepr entstand im 11. Jahrhundert unweit vom Höhlenkloster ein weiteres Kloster. Der Überlieferung zufolge entstand es an jener Stelle, an dem die Holzstatue des heidnischen Gottes Perun auftauchte, die auf Befehl von Fürst Volodymyr im Fluß versenkt worden war. Ab dem 12. Jahrhundert war es ein Zentrum des religiösen und kulturellen Lebens. Von den alten Klosteranlagen ist heute noch der westliche Teil der Michaelskathedrale, zwischen 1070 und 1088 erbaut, erhalten geblieben. Die meisten Gebäude rutschten im Laufe der Zeit auf dem abschüssigen Hang ab und wurden zerstört. Im 17. und 18. Jahrhundert wurden neue Gebäude errichtet. So entstand ein Ensemble mit Georgs-kathedrale, Glockenturm, Refektorium und Haus des Abtes im ukrainischen Barock. Im 19. Jahrhundert wurde die Anlage durch das Haus der Mönche erweitert. Bauten für die Sakristei und die Bibliothek wurden 1902 hinzugefügt.

Zu sowjetischer Zeit befand sich hier ein archäologisches Institut, seit 1993 dient die Anlage wieder als Männerkloster. Das Besondere an diesem Kloster ist seine heutige Lage, inmitten des Zentralen Botanischen Gartens der Nationalen Akademie der Wissenschaften der Ukraine (nicht zu verwechseln mit dem Botanischen Garten in der Innenstadt). Oberhalb des Vydubyc'kyj-Klosters sieht man die Gebäude des Dreieinigkeitsklosters, das 1866 als Einsiedelei gegründet wurde.

Kiev

Das Vydubyc'kyj-Kloster

Freilichtmuseum Pyrohiv

Das ›Museum für Volksarchitektur und Lebensweise des Ukrainischen Volkes‹ (музей народної архітектури і побуту) ist ganz und gar nicht so langweilig, wie seine umständliche Bezeichnung Glauben machen will – nur hölzern, das ist das Museum, das 1976 seine Pforten öffnete, in weiten Teilen tatsächlich. Mehrere Mühlen, noch mehr Häuser, einige Kirchen, Ziehbrunnen und reichlich frische Landluft bietet das einige Kilometer südlich von Kiev in Pyrohiv (Пирогів) gelegene Museum. Die meisten Kreuzfahrtanbieter offerieren einen Abstecher in das 150 Hektar große Areal, und so ziemlich jeder Besucher war begeistert. Ist doch in diesem Museumsdorf das ländliche Leben der Bauern und Handwerker mit Händen zu greifen, das die Ukraine geprägt hat und bis in die Gegenwart hinein prägt. Das Museum ist in einzelne Dörfer aufgeteilt, die jeweils Kultur und Lebensweise einer Region, etwa Podolien, der Sloboda-Ukraine oder der Schwarz-meerregion präsentieren. Alle Bauten sind Originale und wurden an ihrem Ursprungsort abgebaut, restauriert und hier wieder aufgebaut.

Die allesamt betagten hölzernen Exponate haben der Museumsleiterin Anna Skrypnik schon manche schlaflose Nacht beschert. Hier ging schon so manches Mal der Feuerteufel um, was einen beim Anblick der vielen Strohdächer, Balken und Flechtzäune nicht wundert. Das letzte große Feuer 2006 war von Hand gelegt, um einen Diebstahl, der vorausgegangen war, zu vertuschen. Zur Sowjetzeit, klagt Anna Skrypin, wachte über das Museum eine eigene Feuerwehr. Die ist zum Leidwesen der Museumsdorfbürgermeisterin allerdings aus Kostengründen längst aufgelöst worden. An warmen Wochenenden ist es voll im Museum, denn auch die Kiever wissen das bukolische Ambiente zu schätzen. Und viele Helfer in historischer Tracht backen, schnitzen, töpfern und kochen nur so um die Wette, und irgendwo hinter der Kirche spielt sicher auch ein ›Volkskunstkollektiv‹.

 Kiev

Vorwahl: innerhalb der Ukraine 8/044, aus dem Ausland +38/44.
Die **Hauptpost**, Chreščatyk 22, befindet sich am Unabhängigkeitsplatz (▸ Karte S. 80).

Der Internationale Fughafen (Аеропорт Бориспіль') Kiev-Boryspil' liegt etwa 30 Kilometer östlich von Kiev, der Flughafen wird unter anderem von Berlin, Frankfurt, Düsseldorf, München, Wien, Genf, Zürich und Luxem-burg angeflogen. Zwischen dem pr. Peremohy (пр. Перемоги) sowie dem Hauptbahnhof und dem Flughafen pendelt ca. alle 20 min. ein Zubringerbus, der etwa eine Stunde braucht (22 Grn./ca. 4 Euro). Außerdem verkehren Taxis, allerdings sollte man nicht mehr als 40 Euro für eine Tour zahlen. Weitere Informationen über www.airport-borispol.kiev.ua.

In Kiev gibt es inzwischen über 50 Hotels, und jährlich werden es

Musikant im Museum

mehr. Hier eine Auswahl für diejenigen, die auf eigene Faust anreisen oder nach einer Flußkreuzfahrt länger bleiben möchten (Preise für Doppelzimmer):

Der Sophienkathedrale gegenüber liegt das **Hyatt Regency**, vul. Ally Tarasovoï (вул. Алли Тарасової) 5, Tel. 581 12 34, ab 500 Euro (▸ Karte S. 80).

Wen es zum Fluß zieht, der ist auf dem **Hotelschiff Perlyna Dnipra** neben dem Flußhafen, vul. Naberežno-Chreščatyts'ka (Набережно-Хрещатицька), Anleger Nr. 5, gut aufgehoben, Tel. 451 55 66, ab 160 Euro (▸ Karte S. 69).

Ein gutes Mittelklassehotel ist das **Dnipro** auf dem Chreščatyk 1/2 (Хрещатик), nahe Europäischer Platz, Tel. 254 67 77, ab 100 Euro (▸ Karte S. 80).

Das Hotel **Kozac'kyj**, vul. Mychajlivs'ka 1/3 (вул. Михайлівська) liegt günstig am Unabhängigkeitsplatz (Майдан Незалежності) und ist preiswert, Tel. 279 03 41, ab 100 Euro, eine Woche vorher reservieren (▸ Karte S. 80).

Ihm gegenüber liegt unübersehbar das **Ukrajina**, vul. Instytuc'ka 4 (вул. Інституцька), Tel. 229 22 66, ab 100 Euro (▸ Karte S. 80).

Zwischen Regierungsviertel und Höhlenkloster liegt das **Saljut**, vul. Ivana Mazepy (вул. Івана Мазепи) 11a, Tel. 494 14 20, ab 100 Euro (▸ Karte S. 100).

Die Auswahl an Restaurants und Cafés ist riesengroß, hier einige Empfehlungen: Gut ukrainisch ißt man im **Restaurant Šynok u Seni i Hohy**, bul. Šota Rustaveli 4 (Шинок у Сені и

Гоги, бул. Шота Руставелі), nahe dem Bessarabischen Markt, tägl. von 11 bis 23 Uhr (▸ Karte S. 80).

Ukrainische Küche kredenzt auch das **Korčma bud'mo!**, vul. Mychajlivs'ka 22a (Корчма будьмо!, вул. Михайлівська), nahe beim Majdan Nezaležnosti, tägl. von 11 bis 23 Uhr (▸ Karte S. 80).

Das **Schnellrestaurant Zdoroven'ki buly** (Здоровенькі були) befindet sich links hinter dem Haus Chreščatyk 21, von 8 bis 22 Uhr (▸ Karte S. 80).

Ebenfalls unweit des Majdan treffen sich junge Literaten und Künstler im Keller des Hauses vul. Puškins'ka 1–3/5 (вул. Пушкінська) im **Kneipen-Club Kupidon** (Купідон), wo man außer frisch gezapftem Bier auch neueste Literatur kaufen kann, Mo bis Do 10 bis 24 Uhr, Fr/Sa bis 02 Uhr (▸ Karte S. 80).

Eine Mischung aus Mensa und Kneipe ist die **Trapezna Akademija** (Трапезна Академія) in Podil, pl. Kontraktova 4 (пл. Контрактова), 9 bis 22 Uhr, Sa/So ab 10 Uhr (▸ Karte S. 69).

Kiev hat über 50 Museen, hier die wichtigsten:

Höhlenkloster, vul. Ivana Mazepy (ehemals Sičnevoho povstannja) 21 (Івана Мазепу, Metro Arsenal'na/Арсенальна), tägl. von 9.30 bis 19 Uhr, Winter bis 18 Uhr, Kasse schließt eine Stunde früher, Exkursionen über Tel. 280 30 71. Die weiteren Museen auf dem Klostergelände: Museum für Theater-, Musik- und Filmkunst, Museum für Buchdruck, Museum für historische Schätze, Museum für Dekorativkunst und Museum für Mikrominiaturen (▸ Karte S. 103).

Museum des Großen Vaterländischen Krieges, vul. Ivana Mazepy 44 (ehemals Sičnevoho povstannja) 44, von 9 bis 16.30 Uhr, Mo geschlossen. Gleich nebenan liegt das **Afghanistan-Museum**, 10 bis 17 Uhr, Mo/Di geschlossen (▸ Karte S. 100).

Museen in der Oberstadt (▸ Karte S. 80):

Sophienkathedrale, vul. Volodymyrs'-ka 24 (вул. Володимирська), von 9 bis 19 Uhr, Museum von 10 bis 18 Uhr, Mi bis 17 Uhr.

Ševčenko-Museum, bul. Ševčenka 12 (вул. Шевченка), von 10 bis 18 Uhr, Mo geschlossen, letzter Mittwoch im Monat freier Eintritt, letzter Freitag im Monat geschlossen.

Kunstmuseum Bohdan und Varvara Chanenko, vul. Terešenkivs'ka 15, 10.30 bis 17.30 Uhr, Mo/Di geschlossen.

Nationales Literaturmuseum, vul. Chmel'nyc'koho 11 (вул. Хмельницького), 10 bis 17 Uhr, So geschlossen.

Museum für Russische Kunst, vul. Terešenkivs'ka9(вул.Терешенківська), Sa/So/Mo 10 bis 18 Uhr, Di bis 11 bis 19 Uhr, Fr 12 bis 20 Uhr, Mi/Do geschlossen.

PinchukArtCentre, ›Arena‹ 1/3–2, Block A, Červonoarmiys'ka vul./ Basejna vul (Червоноармійська вул./ Басейна вул.) Di bis So 12 bis 21 Uhr.

Museen in Podil (▸ Karte S. 69):

Bulgakov-Museum, Andrijivs'kyj uzviz 11 (Андріївський узвіз, 10 bis 17 Uhr, Mi geschlossen.

Museum einer Straße (Музей однієї вулиці), Andrijivs'kyj uzviz 2b, 12 bis 18 Uhr, Mo geschlossen.

Hetmanat-Museum, vul. Spas'ka 16a (вул. Спаська), 10 bis 17 Uhr, Fr. geschlossen.

Čornobyl-Museum, prov. Choryva 1 (пров. Хорива), bitte nicht verwechseln mit der nahegelegenen vul. Choryva!, Mo bis Fr von 10 bis 18 Uhr, Sa bis 17 Uhr, So geschlossen.

Ein Tip ist das **Zentrum für zeitgenössische Kunst** an der Mohyla-Akademie, vul. Skovorody 2 (вул. Сковороди), von 13 bis 18 Uhr, Sa/So geschlossen.

Überblick bietet http://guide.kyiv.ru (auch auf Englisch), ebenso www.kiev. info (auf Englisch), eine große Auswahl an Adressen hat http://catalog. kyiv.ru/en/.

Kiev bietet eine einzigartige Flußlandschaft mit vielen Stränden mitten in der Stadt: Den **Hidropark** erreicht man über die Metrostation ›Hidropark‹ (Гідропарк), die **Insel Truchaniv** (остров Труханів) ist über eine Fußgängerbrücke mit Podil' verbunden. An der Metrostation sind allerlei Buden aufgebaut. Ein Weg führt nach Süden zum Dnepr, wo man direkt gegenüber dem Höhlenkloster im Fluß baden kann, auch wenn das nicht unbedingt empfehlenswert ist. Dort sind auch einige Biergärten und Cafés. Schicker geht es am Strand ›Sun City‹ zu, nördlich der Metrostation hinter einer Brücke, die über den Venezianischen Arm auf die Dolobec'kyj-Insel (остров Долобецький), führt. Von dort führt ein Weg zum Venezianischen Strand. Dort kann man mit einem Boot zum FFK-Strand Dovbychka übersetzen (▸ Umschlagkarte).

Warten auf Antwort – der Schriftsteller Michail Bulgakov

Das Telefon läutete am 18. April 1930 in der Mittagszeit. »Ja, wir müssen die Zeit finden, uns zu treffen. Jetzt wünsche ich Ihnen erst einmal alles Gute!« sagt ein milde gestimmter Josef Stalin zu Michail Bulgakov und legt auf. Drei Wochen zuvor hatte der Schriftsteller dem Kreml einen verzweifelten Brief geschrieben. »Beim Sichten der Zeitungsausschnitte stellte ich fest, daß es innerhalb von zehn Jahren in der sowjetischen Presse 301 Besprechungen meiner Werke gegeben hat. Drei davon haben mich gelobt, 298 feindselig zerrissen.« Bulgakov bittet, die Sowjetunion verlassen zu dürfen. Denn ein Autor, der nicht mehr schreiben darf, sei lebendig begraben. Wenn ihm das Gesuch aber ausgeschlagen werden sollte, wolle er wenigsten als Statist oder Bühnenarbeiter angestellt werden.

Der einst gefeierte Autor wird totgeschwiegen. Mit dem Roman ›Die weiße Garde‹ war er berühmt geworden, ein Buch über die bürgerliche Gesellschaft nach der Revolution. Den Untergang der Familie Turbin beschreibt er mit Liebe und nostalgischem Schmerz. Die Sympathie für die ›Klasse der Bourgeoisie‹, für die Verlierer der Revolution, war nicht ungefährlich. Doch sie scheint folgenlos zu bleiben. Im Gegenteil: Auf Anregung des Moskauer Künstlertheaters schreibt Bulgakov eine Bühnenfassung: ›Die Tage der Turbins‹. Die Premiere ist ein Triumph, das Stück wird tausend Mal gespielt. Allein Stalin soll die ›Turbins‹ mehr als ein dutzend Mal gesehen haben.

Eine der Szenen der ›Turbins‹ spielen in dem Haus am Andreassteig 13, wo Michail Bukgakov lange Zeit gelebt hat. Die Nähe der ›Turbins‹ zur eigenen Familiengeschichte ist mit Händen zu greifen. »Die Bulgakows wohnten am Hang zum Podol, gegenüber der Andreaskirche in einer sehr malerischen Ecke Kievs. Hinter ihren Wohnungsfenstern hörte man immer Klavierspiel und sogar Waldhorngeschmetter, junge Stimmen, Getrappel und Gelächter, Diskussionen und Gesang«, erinnert sich Bulgakovs Schulfreund, der Dichter Konstantin Paustovskij und fährt fort: »Solche Familien mit alter Kultur- und Arbeitstradition waren eine Zierde des Provinzlebens, eine Art Herd fortschrittlicher Gesinnung.«

Michail Bulgakov wird als ältestes von sieben Geschwistern am 3. (15.) Mai 1891 in Kiev geboren. Sein Vater unterrichtet an der Geistlichen Akademie, schon am Gymnasium verfaßt der junge Bulgakov Satiren und Epigramme, dennoch schreibt er sich an der Kiever Universität für das Fach Medizin ein. Als junger Arzt wird er im Ersten Weltkrieg eingesetzt und versorgt Verwundete, er erlebt Revolution und Bürgerkrieg, arbeitet als Landarzt und geht 1921 nach Moskau, wo er sich als Schauspieler und Journalist durchschlägt. Trotz aller Geldknappheit inszeniert sich Bulgakov mit feinem Anzug, perfektem Scheitel und einem Monokel als Aristokrat. Der Sohn eines Professors bleibt auf Distanz zur neuen Zeit. Wo sie den Bruch mit allem Alten deklariert, gibt er den Traditionalisten.

Mit dem Erfolg der ›Turbins‹ 1926 kommt die Anerkennung. Doch schon 1929 sind seine Stücke von den Spielplänen verbannt. Die Zensurbehörde verbietet alle weiteren, kein Verlag nimmt mehr ein Manuskript entgegen, eine Auslandsreise wird ihm verweigert. Ende März 1930 schreibt er den Brief an Stalin, drei Wochen später kommt der Anruf. Bulgakov geht nicht ins Exil, er erhält er eine Anstellung in Moskau. Im Künstlertheater, wo er wenige Jahre zuvor als Autor gefeiert wurde, darf er nun als

Regieassistent arbeiten. Auf ein Treffen mit Stalin wartet Bulgakov vergebens. Ein Jahr nach dem denkwürdigen Telefonat zweifelt er daran, ob es je stattgefunden hat. Einmal noch inszeniert er ein eigenes Stück. ›Die Kabale der Scheinheiligen‹ hat 1936 Premiere. »Ein riesiger Erfolg. Zweiundzwanzig Vorhänge zählte man. Der Autor wurde laut auf die Bühne gerufen«, schreibt er in sein Tagebuch. Doch nach sieben Aufführungen wird das Stück abgesetzt, Bulgakov verläßt das Theater.

Noch einmal schreibt er an Stalin, doch das Telefon bleibt stumm. Bulgakov ist isoliert. Mehrere Theater fordern zudem Vorschußhonorare zurück, weil die vereinbarten Stücke verboten worden sind. Er erkrankt an einem Nervenleiden. Angstzustände bemächtigen sich seiner, er fürchtet sich vor Dunkelheit. Wenn er das Haus verläßt, trägt Bulgakov nun eine dunkle Brille, weil er glaubt, die Menschen würden mit Fingern auf ihn zeigen. Da arbeitet er schon an seinem größten Werk, dem Roman ›Meister und Margarita‹. In einem Anfall von Angst verbrennt er einen Entwurf. Eine Nierenkrankheit kommt hinzu, im Herbst 1939 erblindet Bulgakov und diktiert seiner Frau die letzten Kapitel.

Der ›Meister und Margarita‹ ist ein vielschichtiger, ein philosophischer, ein satirischer, ein phantastischer Roman. In das Moskau der dreißiger Jahre bricht das Böse herein: Der Teufel kommt mit seinem Gefolge und bringt die sowjetische Gesellschaft mit ihrem Atheismus, ihrem historischen Materialismus und ihrem belanglosen Optimismus gehörig durcheinander. Es geht um Gut und Böse, Macht und Ohnmacht, es geht um die Wahrheit. Der Teufel in Gestalt des Professors Voland hat leichtes Spiel. Er trifft auf eine korrupte, bankrotte Gesellschaft. Die einzigen, die positiv gezeichnet werden, sind ein Autor, dessen Bücher nicht gedruckt werden und der in die Psychiatrie eingewiesen wurde, und seine Geliebte – der Meister und Margarita.

Das Buch ist eine Abrechnung mit dem Leben, mit seinem Leben – doch sie hat einen leichten, gar einen fröhlichen Zug. »Auf dem Sterbebett sagte er, vielleicht ist es so richtig... was hätte ich noch nach dem ›Meister‹ schreiben können?« erinnerte sich seine Frau Elena Sergeevna an eines ihrer letzten Gespräche. Am 10. März 1940 stirbt Michail Bulgakov in Moskau. Stunden später klingelt das Telefon. Bulgakovs Freund Sergej Ermolinskij nimmt ab. »Stimmt es, daß Genosse Bulgakov gestorben ist?« – »Ja, er ist gestorben.« Danach wird der Hörer aufgelegt. Es war Stalins Sekretariat.

Fragmente des ›Meister und Margarita‹ erschienen erstmals 1966 in der Literaturzeitschrift ›Moskva‹. Noch am Erscheinungstag war die Auflage von 150000 Exemplaren restlos vergriffen. In deutscher Sprache erschien das Buch erstmals 1975.

»Wenn es keinen Gott gibt, wer lenkt denn eigentlich das menschliche Leben und überhaupt den ganzen Ablauf auf der Erde?« – »Der Mensch selber«, beeilte sich Besdomny ärgerlich diese nicht eben sehr klare Frage zu beantworten. »Entschuldigung«, antwortete der Unbekannte sanft, »um das alles zu lenken, bedarf es schließlich eines genauen Planes für einen halbwegs angemessenen Zeitraum. Gestatten Sie zu fragen, wie soll ein Mensch das alles lenken, wenn er nicht nur der Möglichkeit ermangelt, einen Plan selbst für eine so lächerliche Frist von, sagen wir, tausend Jahren aufzustellen, sondern auch nicht einmal sicher sein kann, was ihm selber der morgige Tag bringt?«

Aus: Michail Bulgakov, Der Meister und Margarita. München 1988, dtv

Die Luft war plötzlich kühler; sie spürten die Nähe des Dnepr. Da glitzerte er auch schon in der Ferne, durch einen dunklen Streifen gegen den Horizont abgegrenzt. Er wälzte kalte Wellen, er kam näher und näher und umfaßte am Ende die halbe Oberfläche der Erde.

Nikolai Gogol', Taras Bul'ba

Unterwegs auf dem Dnepr

Von Kiev nach Kaniv

Eine knappe Stunde vor dem Ablegen gibt es einige aufgeregte Durchsagen durch das Bordradio. Wer es noch nicht getan hat, möge doch bitte seine Bordkarte zurückgeben. Die Bordkarten gelten als Ausweise für die Landgänge, die bei der Rückkunft an der Rezeption abzugeben sind. Sind alle Karten an der Rezeption, kann das Schiff in Ruhe ablegen. Wenn nicht – dann legt das Schiff auch ab, und ein oder zwei Reisende haben dann ein Problem. Aber so oder so – pünktlich um zehn Uhr am Abend legt die ›Dnieper Princess‹ ab. Alles was Beine hat, steht auf dem Oberdeck und schaut gebannt auf die Kaimauer. Es ist immer wieder ein Rätsel, wie sich so ein Koloß, wie von Geisterhand geschoben, Zentimeter für Zentimeter vom Ufer entfernt. Die Heckschrauben helfen schließlich kaum. Das Geheimnis sind die ›Strahltriebwerke‹ links und rechts am Bug, durch die Wasser gedrückt wird und die eine unglaubliche Manövrierfähigkeit bewirken.

Da das Schiff entgegen der Strömung liegt, dreht die ›Prinzessin‹ noch einmal einen 180-Grad-Bogen. Es wirkt wie eine Verbeugung vor Kiev. Dann zieht hellerleuchtet die Stadt am Schiff vorbei. Großfürst Volodymyr oben im Hang hält sein Kreuz wie eh und je, es strahlt so feurig, als hätte es der Heilige Geist soeben berührt, dann der Regenbogen vom Monument der Völkerfreundschaft, dann die Metro-Brücke, die in goldenes Licht getaucht ist. Vom Höhlenkloster ist nur der Glockenturm zu sehen, er aber um so deutlicher. Er leuchtet wie pures stolzes Gold. Die sowjetische Siegesgöttin, die auch gleich erscheint, strahlt wie Silber. Lange noch konkurrieren der Glockenturm und die Eisen-Baba

um die Aufmerksamkeit. Irgendwann sind beide hinter einer Flußinsel verschwunden.

Mit 10 Knoten, etwa 18 km/h, fährt das Schiff Richtung Süden. Man kann sich ein bißchen fühlen wie einer von den Warägern, die, von Skandinavien kommend, den Weg ins Mittelmeer suchen. Oder wie die byzantinischen Bischöfe und Baumeister, die nach einer Visite in Kiev den Heimweg nach Konstantinopel antreten. Oder gleich wie Katharina die Große – man sollte natürlich am Bug stehen. So hat die große Zarin mit Wurzeln im nachmaligen Sachsen-Anhalt am 1. Mai 1787 in Kiev-Podil abgelegt. Allerdings benötigte sie 80 Schiffe, in denen sich nicht weniger als 3000 Matrosen in die Ruder legten. Heute sind es drei Motoren mit insgesamt 3000 PS, die die Matrosen weitgehend ersetzen.

Kaniver Stausee

Recht bald hinter Kiev weitet sich der Fluß zum Kaniver Stausee. Am linken Ufer des Kaniver Stausees liegt das Gebiet Kiev, am rechten Ufer das Gebiet Čerkasy. Der Stausee ist etwa 125 Kilometer lang, maximal 8 Kilometer breit und 21 Meter tief. Am südlichen Ende

Kreuzfahrtschiff beim Ablegen in Kiev

Karte hintere Umschlagklappe

Badestrand am Dnepr

wird der See auf 16 Kilometer Breite angestaut, überwiegend durch einen Deich, nur direkt am Wasserkraftwerk hält ihn eine Staumauer. Das Kraftwerk wurde von 1972 bis 1975 errichtet. Insgesamt 24 Turbinen liefern eine maximale Leistung von 444 Megawatt. Bescheidene zehn Meter sinkt das Schiff in der Schleusenkammer Kaniv nach unten. Damit ist das 180 Meter lange Bauwerk die kleinste Schleuse auf dem Weg ins Schwarze Meer. Die Breite der Schleusen ist überall gleich: 18 Meter. Das Schiff, 16 Meter breit, sollte also überall hineinpassen.

Perejaslav-Chmel'nic'kyj

Am linken Ufer des Kaniver Stausees zieht in der Nacht das Städtchen Perejaslav-Chmel'nic'kyj (Переяслав-Хмель-ніцкий) vorbei. Der Ort markiert einen Wendepunkt in der ukrainisch-russischen Geschichte.

Hetman Bohdan Chmel'nic'kyj, der in Folge des von ihm angeführten Kosakenaufstandes 1648 für das Hetmanat eine relative Unabhängigkeit von der polnischen Krone erkämpfte, suchte neue Verbündete. Ihm war klar, daß die Kosaken auf Dauer nicht in der Lage sein

würden, sich dem polnischen Einfluß zu entziehen. Die neuen Verbündeten fand er in Moskau. Allerdings zahlten die Kosaken einen hohen Preis. Nach Verhandlungen unterzeichneten sie im Januar 1654 hier in Perejaslav einen Vertrag, in dem sich die Kosaken dem Zaren unterstellten. Für die Kosaken war es ein Pakt auf Gegenseitigkeit wie viele andere auch. Für die Gesandten des Zaren war der Vertrag der erste Schritt der Eingliederung der Ukraine in den Moskauer Staat. Und so ist es auch gekommen. Damit hatten die Kosaken ihre schwer erkämpfte Autonomie wieder verloren. Mehr noch – Moskau einigte sich seinerseits mit Polen und teilte das Hetmanat entlang des Dnepr. Das Ostufer fiel russischem Einfluß zu, blieb aber bis 1775 als Hetmanat erhalten, das Westufer wurde dem polnischen Königreich angegliedert.

Es versteht sich, daß die Bewertung des Vertrages von Perejaslav sehr unterschiedlich ausfällt, je nachdem ob ein russischer oder ein ukrainischer Historiker zu Wort kommt, auch Staatsrechtler streiten sich. In der Sowjetzeit galt der Vertrag als ›Wiedervereinigung‹ der Ukraine mit Rußland. Sein 300. Jubiläum wurde 1954 pompös gefeiert. Dabei beging man aus späterer Moskauer Sicht einen folgenschweren Fehler: Im Überschwang des ›Bruderbundes‹ schenkte Nikita Chruščev und die gesamte ›kollektive Führung‹ von Partei und Staat der sozialistischen Ukraine die Halbinsel Krim, die bis dahin zu Rußland gehört hatte – im festen Glauben, daß das rein symbolisch wäre. 1991 erkannten die Russen, daß sie die Traumküste im Süden verloren hatten. Und der Ukraine wurde ein unerfreulicher Vertrag mit über 300 Jahren Verspätung doch noch versüßt.

Unterwegs auf dem Dnepr

Kaniv

Kaniv (Канів) ist ein Heiligtum. Das ukrainische Gemüt kommt hier zu sich selbst, und das liegt nicht nur am Dnepr mit seinen vielen Inseln, an der Maria-Entschlafens-Kirche aus dem 12. Jahrhundert und am fetten Boden ringsum, der die Sonnenblumen wachsen läßt. Nein, den kleinen Flecken Kaniv hat der ukrainische Nationalpoet Taras Ševčenko zu seiner letzten Ruhestätte bestimmt. Das adelt das Städtchen, das sich ansonsten vor allem mit einem Wasserkraftwerk, das das Schiff durch eine Schleuse passiert, brüsten könnte. Aber Kaniv brüstet sich nur mit Ševčenko, denn der Maler und Dichter hat es in seinen Versen bestimmt: Oberhalb des silbrig glänzenden Dnepr in der 26 000-Einwohner-Stadt Kaniv möge man sein Haupt betten. Und so ist es auch gekommen. Ševčenko wurde gut zwei Monate nach seinem Tod 1861 nach Kaniv überführt und in dem Grabhügel beigesetzt. Darüber wurde ein Holzkreuz errichtet, das aber 1884 durch ein eisernes ersetzt wurde. 1923 schuf ein Amateurbildhauer die erste einfache Ševčenko-Skulptur, die – ganz im Stile der Zeit – von Arbeitern einer Zuckerfabrik gegossen und aufgestellt wurde. 1939, zum 125. Geburtstag des Malers und Dichters, ließ die Sowjetmacht, die Ševčenko längst als Revolutionär vereinnahmt hatte, die Figur dann ersetzen. Man beauftragte Matvej Genrichovič Maniser und den Architekten Levinson mit dem Ševčenko-Monument, das sich recht harmonisch in den Hügel fügt – abgesehen von dem sehr hohen Sockel aus Granit, der nur geschaffen wurde, damit man den Dichter auch von unten gut sehen kann.

Kaniv war bis zu dieser Bestimmung nichts weiter als ein Flecken am rechten Ufer des Dnepr. Weil der Fluß hier relativ schmal ist, führte dies dazu, daß die Siedlung ein wichtiger Marktplatz, aber auch ein bedeutender strategischer Außenposten der Kiever Rus' wurde. Hier begann das ›Wilde Feld‹, das Niemandsland der Steppe, das die Kiever Rus' nach Osten abgrenzte, sie in Wirklichkeit aber offen hielt für Eroberer aus den Tiefen Asiens. Und so ist es kein Wunder, daß die Stadt erstmals 1144 erwähnt wurde, als der Ort eine Festung wurde. Trotzdem wurde Kaniv 1240 von den Tataren erobert und zerstört. Später kam die Stadt unter litauische, dann polnische Herrschaft, war aber auch lange Zeit ein Zentrum der Kosaken. Erst nach der Zweiten Polnischen Teilung 1793 kam die Region wieder unter russische Herrschaft als ein Städtchen im Gouvernement Kiev.

Noch unter polnischer Herrschaft kam es 1787 hier zu einer denkwürdigen Begegnung. Auf dem Weg nach Süden weilte Katharina die Große mit ihrer Armada in Kaniv. Es war ein delikater Besuch, den Grigorij Potjomkin organisieren mußte. Hatte seine Herrin doch hier ein Stelldichein mit ihrem einstigen Liebhaber, den inzwischen durch Katharinas Mithilfe zum polnischen König aufgestiegenen Stanislaus Poniatowski. Das Rendezvous fiel allerdings ins Wasser. Von heftigen Regenschauern zerzaust stieg Stanislaus, inzwischen 55 Jahre alt, zur 58jährigen Katharina auf die Galeere. Auch sonst stand die Begegnung unter keinem guten Stern. Nach der Zusammenkunft kamen beide recht kühl und enttäuscht aus der

Karte S. 122 ▲

Blick über den Dnepr vom Ševčenko-Hügel

Kajüte. Auf dem vom König ausgerichteten Ball erschien Katharina nicht mehr, sondern fuhr am nächsten Tag ohne Adieu davon. In einem Wutanfall über das mißlungene Treffen verprügelte Potjomkin noch seinen polnischen Schwager, über den sich Poniatowski beschwert hatte. Sechs Jahre später, nach der Zweiten Polnischen Teilung, kam Kaniv zum Zarenreich, ein Jahr später wurde Stanislaus Poniatowski, den die Zarin einst so heiß begehrt hatte, entmachtet.

■ Der Ševčenko-Hügel

An die trübselige Begegnung erinnert heute kein Stein mehr, unübersehbar ist nur Ševčenko. Auf einem Hügel gegenüber dem Schiffsanleger wacht der ukrainische Nationalpoet wie ein bronzener Titan über das ganze Land. Eine Treppe mit viel zu vielen Stufen führt zu ihm hinauf, die mit allerlei rechten Winkeln aufwendig in den Hügel hineinbetoniert wurde. Schulklassen, geschichtsbewußte Familien, Ehepaare, betagte Damen und Herren, akkurat gekleidet, junge Burschen, die beim Aufstieg rauchen, Kinder, Großmütter und natürlich Touristen aus nah und fern, über 100 000 Besucher pro Jahr – sie alle besteigen den Hügel, und es ist wie ein Aufstieg auf den Olymp.

Zugegeben, wer mit einem Kreuzfahrtschiff ankommt, wird oft mit Bussen hochgefahren, wer aber von den Schiffsreisenden gut zu Fuß ist und es auf ›ukrainisch‹ tun will, kann auch die 360 Stufen hinaufsteigen – zumal etliche Bänke die vielen Treppenabsätze säumen. Schon am Schiffsanleger, am Weg zur Treppe, ja auch auf der Treppe selbst bieten Frauen Blumensträuße feil. Das Geschäft geht etwa so: Kaufen Sie einen Strauß! – Warum? – Für das Grab, es ist bei uns Tradition! Die Alten haben oft

Der Dichter auf seinem Hügel

Hochöfen von Zaporižžja. Der Dnepr und seine Inseln, das flache Ostufer mit seinen Wäldern –man kann hier wirklich einen Moment glauben, die Ukraine wäre grenzenlos.

Irgendwo hier oben – wo genau weiß keiner mehr – hat auch Taras Ševčenko gestanden, als er aus der Verbannung vom Kaspischen Meer zurückkehrte und dabei auch durch Kaniv gereist ist, das er von früheren Besuchen kannte. Oben hat er davon geträumt, sich hier niederzulassen. Zu Lebzeiten hat sich das nicht erfüllt. Einzig sein Bild ›Bei Kaniv‹, das er hier gemalt hatte, erinnerte Ševčenko, der gezwungen war, bis ans Ende seiner Tage fern der Ukraine in St. Peterburg zu leben, an seine ukrainische Heimat, in die er erst als Toter zurückkehren konnte.

Der Blick über den Fluß ist tatsächlich ein Traum. Nur als Kontrast erstrecken sich in der Ferne das Wasserkraftwerk und der Kaniver Stausee. Das Kraftwerk mit seinen 24 Turbinen und seinem Staudamm, einem von sechs in der Ukraine zwischen Kiev und Novo Kachovka, wurde 1975 vollständig in Betrieb genommen. Die Anlage liegt jedoch so weit weg, daß sie die Einkehr, die der Hügel auch dem weitgereisten Besucher bietet, nicht stört.

Nichts um das Nationalheiligtum wurde dem Zufall überlassen: Die Eichen neben dem Grab wurden zum 100. Geburtstag des Dichters 1914 gepflanzt, die Kastanienallee 1939 zum 125. Geburtstag, ein weiterer Eichenhain kam zum 100. Todestag 1961 hinzu. Außerdem wurden Apfelbäume gepflanzt – und weil der Gärtner Jadlovs'kij ein halbes Jahrhundert lang alles so hervorragend gepflegt hatte, begrub man ihn 1933 hinter den Äpfeln am hinteren Ausgang des Geländes als treuen Diener.

genug Haare auf den Zähnen, aber ein paar Blumen für wenig Geld sind sicher eine schöne Aufmerksamkeit für die ukrainische Seele. Natürlich werden auch bestickte Decken, Ukrainerblusen, allerlei Volkskunst angepriesen, sehr guter Honig, und eine Frau verkauft seit Jahren ihre eigenen Gedichte. Am Anfang der Treppe werden die Besucher voller Poesie vom Plätschern des Brunnens ›Ewiger Quell der Kunst Taras' Ševčenkos‹ begrüßt. Auch auf der Treppe selbst gibt es dann noch einen zweiten.

Oben angekommen, werden die Sträuße bald niedergelegt. Eine ›Zone der Stille‹ markiert den andächtigen Bezirk. Der Rasen auf dem Grabhügel ist englisch akkurat geschnitten. Darüber erhebt sich das Postament, auf ihm steht der Dichter mit Walroßbart und strengem Gesicht, eine Hand auf dem Rücken, die andere in der Manteltasche, Blick über den Fluß. Gelegentlich zieht dort ein Kahn vorbei. Der eine bringt Steine flußauf nach Kiev, der andere Schrott zu den

■ Ševčenko-Museum

Hinter dem Grabmal ist der stattliche Museumsbau zu sehen, der in den letzten Jahren renoviert wurde.

Im Museum wird die Lebensgeschichte des Dichters und Malers erzählt, Zeugnisse seiner Zeit ausgestellt – unter anderem eines der letzten Selbstportraits und seine Totenmaske – sowie Veröffentlichungen über Ševčenko aus späterer Zeit und Übersetzungen seiner Werke. Etwas versteckt hinter dem Hauptgebäude des Museums befindet sich eine mit Stroh gedeckte Lehmhütte, drinnen zwei Kämmerchen, deren Böden mit Heu ausgelegt sind und die wie historische Puppenstuben im ländlichen Stil des 19. Jahrhunderts eingerichtet sind: Da gibt es Ikonen, einen Samowar, ein Spinnrad, einen Tisch und natürlich ein Ševčenko-Porträt. Dieses Häuschen war das erste Ševčenko-Museum und ist heute ein romantisches Relikt aus einer

Porträt des Dichters im Museumshäuschen

Zeit, als der Ševčenko-Kult noch etwas bescheidener zelebriert wurde.

Der Ševčenko-Hügel ist übrigens eingebettet in das **Kaniver Naturschutzgebiet**, das über 2000 Hektar groß ist, am südlichwestlichen Rand der Stadt beginnt, sich am Gelände des Ševčenko-Denkmals vorbei zum Dnepr erstreckt und im Osten von den beiden Flußinseln Kruglik (Круглик) und Selestiv (Шелестів) begrenzt wird. Nicht weit vom Dampferanleger Richtung Pekari (Пекарі) befindet sich die **Kaniver physikalisch-geographische Station**, an der Mitarbeiter der Kiever Ševčenko-Universität forschen.

■ Die Stadt Kaniv

Natürlich gibt es auch noch das eigentliche Kaniv, viereinhalb Kilometer nördlich der Ševčenko-Gedenkstätte. In das Zentrum gelangt man mit dem Bus oder dem Maršrutnoe Taxi (jeweils die Nummer 2). Die Haltestelle mitsamt Wendeschleife befindet sich in Sichtweite der Treppe an der Straße vor der Gedenkstätte. Auch das kleine Stadtzentrum, das man über die vul. Lenina (вул. Леніна) erreicht, erhebt sich auf einem Hügel oberhalb des Flusses, in seiner Mitte thront der schneeweiße Bau der **Maria-Entschlafens-Kirche**. Sie ist der unbestrittene Mittelpunkt des alten Kaniv und ein Beispiel frührussischer Architektur. Die Kirche, mit deren Bau Fürst Vsevolod Ol'govic 1144 begann, ist das älteste Gebäude der Stadt und unterstreicht deren frühe Bedeutung. Bereits 1149 wechselte in Kaniv der Bauherr, als Jurij Dolgorukij, der Gründer Moskaus, in jenem Jahr aber gerade Großfürst von Kiev geworden, seinen Sohn Gleb in Kaniv einsetzte.

Eine Tafel am Eingang erinnert daran, daß der Sarg mit dem Leichnam von

Karte S. 122

Unterwegs auf dem Fluß

Um die Kirche herum scharen sich verschiedene Denkmäler und Museen, außerdem hat man vom kleinen Park aus einen weiten Blick über die Stadt mit ihrem Markt und den Wohnsiedlungen hinüber zum Fluß und zur Brücke, die nur zur Hälfte vom anderen Ufer herüberreicht. Unübersehbar ist das **Mahnmal für die Soldaten der ersten Ukrainischen Front**, die 1943/44 hier gefallen sind.

Das **Museum für Volkskunst**, vul. Lenina 64, bietet über 5000 verschiedene Exponate aus den zentralukrainischen Gebieten um Kiev, Čerkasy und Poltava. Da finden sich Trachten aus dem 19. und frühen 20. Jahrhundert, allerlei Gebrauchsgegenstände, Ölbilder und als Blickfang ein Teppich mit dem Porträt von Ševčenko, den eine Frau in monatelangem Bienenfleiß gewebt hat und der eine ganze Wand ausfüllt. Wer mehr über den Zweiten Weltkrieg erfahren möchte, findet im **Klub der Veteranen des Großen Vaterländischen Krieges** in der vul. Lenina 29 einiges an Material. Im Klub gibt es ein kleines Museum mit Karten und Fotos von den Kämpfen am Dnepr.

Taras Ševčenko vor dem Begräbnis zwei Tage lang hier aufgebahrt worden war. Die Kirche – wie viele andere während der Sowjetzeit zweckentfremdet – steht seit 1990 wieder für Gottesdienste offen.

ℹ Kaniv

Für den **Besuch des Ševčenko-Grabes** mit Aufstieg über die Treppe und Besichtigung der Hütte (aber ohne Museum) sollte man etwa eineinhalb Stunden einplanen. Für das Museum noch eine weitere Stunde.

Für den **Besuch der Stadt** sollte man etwa zwei Stunden einplanen. Der Bus fährt etwa 15 Minuten in die Stadt. Wenn sich die vul. Ševčenka zu einem belebten Platz weitet, sollte man sich links halten und die etwas unscheinbare vul. Lenina hinaufgehen. Nach etwa 10 Minuten gelangt man in das historische Zentrum. Die Rückfahrt kann man dort oben direkt am pl. Lenina antreten. Allerdings sollte man nicht zuviel erwarten. Kaniv ist ein doch eher verschlafenes Nest.

Deswegen kann man nach dem Besuch am Ševčenko-Grab in der Nähe des Dampferanlegers den kleinen **Schaschlykstand** ansteuern und sich einen Fleischspieß braten lassen. Es ist alles nicht besonders schick, aber sehr ukrainisch. Die drei Damen vom Grill, Tanja, Lena und Olja, sind allein einen Besuch wert.

Taras Ševčenko und das Vermächtnis seines Lebens

So mancher prominente Platz, den bis zum Ende der Sowjetunion ein überlebensgroßer Lenin beherrschte, beherbergt heute einen ebenso großen Taras Ševčenko (Тарас Шевченко). Taras Hryhorovyč Ševčenko wurde am 25. Februar (9. März) 1814 in dem Dorf Morynzi bei Kiev als Sohn von Leibeigenen geboren. Die Eltern unterrichteten den jungen Taras im Lesen und Schreiben, ansonsten verdingte er sich als Hirte. Bald wurde sein Mal- und Zeichentalent entdeckt. 1825, nach dem Tod seines Vaters, nahm sein Grundherr, der Generalleutnant Vasyl Vasyl'ovič Engel'gardt, den talentierten Jungen als Kammerdiener zu sich.

Der junge Ševčenko begleitete seinen Herren auf Reisen nach Polen, Litauen und nach St. Petersburg, wo er eine Ausbildung als Maler begann. Ševčenko erhielt eine umfassende Bildung und fand erste Anerkennung als Künstler. Zwar wurde dadurch sein Selbstwertgefühl gestärkt, andererseits erlebte er das Gefühl der Leibeigenschaft, in der er sich noch immer befand, um so schmerzvoller. 1837 konnte er sich mit Hilfe von Freunden loskaufen und wurde Student an der Akademie der Künste. Dennoch konzentrierte sich Ševčenko in seinem künstlerischen Schaffen mehr auf die Literatur und veröffentlichte ab 1840 erste Werke in ukrainischer Sprache, was ihm Anerkennung, aber auch heftige Kritik bescherte. Anerkennung für sein lyrisches Empfinden, Kritik, weil er die ›bäuerliche‹ ukrainische Sprache verwendete, die vielen in St. Petersburg nur als ein primitiver Dialekt des Russischen galt.

Seine Gedichtsammlung ›Kobzar‹, die 1840 nur stark zensiert herausgegeben wurde, widmete Ševčenko dem Kobzar, einem durchs Land ziehenden Sänger. Mit dieser Widmung bekannte Ševčenko, wo sein Thema liegt: In seiner Heimat, der Ukraine, die damals üblicherweise und abschätzig Kleinrußland genannt wurde. Ein Jahr darauf folgte die Gedichtsammlung ›Haidamaken‹. Während seiner Petersburger Zeit reiste Ševčenko dreimal in die Ukraine. Diese Reisen hatten eine große Wirkung auf den Künstler. Eine davon war der Eintritt in die geheime Kyrill-Methodius-Bruderschaft, die sich für die Abschaffung der Leibeigenschaft und für die Gleichberechtigung aller slawischen Völker im Zarenreich einsetzte.

1847 wurde Ševčenko wie alle anderen Mitglieder der Bruderschaft verhaftet und wenig später verurteilt. Er wurde zu lebenslangem Dienst als einfacher Soldat verurteilt und ans Kaspische Meer verbannt. An den Rand des Urteils soll Zar Nikolaus I. eigenhändig geschrieben haben: »Unter strengster Aufsicht und dem Verbot zu schreiben und zu malen.« Ganz so hart geriet die Strafe dann aber doch nicht, und Ševčenko gelang es zu zeichnen und zu malen, und es entstanden einige Novellen in russischer Sprache. 1857, zwei Jahre nach dem Tod von Zar Nikolaus I., kam Ševčenko endlich frei, allerdings durfte er sich nicht in der Ukraine ansiedeln, zumindest war es ihm aber erlaubt, Verwandte und Freunde dort zu besuchen. Ševčenko lebte bis zu seinem Tode am 25. Februar (10. März) 1861 in St. Petersburg unter Polizeiaufsicht. An seiner Petersburger Beerdigung nahmen Persönlichkeiten wie Fjodor Dostojevskij, Nikolai Nekrassov und Michail Saltykov-Ščedrin teil.

Bereits zwei Monate später jedoch wurde der Leichnam exhumiert und in die Ukraine überführt – so wie es sich der Dichter in seinem ›Vermächtnis‹ gewünscht hatte. Nahe seinem Geburtsort Morynzi, der 1929 in Ševčenkove umbenannt werden sollte, wurde er wie ein Herrscher in der Mönchsbergen bei Kaniv, oberhalb des Dnepr beigesetzt. Heute ist Ševčenkos Grabhügel eine Pilgerstätte für alle kultur- und geschichtsbewußten Ukrainer. An diesem Grabhügel über dem Dnepr läßt sich wie kaum sonst im Land die ukrainische Seele streicheln.

Taras Ševčenko ist und bleibt der Nationalpoet der Ukraine. In manchen Darstellungen wird Ševčenko überzogener ukrainischer Nationalismus vorgehalten, er wird als ›Russenhasser‹ etikettiert und zum Antipoden von Nikolai Gogol', dem ›Russenfreund‹, stilisiert, der wie Ševčenko aus der Ukraine stammte und der doch sein gesamtes literarisches Werk in Russisch verfaßt hatte. Ševčenkos ›Vermächtnis‹ ist wahrlich kein romantisches Gedicht. Es ist eine Kampfansage an die Feinde seiner Heimat, die aus Moskau und St. Petersburg kamen und russisch sprachen. Ševčenkos Zorn richtet sich wohl weniger gegen das Nachbarvolk, sondern gegen die selbstherrliche zaristische Herrschaft.

Vermächtnis

In ein Hügelgrab der Steppe,
wenn ich sterben werde,
senkt mich, Brüder, daß mich decke
Ukrainererde,
daß ich kann des Dneprs Schnellen,
seine Ufer schauen,
daß ich höre, wie er rauschend
strömt durch weite Auen!

Wenn er aus der Ukraine
Feindesblut wird tragen
In das Meer, will ich den Fluren
Und den Höhn entsagen,
will, auf Flügeln des Gebetes
auf zu Gott mich schwingen –
ehe dies geschieht, mag nimmer
ich dem Herrn lobsingen!

Senkt ins Grab mich und erhebt euch,
werft die Ketten nieder,
tränkt mit bösem Feindesblute
eure Freiheit wieder!
Dann im freien Bruderkreise
Mögt ihr meiner denken,
mögt ein stilles, liebes Wörtlein
mir, oh Freunde, schenken!

Taras Ševčenko

Von Kaniv nach Dnipro-petrovs'k

Der Dnepr ist kein Fluß, wie man ihn von Mitteleuropa her kennt, es bildet eher eine Seenlandschaft. Es ist wie eine endlose Drehbühne, die zwar immer dasselbe Stück spielt, aber jeden Augenblick einen neuen Einfall parat hat. Mal ist es ein Sandstrand, mal ein Zeltlager, mal eine Herde Kühe, mal endloses Schilf, mal ein toter Baum, mal ein ganzer Wald aus Weiden, in schönem Abstand sind es Bojen, in der Ferne mal ein Hausdach, überhaupt Häuser – es sind fertige, halbfertige, es sind Fundamente und manchmal Ruinen, mal sind es Angler, mal etwas Steilufer, mal die Möwen, mal ein Schubschiff. Und immer wieder Inseln. Immer wenn man denkt, daß dort das Ufer sein müßte, blinkert dahinter wieder Wasser. Eine dieser zahllosen Inseln wünscht man sich als Besitz, mit Sandstrand, mit Wäldchen, einem Holzhäuschen, einer Banja, einem Räu-cherofen, einem Garten und einem Steg. Man findet höchstens ein improvisiertes Zelt mit Planen oder Folie bedeckt. Und auch das Wasser hat tausend Formen: Mal ist es sanft, mal schäumt es, mal ist es schwarz, dann wieder blau, mal hat es weiße Schaumkronen, mal flitzt ein Motorboot über die Wellen.

Čerkasy

Die Brücke von Čerkasy (Черкаси) ist mehr als eine Stunde, bevor die ›Prinzessin‹ sie passieren wird, schon zu sehen. Quer wie ein Riegel liegt sie über dem Fluß. Sie sei die niedrigste Brücke über den Dnepr und stamme aus den fünfziger Jahren, verkündet eine Stimme aus dem Lautsprecher. Über die Brücke geht die Hauptlinie der Eisenbahn Moskau–Odessa. Die Ansage hat gewirkt. Je näher die Brücke kommt, desto mehr Volk versammelt sich am Bug. Ein junger Alter mit Fernglas fragt im Angesicht der rostigen Brücke einen alten Alten: »Na, Sie waren doch auch im Kessel von Čerkasy mit dabei?« Bei Čerkasy, oder Tscherkassy, wurden Ende Januar 1944 etwa 60 000 deutsche Soldaten eingekesselt. Nach abgelehnter Kapitulation und fehlgeschlagenem deutschen Angriff versuchten die Deutschen den Ausbruch nach Südwesten. Nach sowjetischen Angaben sollen dabei etwa 55 000 Deutsche gefallen sein, nach deutschen Angaben 19 000. Ganz gleich, welche Zahl stimmt, in der ›Hölle von Tscherkassy‹ haben viele ihr Leben gelassen – auf beiden Seiten.

Fotos werden geknipst, Sequenzen gedreht. Immer näher rückt die Brücke, und es scheint nicht ausgemacht, ob der Bugmast wirklich nicht anschlägt. Er schlägt nicht an und der Rest des Schiffes auch nicht. Eine kurze, aber wahre

Idylle am Ufer

Unterwegs auf dem Dnepr

Ein Kreuzfahrtschiff passiert die Brücke von Čerkasy

Erleichterung macht die Runde. Und augenblicklich steht irgendwo zwischen Wolken und Wasser ein mächtiger Stumpf von einem Regenbogen. Hinter der Brücke grüßt Čerkasy am rechten Ufer. Plattenbaugebirge, Sandstrand, ein Spielplatz mit mächtiger Rutsche. Čerkasy macht vom Wasser aus nichts her. Eine Fahne zappelt auf einem Dach, und auch der ›Hügel des Ruhmes‹, der an das Schlachten erinnert, sieht doch hinter Bäumen recht dürftig aus. Kräne stehen bereit, es werden noch mehr Platten gebaut, fast sogar Hochhäuser darunter. Industrieschornsteine grüßen, wieder Plattenbauten, dann der Hafen mit seinen Kränen.

Čerkasy wurde 1394 erstmals urkundlich erwähnt. Da gehörte die befestigte Stadt zum südlichen Rand des Kiever Fürstentums, das damals zu Litauen gehörte. Čerkasys Geschichte ist eng mit den Kosaken verbunden, die Stadt war lange unter polnischer Herrschaft und kam nach der Zweiten Polnischen Teilung 1793 zu Rußland. Wegen der ständigen Hochwasser wurden im 19. Jahrhundert große Teile der Stadt auf einem Plateau hoch über dem Dnepr neu angelegt. Mit der Eisenbahn und der Flußschiffahrt belebte sich die Wirtschaft. Es gab eine Zuckerfabrik, einige Tabakfabriken. Als in den 1960er Jahren der Kremenčuker Stausee angelegt wurde, verschwanden die alten, unteren Teile der Stadt für immer. Weitere neue Stadtviertel entstanden auf dem Reißbrett, die Einwohnerzahl vervierfachte sich auf etwa 290 000. Čerkasy ist heute Gebietshauptstadt des gleichnamigen Gebietes. Vielen ehemaligen DDR-Bürgern ist Čerkasy noch aus einem ganz besonderen Grund ein Begriff: Als zwischen 1975 und 1986 die ›Druschba-Trasse‹ gebaut wurde, jene 2750 Kilometer lange Erdgasleitung vom Ural in die Ostblock-Staaten, saß in Čerkasy die Baudirektion der DDR, die den Abschnitt von Kremenčuk bis Bar im Gebiet Vinnycja übernommen hatte.

Sturm auf dem Kremenčuker Stausee

Nach der Brücke von Čerkasy wird der Dnepr zum Meer, noch ein, zwei Inseln, und dann steht das Wasser bis zum Horizont. Und Wellen. Mit denen ist nicht zu spaßen. Ein Boot hüpft bedrohlich auf ihnen herum, und selbst die ›Prinzessin‹ wiegt sich. Die Wellenberge dürften schon einen Meter und mehr betragen, auf ihren Kronen leuchtet Schaum. Und plötzlich, wie durch eine Laune hergetrieben, flattert ein Schmetterling, ein Pfauenauge, der sich an einem Schaltkasten in Sicherheit bringt. Vorerst. Irgendwo tanzen Bojen, und das Schiff macht unverständliche Manöver und

Bei Sturm wirkt der Fluß wie ein Meer

fährt beinahe Zickzack, wo doch der Stausee so groß ist wie ein Meer. Aber ist er auch so tief? Maximal 28 Meter ist der See tief. Er ist mit über 2200 Quadratkilometern fast so groß wie das Saarland und der größte Stausee am Dnepr.

Der Rauch, der aus den Schornsteinen kommt, steht waagerecht über dem Horizont. Das Wolkenmeer ist schwarz wie die Nacht, schwärzer als das Wasser, und dazwischen nur ein heller Streifen aus Licht, als wollten Wasser und Himmel das Schiff in die Zange nehmen. Sie wollen es wohl – die Wolken schicken Regenschauer. Dann reißt die Sonne wieder eine Lücke und schickt Strahlen auf Čerkasy herab, als wollte Gott etwas sagen. Und dann leuchtet plötzlich das Gold einer Kuppel aus dem Plattenbaugebirge. Die Augen hatten die ganze Zeit eine Kirche gesucht und keine gefunden. Das Bug ist wieder entvölkert. Regenschauer, ein Vortrag über die Geschichte der Ukraine und ein ukrainischer Kochkurs haben das erledigt. Und die ›Prinzessin‹ fährt und fährt, doch plötzlich scheint Čerkasy trotz allem wieder näherzukommen. Gischt wirbelt. Kaum einer ist noch auf Deck.

In der Nacht wird der Sturm stärker. Der Himmel ist schwarz. Es ist finstere Nacht, doch nicht ganz. Über dem Bug leuchten die Myriaden der Milchstraße. Man kann den Kleinen Wagen gut sehen und den Polarstern. Ansonsten pfeift hier der Wind so gewaltig, daß er schon Teile der Bestuhlung herumgewirbelt hat, ein Tisch landete auf der Bugspitze, wo die Matrosen beim An- und Ablegen arbeiten. Irgendwann beginnt das Schiff heftiger zu schaukeln. So etwa muß es auf dem Meer sein. Die Kajüte fängt auch an zu ›reden‹, manches kleine Teil vibriert.

Der Wind bläst so heftig, daß das Schiff kaum in die Schleuse findet, es steht davor – und paßt nicht hinein. Jedenfalls nicht gleich. Von Lee wirkt das Wasser ruhig, geradezu friedlich. Ganz anders das Luv. Dort tost ein Meer, in der Ferne Steilküste. Die Ostsee, ist sie stürmisch, könnte es nicht besser machen. Wieder und wieder versucht es die ›Prinzessin‹ hineinzukommen. Mal wird sie gegen die Mole gedrückt, mal muß sie Anker werfen. Das ganze Manöver dauert vier Stunden. Zum Schluß sind alle wach. Mancher glaubte gar, daß das Schiff auf Grund gelaufen sei. Tage später wird ein Offizier auf der Brücke sagen, daß so ein Sturm hier höchstens alle drei Jahre tobt.

Kremenčuk

Die Stadt Kremenčuk (Кременчук) gibt dem mächtigen Stausee, der 20 Kilometer oberhalb der Stadt an einem Staudamm endet, den Namen. Der Stausee ist der größte im Dnepr und läßt Kreuzfahrtschiffe bei der Passage gelegentlich gehörig schaukeln. Ganz so gewaltig ist die Stadt selbst nicht. Sie hat zwar rund 230 000 Einwohner, liegt im Gebiet Poltava und ist nach Poltava die zweitgrößte Stadt, doch Kremenčuk wirkt in seinem Zentrum eher beschaulich.

1571 wurde die Stadt am Dnepr erstmals erwähnt, ihr Name leitet sich vom türkischen Wort ›Kermen‹ ab, das ›Festung‹ bedeutet. Mit großer Wahrscheinlichkeit ließ der polnische König Sigismund II. hier am Flußübergang tatsächlich ein Fort der polnischen Rzeczpospolita errichten, um die Region gegen die Tataren zu schützen. Sein Nachfolger Sigismund III. ließ die Anlage noch ausbauen.

Nach den Kosakenaufständen gegen die polnische Krone 1648 bis 1654 kam die Stadt zuerst unter die Kontrolle der Kosaken, später fiel sie an die Zaren. Sie wurde Verwaltungszentrum und war eine zeitlang Hauptstadt des Neurussischen Gouvernements. Um auf der Reise nach Süden innezuhalten, hatte Grigorij Potjomkin hier 1787 für Zarin Katharina ein Stabsquartier errichten lassen. Das leistete umgehend noch andere wichtige Dienste: Während des russisch-türkischen Krieges, der in Folge der Reise begann und bis 1791 dauerte, war es eine Basis der russischen Truppen, wo auch Schiffe für die Schwarzmeerflotte gebaut wurden. Um 1800 war Kremenčuk nach Poltava und Černihiv mit etwa 10 000 Einwohnern die drittgrößte Stadt im Gouvernement Poltava, besaß über 900 Häuser, davon aber nur zwei aus Stein. Zwar sank die politische Bedeutung der Stadt im 19. Jahrhundert, und Feuersbrünste

Unterwegs auf dem Dnepr

Kremenčuk (Кременчук)

und mehrere Hochwasser haben ihr arg zugesetzt, doch bedingt durch ihre günstige geographische Lage entwickelte sich die Wirtschaft rasant. Zu Beginn des 20. Jahrhunderts hatte sich die Einwohnerzahl verfünffacht, fast die Hälfte davon waren Juden.

Nach Oktoberrevolution und Zweitem Weltkrieg begann eine neue Etappe der Industrialisierung. 1959 lieferte das Wasserkraftwerk den ersten Strom, und im Kremenčuker Autowerk, einer ehemaligen Mähdrescherfabrik, liefen die ersten schweren LKW vom Typ KrAS vom Band, ein Fahrzeug – lange Zeit mit Zweitakt-Dieselmotor ausgerüstet –, das zum großen Teil militärisch genutzt wurde und für seine Robustheit auch in der DDR bekannt war. Das 230 000 Einwohner zählende Kremenčuk ist heute ein Industriezentrum mit Fahrzeugbau-Betrieben, Waggonbau, Leichtindustrie und einer Raffinerie.

■ Stadtzentrum

Auch wenn es auf den ersten Blick nicht so wirkt, das Stadtzentrum liegt nicht weit vom Schiffsanleger entfernt. In maximal einer halben Stunde ist man bequem auf der vul. Žovtneva (вул. Жовтнева) und der vul. Lenina (вул. Леніна), die gemeinsam die Hauptachse bilden. Wer seine Beine schonen will, kann den Weg trotzdem mit Bussen abkürzen. An der Wendeschleife oberhalb des Anlegers fahren Trolleybusse der Linie 1 und Marschrutkas der Nr. 15. Am Hauptbahnhof, nach etwa zwei Kilometern Fahrt, sollte man aussteigen. Von dort kann man gemütlich durchs Stadtzentrum zum Fluß zurückgehen. Wer gar nicht vom Schiff weggehen will, den erwarten ganz in der Nähe zwei Biergärten und natürlich der ausgedehnte weiße Badestrand.

Auf dem pl. Peremohy (пл. Перемоги) steht wie eh und je Lenin. Zwischen

Am pl. Peremohy

Einfahrt in die Schleuse

diesem Platz und dem Platz der Unabhängigkeit (пл. Незалежності) muß man das Zentrum von Kremenčuk verorten – wobei es wenig zu verorten gibt. Die **Uspenskijkirche** wurde 1940 abgerissen, um dem Siegesplatz und dem Lenin darauf das nötige Gewicht zu geben. Eine kleine Tafel in der Grünanlage unweit des Revolutionärs erinnert an die Kirche.

Vier Kirchen insgesamt verstecken sich noch in Kremenčuk, zwei kann man sogar finden. Um die goldene Kuppel der **Dreifaltigkeitskirche** zu sehen, muß man schon einiges an Weg zurücklegen, sie versteckt sich am äußersten nordöstlichen Zipfel des Stadtzentrums in der vul. 60 rokiv Žovtnja 9 (вул. 60 років Жовтня). Die Kirche ist, abgesehen von dem Gold der Kuppel, von bescheidener Gestalt und vor nicht allzu langer Zeit errichtet worden. Goldene ›Kuppelchen‹ hat auch die **St.-Nikolaikirche** in der vul. 29 Veresnja 16/34 (вул. 29 Вересня). Die Kirche aus Backstein liegt etwa 300 Meter vom Unabhängigkeitsplatz entfernt Richtung Norden, wurde 1910 fertiggestellt und war ursprünglich für

die katholische Gemeinde errichtet worden. Später ist sie mit etwas Gold und drei kleinen Kuppeln ›auf orthodox‹ getrimmt worden.

Auf den beiden Hauptstraßen vul. Lenina und vul. Žovtneva ziehen sich Läden, Restaurants, Cafés hin – es ist alles da, auf der vul. Lenina ein Einkaufszentrum mit Namen ›Europa‹ (Европа) und mit einem guten Buchladen, der auch Stadtpläne und anderes Kartenmaterial führt. Es gibt ein Irish Pub, ein Denkmal für Puschkin, Mahnmale für die Opfer des Zweiten Weltkrieges, auch für die Opfer der Stalinschen Repression und eine blitzende Metallstele zum 400. Stadtjubiläum. Trotzdem wirkt die Stadt wie steingewordene Provinz. Wer vorgestern noch in Kiev war, für den hat die Stadt kaum Attraktionen.

Aber halt! Auch die Provinz hat ihren Reiz, einer ist der wirklich schöne **Bauernmarkt** an der vul. Peršotravneva/

Die Nikolaikirche

Kreuzfahrtschiff bei Nacht

Ecke vul. Proletars'ka (вул. Першотрав-нева/вул. Пролетарська) nur einen Kilometer vom Schiffsanleger entfernt. Hier gehen Fleischstücke über die Theke – oft genug noch die wahre Währung für hiesige Hausfrauen –, und ein paar Proben von Speck und Obst sind auch für ansonsten gut versorgte Schiffsrei-sende nicht zu verachten.

■ **Heimatmuseum**

Wer auf eigene Faust ein nettes ukraini-sches Heimatmuseum besuchen will, der ist in Kremenčuk am richtigen Ort. Eine Viertelstunde vom Schiffsanleger in der Nähe des Lenindenkmals befindet sich das Kreisheimatmuseum (vul. Žovtneva 2, 9–17 Uhr, Mo/Di geschlos-sen), in dem auf drei Etagen Natur und Geschichte der Region von den prähi-storischen Anfängen bis zum Ende der Sowjetära erzählt werden. Wo man auch gern an die Kosmonauten erinnert, die hier in der Fliegerschule zu Piloten ausgebildet wurden, unter ihnen der mehrmalige Kosmonaut Alexej Leonov, der 1965 zum ersten ›Weltraumspazier-gang‹, der damals 24 Minuten dauerte, aus dem Raumschiff krabbelte und der fast in einer Katastrophe endete. Leo-novs Raumanzug hatte sich im Vakuum des Alls so sehr aufgebläht, daß er nicht mehr durch die Luke paßte. Leonov be-hielt kühlen Kopf, ließ Druck aus dem Anzug, schlüpfte wieder ins Raumschiff ›Voschod 2‹ zurück und wurde ein Held.

Eine weitere spätere Berühmtheit wurde in Kremenčuk geboren. Dimitri Tiomkin kam hier 1894 in einer jüdischen Familie zur Welt, erhielt am Konservatorium in St. Petersburg seine musikalische Ausbil-dung und emigrierte 1925 in die USA. Tiomkin wurde in Hollywood zu einem der erfolgreichsten Komponisten, er schuf unter anderem 1952 für den Fred-Zinnemann-Film ›High Noon‹ den Soundtrack und erhielt für seine Film-musiken dreimal den Oscar und vier Golden Globes. 1979 ist Tiomkin in London gestorben.

Dniprodzeržyns'k

Hinter Schleuse und Staumauer von Kremenčuk, die hier eher ein Damm ist, wird es ruhiger. Das Schiff ist in der Schleusenkammer wie in einem Lift 13 Meter nach unten gefahren. Am Nachmittag passiert die ›Prinzessin‹ die Doppelstockbrücke von Kremenčuk, das

Mittelteil ist hochgezogen, der Zugverkehr muß warten. Aber nur kurz, die Passagezeiten für solche großen Schiffe sind genau festgelegt.

Gegen acht Uhr am Abend ist die ›Prinzessin‹ schon an der Schleuse Dniprodzeržyns'k (Дніпродзержинськ). Der gleichnamige Stausee war groß, aber längst nicht so groß wie der von Kremenčuk. Die Flüsse Vorskla und Psjol haben sich von links in den See ergossen. Große, wasserreiche Ströme speisen hier nicht mehr den Dnepr. Das war oberhalb von Kiev noch anders, wo die Desna und vor allem der Prypjat' dem Dnepr Kraft verliehen.

Hier in Dniprodzeržyns'k kann man die Staumauer sehen, und die Wasser gurgeln heftig und schaurig. Bei der Ausfahrt aus der Schleuse, wo die Schiffe wieder 13 Meter in die Tiefe sinken, gibt es sowjetische Schmiedekunst zu sehen. Ein Geländer zeigt eine Volksmenge aus Kindern, Arbeitern, Kolchosbauern, Soldaten, Akademikern und wer weiß was sonst noch – an der Spitze reckt sich Lenins Spitzbart nach vorn. Alles fein geschmiedet. Haltbar. Haltbarer als die Ideen dazu. Es ist inzwischen Nacht.

Ständige Begleiter

Schaurig geht es weiter. Am rechten Ufer sind die Schlote und Hochöfen von Dniprodzeržyns'k zu sehen – und zu riechen. Es ist wohl gut, daß das Schiff hier im Dunkeln vorbeifährt. Hier irgendwo ist auch Leonid Breschnew geboren worden. Als Kind wird er im Dnepr geangelt – und von großen Fischen geträumt haben. Später ist er selber einer geworden: Partei- und Staatschef der Sowjetunion, der mit Atomraketen gedroht hat, der 1979 seine Truppen in Afghanistan einmarschieren ließ und wie ein alternder Playboy mit Willy Brandt im Motorboot vor der Krim auf- und abgefahren ist.

Dniprodzeržyns'k hieß früher Kamenskoe und war ein Dorf am Dnepr, in dem bestenfalls Saporoger Kosaken an Land gingen, um ihren Rausch auszuschlafen, bis in den 1880er Jahren polnische, belgische und französische Unternehmer eine metallurgische Fabrik gründeten. Das Werk wuchs, wurde nach der Oktoberrevolution verstaatlicht und Kamenskoe 1936 zu ›Ehren‹ des Tscheka-Gründers und ›Urvaters‹ des bolschewistischen Geheimdienstes, Feliks Dzeržinskij, in Dniprodzeržyns'k umbenannt. An den Geheimdienstler erinnert in der Stadt ebenso ein Denkmal wie an Leonid Breschnew. Und noch einem Potentaten haben sie hier eine Tafel aufgestellt: Nursultan Nazarbaev, dem Staatschef von Kasachstan, der hier studiert hat. Das heutige Metallurgische Kombinat ist der Gigant, der die 250 000-Einwohner-Stadt beherrscht und drohend seine Rauchwolken über den Dnepr schickt. Da zieht auch schon das Lichtermeer von Dnipropetrovs'k heran. Irgendwo links in einer Bucht ist die Mündung der Samara, die im Donbass entspringt. Kurz vor Mitternacht rasselt es. Das Schiff wirft Anker.

Unterwegs auf dem Dnepr

Dnipropetrovs'k

Dnipropetrovs'k (Дніпропетровськ) ist eine Baustelle. Hochhäuser, Shopping-Malls, Kinos, ein Fußballstadion, eine U-Bahn (allerdings nicht im Stadtzentrum) – vieles ist schon da, und was noch fehlt, wird jetzt gebaut. Die Stadt wird umgekrempelt. Es ist, als ob sie gerade erwacht. An jeder Ecke Baugruben, Zäune, Kräne, es wird gegraben, geschweißt, gehämmert, gestrichen. Nur am Flußhafen ist es merkwürdig ruhig: Das Hafengebäude, ein Riegel quer zum Fluß, liegt verwaist, und der grün-gelb-weiße Bau ist eine Investruine. Das sollte das Hotel ›Parus‹ werden, jetzt treffen sich hier nur die Möwen.

Doch sonst ist eine Gründerzeit ausgebrochen, der steinerne Lenin, der am Karl-Marx-Prospekt verloren wirkt, wird noch vieles verkraften müssen: In Kiev haben sie ihren fortgeschafft und dann mit dem Umbau begonnen, in Dnipropetrovs'k lassen sie den Alten einfach stehen. Wo hinter ihm die Kommunistische Partei gerühmt wurde, wirbt heute ein Telefonkonzern. Die Shoppingcenter heißen ›Golden Palace‹, ›Grand Plaza‹, ›Europa‹ und ›Magnat‹, die Appartementanlagen ›Amsterdam‹, ›Belvedere‹ und ›Beverly‹. Jeden Monat wird irgendwo ein Bau eingeweiht, Wohnhochhäuser wachsen in den Himmel, Garagendecks in die Erde, gebaut wird in postmoderner Kühle mit viel Glas und Stahl und stilistischen Anleihen quer durch die Zeit.

Geschichte der Stadt

Bauen scheint der Normalzustand dieser Stadt zu sein, die vor 200 Jahren gerade 6000 Einwohner hatte und heute gut eine Million zählt. Nicht alle Träume wurden wahr, Wagemut und Selbstüberschätzung liegen dicht beieinander, das war schon am Anfang so. Eine Kirche größer als der Petersdom in Rom versprach 1783 Fürst Grigorij Potjomkin, Freund und Organisationstalent der Zarin Katharina II., seiner Herrin für die neue Stadt. Sieben Jahre zuvor war sie als Ekaterinoslav – als ›Ruhm Katharinas‹ – gegründet worden. Potjomkin gab sein Versprechen, als die Stadtgründung schon fast gescheitert war. Die Bauarbeiten waren ins Stocken geraten, der ursprüngliche Bauplatz erwies sich als völlig ungeeignet: Jedes Jahr Hochwasser, alles viel zu sumpfig, und der Dnepr war noch nicht einmal richtig schiffbar. Und das zum Ruhme Kathari-

Boomtown Dnipropetrovs'k, rechts die Zwillingstürme

Karte S. 139

nas? Potjomkin machte das Projekt zur Chefsache und ließ die Stadt kurzerhand ans andere, hohe Ufer verlegen. Die zweite Gründung gelang.

Im Frühjahr 1787 unternahm Katharina eine Reise nach ›Neurußland‹, die sie wie einen Staatsbesuch zelebrierte. Gemeinsam mit dem habsburgischen Kaiser Joseph II., der aus Wien angereist war, legte Katharina in ihrer neuen Stadt den Grundstein für die Christi-Verklärungskirche, welche die Papstkirche übertreffen sollte. Das Motiv war klar und gewaltig: Ekaterinoslav sollte die dritte Hauptstadt des Zarenreiches werden – fest gegründet wie Moskau, elegant wie St. Petersburg und ein Tor, nicht nur ein Fenster, zu den Reichtümern des Südens.

Aus der Hauptstadtidee ist nichts geworden, jetzt ist Dnipropetrovs'k mit gut einer Million Einwohnern die drittgrößte Stadt der Ukraine. Einen zweiten Petersdom sucht man vergebens. Unweit der beiden markanten Hochhaustürme, die gut vom Wasser zu sehen sind, steht am Rande des Ševčenko-Parks die Kathedrale, die nur ein Kirchlein wurde. Der Platz, den sie einnimmt, war ursprünglich nur dem Altarraum zugedacht.

Die Reichtümer des Südens waren auch nicht so einfach zu heben. Die Türken erklärten den Krieg, Fürst Potjomkin starb an Malaria, und Katharina hatte einen unberechenbaren, mißgünstigen Nachfolger, der das junge Ekaterinoslav zur Kreisstadt degradierte. Der Reichtum, den man um Ekaterinoslav fand, war Eisenerz. Man begann, das Erz zu schmelzen. Die Kohle dafür kam bald aus Donec'k.

Apropos Donec'k. Die Stadt weiter östlich ist die ewige Rivalin. Weil in Dnipropetrovs'k eine U-Bahn entsteht, wird in Donec'k bald auch eine rollen. In Donec'k gibt es ein Stadion? Kein Problem, in Dnipropetrovs'k gibt es nun auch eins. Beide Städte vereint nun die Hoffnung auf die Fußball-Europameisterschaft 2012. Wenigstens mit den Zwillingstürmen hat man Donec'k übertrumpft. Fertiggestellt, waren sie mit ihren 106 Metern die höchsten Gebäude der Ukraine. Inzwischen wurden in Kiev höhere gebaut. Es ist ein Armdrücken wie zwischen Halbstarken, und es gibt auch die Kraftprotze dazu: Rinat Achmetov, der reichste Mann der Ukraine, kommt aus Donec'k, der zweitreichste, Viktor Pinčuk, lebt in Dnipropetrovs'k. Die beiden Städte sind jung und wissen um ihre Kraft. In Donec'k gibt es dutzende Kohlegruben, in Dnipropetrovs'k haben sie eine Fabrik, die Raketen und Satelliten baut.

Dnipropetrovs'k ist auch eine Kulturstadt, die schon immer Schmelztiegel für Kulturen und Völker war: für Russen und Ukrainer, Tataren und Kosaken, Armenier, Franzosen, Deutsche und Juden und all die Abenteurer und Sonderlinge, die im ›Wilden Westen‹ des russischen Reiches zusammenkamen. Helena Blavatzky, die Begründerin der Theosophie, wurde hier 1831 als Helena Petrovna von Hahn geboren, heute erinnert ein

Die Statue ›Jugend des Dnipro‹

In der Innenstadt

Park. Seit September 2000 ist der ehemalige Klub der Bekleidungswerke in der ul. Šolema Alechema wieder die Choralsynagoge.

Dnipropetrovs'k hat aber nicht nur Künstler und Multimillionäre hervorgebracht. Der Bauernsohn Leonid Kučma, einst Parteisekretär der Raketenfabrik, hat es bis zum Präsidenten der Ukraine geschafft. Sein Ruf blieb bis Ende seiner Amtszeit 2005 zweifelhaft. Aus der Stadt kommen drei Ministerpräsidenten, unter ihnen Julija Tymošenko, genannt Julischka, die Jeanne d'Arc der Orangenen Revolution von 2004 mit ihrem dicken blonden Zopf – der allerdings nicht echt ist. Sie hat hier als Ingenieurin begonnen. 1989 soll sie mit dem Verkauf von Videokassetten zu erstem Vermögen gekommen sein. Den Dreher Grigorij Ivanovič Petrovskij kennt man hingegen kaum noch. Am 20. Juli 1926 wurde Ekaterinoslav zu Ehren des Kommunisten Petrovskij in Dnipropetrovs'k umbenannt. Der Funktionär war damals Vorsitzender des Obersten Sowjets der Ukraine. Doch Petrovskij fiel 1939 bei der Großen Säuberung in Ungnade, wurde kaltgestellt und arbeitete bis zu seinem Tode 1957 im Museum der Revolution in Moskau. Vor dem Hauptbahnhof erinnert ein Denkmal an ihn. Die Einwohner haben sich an den Namen Dnipropetrovs'k gewöhnt. Eine Rückbenennung wie bei anderen Städten gab es nicht. Warum auch? Sie nennen die Stadt sowieso nur ›Dnepr‹.

Museum an sie. Der Konzeptkünstler Ilja Kabakov wurde hier ebenso geboren wie der Liedermacher Aleksandr Galič. Immer noch schwärmen viele von der Atmosphäre der 1970er Jahre. Die Stadt war wegen des Rüstungsbetriebes Južmaš (Южмаш) für Ausländer zwar verboten, doch Maler, Fotografen, Musiker aus der ganzen Sowjetunion kamen hier zusammen. Alljährlich finden ein Jazz-Festival und ein Festival für modernen Tanz statt, Treffpunkt der Literaten ist seit 1998 das Literaturmuseum auf dem Karl-Marx-Prospekt 64.

Dnipropetrovs'k war auch ein Zentrum jüdischen Lebens. 1907 gab es 41 Synagogen, unter ihnen die Choralsynagoge. 1929 wurde sie geschlossen, der Klub des städtischen Bekleidungswerkes zog in das Haus. Als zwölf Jahre später die Deutschen einmarschierten, schien das Schicksal der Juden besiegelt. Am 13. und 14. Oktober 1941 wurden in einer Schlucht 11000 Juden erschossen. Der Ort gehört heute zum Gagarin-

Rundgang durch Dnipropetrovs'k

Der Flußhafen befindet sich an der vul. Naberežna Lenina (вул. Набережна Леніна) in der Nähe der Amur-Brücke (Amurskyj-Mist). Um ins Stadtzentrum zu gelangen, muß man diese Straße

Unterwegs auf dem Dnepr

Dnipropetrovs'k (Дніпопетровськ)

nab. Pobedy
наб. Победы

Klosterinsel

Dnipro →

Dnipro
Дніпро

nab. Zavods'ka

Ševčenko-Park

Hotel Rassvet

Christi-Verklärungs-Kirche

pl. Oktjabr'skaja

prosp. Gagarina
prosp. Čarnyševskogo

Historisches Museum

ul. Ševčenko

Kunst-museum

ul. Komsomol'skaja

ul. Čkalova

просп. Гагарина

Luft- und Raumfahrt-zentrum

prosp. Karla Marksa

ul. Dzeržinskogo

Synagoge

Hotel Dnipropetrovsk

ul. Barikadnaja

ul. Šečenko-Theater

Hotel Central'naja

Lenin-platz

Dreifaltigkeits-Kirche im Bau

ul. Karla Libknechta
ул. Карла Лібкнехта

ul. Moschanova

ul. Plechanova

Hauptpost

Hotel Ukraina

Hotel Astoria

ul. Serova

ul. Komsomolskaja
ул. Комсомольская

ул. Чкалова

Dnipostadion

Kulturhaus der Eisenbahner (Philharmonie)

Opern- und Ballett-Theater

prosp. Karla Marksa

Globa-Park

im Bau

prosp. Puškina

просп. Кірова prosp. Kirova

ul. Sverdlova

ul. Leningradskaja
ул. Ленинградская

ul. Karla Marksa
ул. Карла Маркса

Zentralmarkt

ul. Pastera
ул. Пастера

ул. Горкого
ul. Gorkogo

просп. Пушкина

ул. Свердлова

ул. Чичерина ul. Čičerina

Hauptbahnhof

ул. Куріалова

nab. Zavodskaja
наб. Заводськая

Poplavok

Flußhafen

600 m

300

0

überqueren und die vul. Gorkoho (вул. Горкого) hinaufgehen. Die Straße stößt auf den Karl-Marx-Prospekt (пр. Карла Маркса), der die Hauptachse von Dnipropetrovs'k bildet und bis 1932 Katharinen-Prospekt hieß. Der Prospekt ist die Prachtmeile der Stadt, hier kann man flanieren, und selbst große Bausünden der Sowjetzeit haben dem Flair des Prospekts nicht sehr viel antun können.

Auf dem Prospekt angekommen, erblickt man auf der gegenüberliegenden Straßenseite den Globa-Park. Der 50 Hektar große Park bietet mit seinen Karussells, Biergärten, einer Diskothek, einer Freilichtbühne, einem künstlichen See, auf dem Tretboote schwimmen, dem Gorki-Theater und einer Kindereisenbahn allerlei Getümmel. Wer nicht weiß, wohin mit seiner Kraft, kann sie auf einem ›Hau den Lukas!‹ loswerden.

■ Westlicher Karl-Marx-Prospekt

Wer flanieren will, halte sich auf dem Karl-Marx-Prospekt links. Bei der Serovstraße (vul. Serova/вул. Серова) erblickt man das **Opern- und Ballett-Theater** von 1974 (pr. Karla Marksa 72), ein Bau von zweifelhafter Architektur, jedoch mit großer Fontäne, die ein beliebter Treffpunkt Jugendlicher ist. Im damals äußerst schicken **Hotel Astoria** (pr. Karla Marksa 66) nahm einst ein bekanntes Rauhbein Quartier. Der Anarchist Nestor Machno, ein Bauernsohn aus der Region, logierte hier während des Bürgerkrieges mit seinen Kämpfern. In dem Haus nebenan stiegt hundert Jahre zuvor ein anderer eher unfreiwillig ab: Bei seinem Weg in die Verbannung wohnte im Mai 1820 Alexander Puschkin in dem Haus (pr. Karla Marksa 64). Zu jener Zeit war hier die Leitung des Fürsorgekontors für die südrussischen Kolonisten beheimatet. Seit 1998 ist hier das **Literatur-**

museum eingerichtet, in dem sich die Literatenszene und die Intelligenzija der Stadt treffen. Auf der Promenade des Karl-Marx-Prospektes verkaufen in diesem Abschnitt Künstler unter den Robinien Schmuck und Bilder.

Dicht daneben erblickt man das sorgfältig restaurierte **alte Hauptpostamt** von 1905 (pr. Karla Marksa 62). Eine Tafel erinnert an drei sehr unterschiedliche Kunden – Leonid Breschnew, Aleksej Tolstoj und Nestor Machno. Der Staatschef, der Schriftsteller und der Anarchist sind allerdings nicht gleichzeitig hier erschienen.

■ Leninstraße

Nicht weit von der Hauptpost zweigt links die Leninstraße (vul. Lenina/вул. Ленина) ab. Da wo sie auf den Karl-Marx-Prospekt stößt, fällt gegenüber das 1980 erbaute, monströse **Gebäude der Stadtverwaltung** auf. Viel reizvoller ist der **ehemalige Englische Club** von 1830. Andrej Dostojewski, Bruder von Fjodor, der hier einige Zeit verkehrte, schwärmte Jahre später noch von der Erhabenheit des Hauses. Später war es die Residenz des Gouverneurs, und heute residiert hier eine Bank. Die Leninstraße war einst, damals hieß sie noch anders, die Bankenmeile der Stadt.

In der Leninstraße Nr. 6 fällt das **Kulturhaus der Eisenbahner** auf, in dem auch die Philharmonie untergebracht ist. Das Haus wurde 1912 vom Charkiver Architekten A. Ginzburg im Stil des Konstruktivismus gebaut. Mit seinen streng vertikal untergliederten Fenstern und der schmucklosen, leicht gewölbten Fassade wirkt der Stahlbetonbau inmitten der reich verzierten Nachbarhäuser sehr asketisch. Direkt gegenüber befindet sich das **Ševčenko-Theater** für Musik und Schauspiel (vul. Lenina 5).

Auch hier steht Lenin noch auf seinem Sockel

Dort zweigt auch der Teatral'nyj bul. (Театральний бул.) ab, wo jeden Morgen Händler eine wahre Zeltstadt errichten, in der Bücher, Zeitschriften und CDs gehandelt werden. Es ist ein Antiquariat unter freiem Himmel, das seinesgleichen sucht, und wer sich von so viel geistiger Vielfalt ausruhen möchte, verschwindet in einem der Schnellrestaurants.

■ Östlicher Karl-Marx-Prospekt

Über den Teatral'nyj bul. gelangt man, wenn man sich etwas rechts hält, wieder zum Karl-Marx-Prospekt zurück. Dort öffnet er sich alsbald zum Leninplatz, der nicht mehr in allen Stadtplänen als solcher bezeichnet ist. Das **Lenindenkmal** wurde 1957 errichtet, und der Revolutionär blickt auf das zentrale **Kaufhaus ZUM**, den Großbildschirm daneben und einen Brunnen. Dieser ist einer der Treffpunkte in der Stadt. Musik dröhnt, Stände bieten Eis und Bier an, und wer

dringend das neueste Mobiltelefon haben will, kann es hier kaufen. Lenin steht verloren an seinem Platz, doch er ist steinerner Anachronismus, der unbeleuchtet in der Nacht kaum noch auffällt, die Leuchtreklame für eine Mobilfunkfirma über seinem Kopf strahlt um so heller.

Auch die grünen Kuppeln der **Dreieinigkeitskirche** (Krasnaja bzw. Trojckaja pl. 7) werden angestrahlt. Zur Kirche gelangt man über die vul. Karla Libknechta (вул. Карла Либкнехта). Der Bau wurde anstelle einer hölzernen Kirche 1849 errichtet, um ihn herum wurde bis ins 20. Jahrhundert der Dreifaltigkeits-Markt (Trojckij rynok) abgehalten. 1934 wurde die Kirche für Jahre geschlossen und als Lager benutzt.

Vom Leninplatz gelangt man über die ul. Šyršova (вул. Ширшова) zur vul. Šolema Alechema (вул. Шолема Алехема), wo die **Choralsynagoge Goldene Rose** (Nr. 4) von 1852 steht. Die Synagoge hatte im 20. Jahrhundert eine bewegte Geschichte, sie wurde geschlossen, die Fassade umgestaltet, zweckentfremdet, und viele Dnipropetrovs'ker Juden glaubten nicht mehr, daß sie dort

Unterwegs auf dem Dnepr

Überall wird gebaut

noch einmal beten würden. Doch nach Rückgabe und Restaurierung zogen am 20. September 2000 wieder die Thorarollen ein.

Zurück am Karl-Marx-Prospekt, reihen sich in südöstliche Richtung Repräsentativbauten, Hochschulen, Kaufhäuser und Hotels. Bald erblickt man das neoklassizistische Gebäude der **ehemaligen städtischen Duma** (pr. Karla Marksa 47) von 1901. Heute ist dort die Fachschule für Kultur beheimatet. Gegenüber dem Regionalmuseum fällt das Gebäude der 1912 gegründeten **Bergakademie** (Gornaja akademija, pr. Karla Marksa 19) auf. Gleich daneben befindet sich ein Denkmal für den russischen Gelehrten Michail Lomonosov, das 1971 eingeweiht wurde. Der Sockel ist jedoch von 1914 und trug bis zur Revolution eine Skulptur von Katharina II.

■ Regionalmuseum

Ein Besuch des Regionalmuseums (pr. Karla Marksa 16), ist zu empfehlen. Hinter dem alten Gebäude aus dem Jahre 1905 wurde ein Bau angefügt, in dem in zehn großen Sälen die Geschichte von Stadt und Region dargestellt ist. Saal Nr. 9 ist den Opfern von Hungersnot und der Großen Säuberung aus den 1930er Jahren gewidmet. Neben dem Haupteingang kann man die mit 98 Exemplaren **größte Sammlung von skythischen Steinfiguren** in der Ukraine bestaunen.

Im Rundbau hinter dem Museum wird das 1975 eingeweihte **Diorama** präsentiert. Solche Schaubilder waren in der Sowjetunion beliebt, und dies dürfte mit 14 Metern Höhe, 60 Metern Breite und einer Fläche von 840 Quadratmetern zu den größten zählen. Das Bild zeigt Szenen der Schlacht am Dneprbogen, als sowjetische Truppen im Oktober 1943 bei den Dörfern Vojskovoe (Войсковое) und Vovnigi (Вовниги) einen Brückenkopf errichteten. Das Pathos der Präsentation mit Schlachtendonner und getragener Musik hat sich seit den Eröffnungstagen erhalten.

■ Christi-Verklärungskirche

Hinter Museum und Diorama droht eine Raketenbatterie, die auf eine Kirche weist. Es ist die Christi-Verklärungskirche, der offizielle Gründungsort der Stadt am pl. Oktjabr'ja 1 (пл. Октября). Dort legten Zarin Katharina II. und der habsburgische Kaiser Joseph II. am 9. Mai 1787 den Grundstein für den Kirchenbau, der nach dem Wunsch Potjomkins um ›einen kleinen Arschin‹ größer werden sollte als der Papstdom in Rom. Doch der klassizistische Bau, den man heute sieht, kann sich mit St. Peter in Rom nicht messen. Nur noch der Eisenzaun um das Grundstück erinnert daran, wie groß der Bau nach den Plänen des Franzosen Claude Gerois einst werden sollte.

Der kurz nach der Grundsteinlegung wieder aufgeflammte russisch-türkische Krieg führte dazu, daß sich die Arbeiten von Anbeginn hinzogen. In den ersten zwei Jahren war man mit dem Fundament beschäftigt. Weil auch die sonstigen Arbeiten in der Stadt stagnierten, entband Potjomkin Gerois und beauftragt den St. Petersburger Ivan Starov mit dem Bau. Doch nach dem Tod Potjomkins 1791 verlangsamten sich die Arbeiten weiter. Als nach Katharinas Tod 1796 Paul I. den Thron bestieg,

Die Dreieinigkeitskirche

verbot dieser im gesamten Gouvernement das Bauen mit Stein. Gras wuchs über die Fundamente. Zweimal wurde vergeblich versucht, die Kirche zu bauen, erst 1830 gelang es. 1835 wurde sie vollendet. Fast hätte Joseph II. recht behalten, als er nach der Grundsteinlegung einem französischen Gesandten zugeflüstert hatte: »Die Zarin und ich haben heute etwas ganz Bemerkenswertes getan: Sie hat den ersten Stein für die Kirche gesetzt und ich den zweiten – und letzten!«

Nach wessen Plänen eigentlich gebaut wurde, war lange unklar. Heute geht man davon aus, daß sie von Andrijan Zacharov stammen, der in St. Petersburg die Admiralität gebaut hat. Zacharov, 1830 beim Baubeginn längst tot, soll 1805 bei einer erfolglosen Wiederaufnahme des Baus die Pläne geliefert haben. Die Kirche war ab 1930 antireligiöses Museum und gehörte ab 1977 als Abteilung zum benachbarten Historischen Museum. Seit 1992 ist sie wieder im Besitz der ukrainisch-orthodoxen Kirche.

Daß noch nicht alle ihren Frieden mit der Kirche gemacht haben, zeigen die Raketen, die auf sie gerichtet sind. Eine Laune der Stadtoberen, die ihren größten Stolz wirksam präsentieren – es sind nicht mehr die Kirchen, sondern Raketen aus der Fabrik ›Južmaš‹ (Южмаш).

■ Ševčenko-Park

Geht man über den Oktoberplatz (pl. Oktjabr'skaja) Richtung Norden, kommt man bald zum Ševčenkoplatz (pl. Ševčenka) mit den Kolonnaden, durch die man in den Ševčenko-Park gelangt. Im Park, dem ehemaligen Potjomkin-Garten, befindet sich der **Potjomkin-Palast**, einer der wenigen Bauten, dessen Fertigstellung der Fürst 1790 noch erlebt hat. Der Bau war in Kriegszeiten mehrfach Lazarett und brannte im Zweiten Weltkrieg aus. Er wurde 1952 in veränderter Gestalt aufgebaut und ist heute das Kulturhaus der Studenten. Vom Ševčenko-Park führt eine Fußgängerbrücke auf die Klosterinsel (Ostrov monastyrskyj).

■ Klosterinsel

Auf der Insel gründeten byzantinische Mönche im 10. Jahrhundert ein Kloster, das die Fürstin Olga 957 aufgesucht hat. 988 soll sich auch ihr Enkel Volodymyr, der wenig später für die Kiever Rus' das Christentum annahm, hier aufgehalten haben. 1240 wurde das Kloster von Tataren zerstört. Im 19. Jahrhundert zog man die Insel bei der Gestaltung des Potjomkin-Gartens mit ein. Seit 1932 führt die Merefo-Chersonsker Eisenbahnbrücke über sie hinweg, die weltweit als erste vollständig aus Stahlbeton gebaut wurde und heute unter Denk-

Kirchlein auf der Klosterinsel

Karte S. 139

Der Zentralmarkt

malschutz steht. Bescheidener fällt die Fußgängerbrücke von 1956 aus; in jenem Jahr wurde die Insel in Komsomol-Insel umbenannt. Obwohl sie heute wieder den alten Namen trägt, ist sie für viele Einheimische immer noch die ›Komsomol'skyj‹. Seit 1999 erinnert an ihrer Westspitze eine kleine Kirche an das Kloster.

Auf der schmaleren Südspitze laden Sandstrände zum Baden ein, und ein Süßwasseraquarium kann besichtigt werden. Auf die Spitze kann man auch mit einer Seilbahn gelangen. Die liegt allerdings etwas versteckt etwa 100 Meter vom Hotel ›Rassvet‹ entfernt in der vul. Dimitrija Donskoho (вул. Дімітрія Донского).

✕ Dnipropetrovs´k

Wer zur Abwechslung einmal ein gutes Restaurant auf dem Festland ansteuern will, ist in Dnipropetrovs'k am richtigen Ort. Wer endlich wieder ein frisch gezapftes deutsches Bier trinken will, auch.

Für das deutsche Bier ist die etwas ulkige **Kellerkneipe Hände hoch!** (Хэнде хох) vul. Lenina 11 (вул. Ленина), ab 10 Uhr, zuständig, sie hat aber auch eine sehr gute Auswahl von Gerichten, insbesondere Suppen.

Wer guten Kaffee und Tee schätzt, ist im **Coffee Room** gut aufgehoben,

vul. Hopner 4a (вул. Гопнер), von 9 bis 22 Uhr. Die vul. Hopner ist die zweite Querstraße links, die hinter dem Leninplatz Richtung Nordosten vom Karl-Marx-Prospekt abzweigt. Wer beim Lenindenkmal steht, hat es von dort nicht mehr weit.

Und dann gibt es noch das **Restaurant Poplavok** (Schwimmer/Поплавок), ein Rundbau unweit des Flußhafens, der im Dnepr steht und mit gehobener Küche und Live-Musik wirbt. Das Restaurant, vul. Naberežna Lenina 7 (вул. Набережна леніна), ist rund um die Uhr geöffnet.

Grigorij Potjomkin – Herr über Neurußland

Es war eine märchenhafte Reise zum 25. Thronjubiläum der russischen Kaiserin: Im Januar 1787 brach die Gesellschaft von St. Petersburg nach Süden auf. 30 Pferde zogen den Schlitten von Katharina II., einen umgebauten Salonwagen mit vier Zimmern. Von Kiev aus setzte man die Reise zu Wasser fort. Angeführt von sieben Galeeren glitt eine Armada, die 80 Schiffe mit 3000 Mann Besatzung umfaßte, im Mai den Dnepr hinab. Auf ganzer Strecke versammelte sich zu beiden Seiten des Flusses das Volk, um Katharina singend zu huldigen, zehntausende Soldaten salutierten, nachts loderten Feuer, wie aus dem Boden gewachsen erschienen Paläste, Türme und blumenumrankte Häuser am Ufer. Die Besichtigung der neuerworbenen Gebiete am Unterlauf des Dnepr bis hin zum Schwarzen Meer war ein einziger Triumphzug, zu vergleichen nur mit Kleopatra und ihrer Reise auf dem Nil. Die Gesellschaft war beeindruckt, allen voran die Kaiserin selbst. An ihrer Seite war Grigorij Potjomkin, Generalgouverneur von Neurußland, Organisator der Reise und Freund der Zarin.

Weil die Eindrücke der Fahrt so unglaublich waren, kam Jahre später das Gerücht auf, Potjomkin habe die Zarin getäuscht, indem er Kulissen aus Sperrholz und Pappmachée mit kostümierten Leibeigenen davor habe aufbauen lassen. Das Wort von den ›Potemkinschen Dörfern‹ war in der Welt. Während der Reise selbst hegte der habsburgische Kaiser Joseph II. aus Wien, der auch teilnahm, gehörige Zweifel. Davon unbeeindruckt machte Katharina Potjomkin aus Dank für die gelungene Reise zum Fürsten von Taurien. ›Taurien‹ – diesen Begriff benutzte Herodot im 5. vorchristlichen Jahrhundert für die Region der Krim und die ihr vorgelagerte Steppe, und ganz im Geiste der Zeit kam dieser Titel im 18. Jahrhundert wieder in Mode. Grigorij Potjomkin war 48 Jahre alt und auf dem Gipfel seines Ruhmes. Er hat Neurußland, jene Steppenregion am Schwarzen Meer, die man den Türken und Tataren abgerungen hatte, besiedelt, er hat Städte gegründet und eine Kriegsflotte gebaut, er hat Provinzen geschaffen, er hat dem Zarenreich den Weg nach Süden geöffnet, er hat Kriege geführt, strebte bis zum Bosporus und wollte Byzanz unter russischer Führung wiederbeleben – und bei all dem gab er der Zarin das Gefühl, daß sie es war, die diese kühnen Ideen entwickelt hatte.

Kennengelernt hatten sich beide 1762 in St. Petersburg, als Katharina nach dem Sturz ihres Gemahls Peter III. Herrscherin wurde. Grigorij Aleksandrovič Potjomkin war 1739 in einem Dorf bei Smolensk als Sohn eines Majors geboren worden, studierte nach seinem Schulbesuch an der Moskauer Universität und wurde als einer der zwölf besten Studenten 1757 der Zarin Elisabeth vorgestellt. Wenig später verlor er das Interesse am Studium, wurde exmatrikuliert, trat in die Reitergarde ein und diente Zar Peter III. als Wachtmeister. Potjomkin war gerade 22 Jahre alt, als die neue Zarin Katharina auf ihn aufmerksam wurde, was anläßlich einer Parade geschehen sein soll.

Potjomkin wurde zunächst Kammerjunker und übernahm dann verschiedene Ämter. Er war 1769 Teilnehmer am ersten Russisch-Türkischen Krieg. Er stieg weiter auf bei Hofe, wurde in den Grafenstand erhoben, wurde Oberkommandierender und Generalgouverneur von Neurußland. 1774 war Potjomkin der Liebhaber der Zarin. Zwar wurde er ein Jahr später schon von einem neuen abgelöst, aber die Freundschaft zwischen beiden erkaltete nicht, im Gegenteil: Potjomkin wurde zum engsten Berater, unterbreitete Katharina Pläne, die sie für die eigenen halten konnte, und vergaß in allen Dingen nicht, ihr Diener zu sein. Ausländische Gesandte bezeichneten ihn als die ›einflußreichste Person in Rußland‹.

Katharina beschenkte ihn dafür stattlich, Potjomkin wurde einer der größten Grundbesitzer im Land, seine Verschwendungssucht war groß, seine Schulden waren es auch, doch die Zarin stand für alles ein. Potjomkin, der in seiner Jugend ein Auge verloren hatte, war kein Heerführer, dafür hatte er seine Generäle, der fähigste war Aleksandr Suvorov. Potjomkin war ein Organisationstalent, seine größte Leistung war die Gestaltung der südlichen Provinzen mit der Gründung von Ekaterinoslav, Cherson, Mykolajiv, Sevastopol' und deren Integration in das Reich. Dann folgte als Krönung die Reise von 1787 als eine noch nie dagewesene Demonstration von Macht und Größe.

Die Herrscher in Europa waren erstaunt, für den Sultan in Konstantinopel war die Reise eine Provokation, und er erklärte Katharina noch im August 1787 zum zweiten Mal den Krieg. Dieser dauerte drei Jahre, und Potjomkin wurde Oberbefehlshaber der

Grigorij Potjomkin, Fürst von Taurien

russischen Truppen. Nach heftigen Kämpfen entschied Rußland den Krieg für sich, und die Zarin organisierte für ihren Freund ein Fest, das alles übertreffen sollte. Potjomkin, der sich Zeit seines Lebens nicht geschont hatte, war geschwächt, blieb vier Monate in der Hauptstadt und verpraßte ein letztes Mal 850 000 Rubel, die Katharina anstandslos aus der Staatskasse begleichen ließ. Potjomkin wurde zu den Friedensverhandlungen mit den Türken ins rumänische Iaşi geschickt, er erkrankte an Malaria und wollte zur Genesung nach Mykolajiv reisen. Auf dem Weg dorthin starb er am 16. Oktober 1791.

Die Nachrufe auf ihn gerieten sehr unterschiedlich. Seine Gegner, von denen es viele gab, titulierten ihn wahlweise als Hallodri oder als ›Fürst der Finsternis‹. Die anderen – unter ihnen Katharina – hatten einen großen und genialen Menschen verloren. Zweifellos war Potjomkin nach Peter dem Großen einer der bedeutendsten Staatsmänner Rußlands im 18. Jahrhundert. Der Fürst hatte eine klare Vision und Ziele, auch wenn er die reale Leistungsfähigkeit seines Landes weit überschätzt hatte. Er wurde in Cherson, wo er die russische Schwarzmeerflotte gegründet hatte, in der Katharinenkathedrale beigesetzt.

Die Rede von den ›Potemkinschen Dörfern‹ hat überlebt: Adolf Wilhelm von Helbig, zur betreffenden Zeit sächsischer Gesandter in St. Petersburg, schmähte zehn Jahre später in der Hamburger Zeitschrift ›Minerva‹ die Reise und machte das Wort von den ›Potemkinschen Dörfern‹ publik. ›Üble Nachrede‹, sagen heute viele Historiker. Es war nach modernen Maßstäben eine Mischung aus Marketing und perfektem Entertainment, was Potjomkin organisiert hatte – bis hin zum eigens für die Reise der Zarin gedruckten Reiseführer, der vorab veröffentlicht wurde. Selbst an eine Reisehymne hatte Potjomkin gedacht.

Zaporižžja

»Du bist keine Schönheit, vor Arbeit ganz grau...« Mit kräftig metallischem Sound unterlegt, besang in den achtziger Jahren Herbert Grönemeyer so seine Heimatstadt Bochum im Ruhrgebiet. Wäre er in Zaporižžja (Запоріжжя) geboren, würde sich seine Hommage ähnlich ›industrial‹ anhören, nur noch viel dröhnender. Verglichen mit Zaporižžja (Запоріжжя, russ. Zaporož'e/Запорожье) ist Bochum ein Kurort – und war es auch schon, als dort wirklich noch die Hochöfen qualmten. Kommt man mit dem Schiff aus Kiev nach Zaporižžja, sieht man vor dem Staudamm des Wasserkraftwerkes am linken Ufer eine Dunstglocke hängen. Kommt man von Süden, steht die Wolke gleich hinter den Wohnblocks. Die metallurgischen Werke liegen dicht am Stadtgebiet und stoßen reichlich Qualmwolken aus, die sich rötlich-braun über das Areal ausbreiten. Du bist wirklich keine Schönheit, Zaporižžja!

Geschichte

Aber die 800 000-Einwohner-Stadt muß sich andererseits auch nicht verstecken: die Fluten des Dnepr, Felsen im Wasser, Stromschnellen, steile Uferwände und die Kosakeninsel Chortycja (Хортиця) mit ihrer Folklore – es ist eigentlich alles da für einen Urlaubsort. Doch Lenin sah eine andere Zukunft für die Stadt. Diese war eng mit dem sogenannten GOELRO-Plan von 1920 verbunden. GOELRO steht für ›Gosudarstvennaja komissija po elektrifikacii Rossii‹, auf deutsch ›Staatliche Kommission für die Elektrifizierung Rußlands‹. Unter Lenins Devise »Kommunismus ist Sowjetmacht plus Elektrifizierung des ganzen Landes« sollten die Grundlagen für die Entwicklung der zukünftigen Sowjetunion gelegt werden. Schnell wuchs Zaporižžja eine Schlüsselrolle zu, denn die Ingenieure beschlossen, den Dnepr an einer relativ schmalen Stelle oberhalb der Insel Chortycja anzustauen, dadurch die berüchtigten Stromschnellen zu beseitigen und ein Wasserkraftwerk zu errichten.

Eindeutig eine Industriestadt: Zaporižžja

Karte S. 151

Die Bauarbeiten begannen 1927, und den Bau begleitete eine Propaganda-kampagne, deren Nachwehen heute noch im Kosakenmuseum zu besichtigen sind: Junge Komsomolzen reisten da aus allen Enden des Landes an, um Hand anzulegen, Geld wurde gesammelt, im Kollektiv wurde mit bloßen Füßen Beton gemischt. Der Staudamm wuchs als Symbol der moralischen und techni-schen Überlegenheit des Kommunismus. Bei dem Enthusiasmus wird bis heute gern unterschlagen, daß keineswegs nur Freiwillige, sondern auch etliche Zwangs-arbeiter mitgeschuftet haben. Unter den Teppich wird ebenfalls gern gekehrt, daß der Damm mit Hilfe von Ingenieu-ren und Ausrüstung aus den USA errich-tet wurde.

Berühmt-berüchtigt: der ›Saporosch‹

In der Umgebung des Kraftwerks ent-standen Aluminiumwerke, Walzwerke, Autofabriken, Fabriken für Flugzeug-triebwerke, Maschinenbaubetriebe und Hochöfen. Der Bevölkerungszuwachs war enorm, und die Stadt platzte aus allen Nähten. Allerdings wurde der Kom-munismus keineswegs so heiter und fortschrittlich, wie sich Lenin das im Kreml möglicherweise ausgemalt hatte. Während des Krieges stark zerstört, wurde Zaporižžja im Stalinschen Barock wieder aufgebaut.

Auf dem Leninprospekt drängen sich heute die Zuckerbäckerbauten mit ihren Säulen, Pfeilern, Söllern, Kapitellen, überreich garniert mit Hammer und Si-chel, doch der Alltag blieb so dürftig wie das Wägelchen ›Zaporožec‹ (Запоро-жец), den das Autowerk ZAZ am Stadt-rand zu Hunderttausenden produzierte. Obwohl Viertakter und wenigstens aus Blech, war er selbst in der DDR unpopu-lärer als der Trabant. Mehr noch, das donnernde Geräusch des luftgekühlten Heckmotors machte Fahrer des ›Sapo-

rosch‹ ,wie er eingedeutscht hieß, regel-mäßig zum Gespött. Dann wurde ge-nüßlich erzählt, daß der ›Saporosch‹ auf der Leipziger Messe gleich zwei Gold-medaillen eingeheimst hätte: eine als schnellster Traktor und eine als leisester Panzer...

Heute laufen im Autowerk, das 1998 in ein koreanisch-ukrainisches Joint Ventu-re umgewandelt wurde, sehr passable Modelle vom Band, neuerdings in Lizenz auch deutsche Oberklassewagen. Damit

Blick von der Insel Chortycja auf den Stau-damm

Unterwegs auf dem Dnepr

wäre man wieder beim Ursprung des Werkes angekommen, das auf einen Deutschen zurückgeht. 1863 gründete der aus Deutschland eingewanderte Mennonit Abraham Jacob Koop eine Landmaschinenfabrik.

Mennoniten haben die Gegend seit ihrer Einwanderung 1775 stark geprägt. Zuvor waren die Kosaken der Zaporiz'ka Sič (Запорізька Січ) die Herren über Land und Wasser. Von ihrer Inselfestung Chortycja unternahmen sie Beutezüge bis zum Schwarzen Meer. Als im 18. Jahrhundert das Zarenreich nach Süden strebte, waren die Kosaken für Katharina II. zuerst Verbündete, dann wurden sie lästig. 1775 löste sie die Zaporiz'ka Sič auf, holte Mennoniten auf die Insel und ans rechte Dneprufer, die das Land bewirtschafteten. Das nahegelegene Städtchen, das 1770 als Festung Aleksandrovsk gegründet wurde, war bis nach dem Ersten Weltkrieg ein Provinznest. Es gab allerdings einige große Maschinenfabriken, die in der

Hand von Mennoniten waren, so die Landmaschinenfabrik von Abraham Koop oder die Fabriken ›Lepp & Wallmann‹ und ›Hildebrand & Pries‹. Diese wurden enteignet und bildeten nach der Oktoberrevolution die Grundlage für die beschleunigte Industrialisierung der Region, die dazu führte, daß Zaporižžja enorm anwuchs. Während die Stadt 1923 rund 40000 Einwohner hatte, waren es 1990 über 800000. 1921 löschten die Bolschewiki den alten Namen aus und nannten die Stadt fortan Zaporož'e nach za porogi – hinter den Stromschnellen. Ganze Stadtteile wurden auf dem Reißbrett entworfen und gebaut, die Fabriken dehnten sich aus, viele ehemalige Siedlungen der Mennoniten sind seit langem eingemeindet und mit Wohnvierteln bebaut. Nach dem Krieg wurde das Zentrum in sozialistischer Manier wieder aufgebaut.

Zaporižžja– das ist heute ein Staudamm und Kosakenfolklore, das ist erfolgreicher Kapitalismus hinter sowjetischen Fassaden, das ist ein mächtiger Fluß und schlechte Luft. Und das sind Menschen, die über den Leninprospekt laufen, das sind Angler am Dnepr, Geschäftsleute, die in Kneipen verhandeln, und das sind Arbeiter, die dem Dunst entgegeneilen zur nächsten Schicht. Jetzt fehlt nur noch einer, der das alles besingt.

Rundgang durch Zaporižžja

Sozialistische Superlative findet man in Zaporižžja immer noch auf Schritt und Tritt: Der mit elf Kilometern längste Leninprospekt endet am größten Lenindenkmal der Ukraine und gibt den Blick auf die größte Staumauer des Landes frei. Doch das mag einst das Politbüro in Moskau in Verzückung versetzt haben, in Wahrheit sind solche Extreme für den Menschen nur schwer zu ertra-

Karte S. 151

In der Schleuse von Zaporižžja

gen. Rauchende Schlote, Hochöfen und vor Kraft surrende Hochspannungsleitungen sind allgegenwärtig, eine Kirche oder ein Häuschen sieht man hingegen kaum. Der Eindruck ist erschlagend, daß man sich eigentlich mitten in einem sozialistischen Kombinat der Schwerindustrie befindet. Die ganze Stadt scheint mit Hammer und Sichel geschaffen, selbst Banken nennen sich ›Metallurg‹. Zwei Magistralen, der pr. Lenina (пр. Леніна) und die vul. Peremohy (вул. Перемоги), ziehen sich von Ost nach West, die vom pr. Majakovs'koho (пр. Маяковського), dem bul. Ševčenka (бул. Шевченка) und dem pr. Metalur-

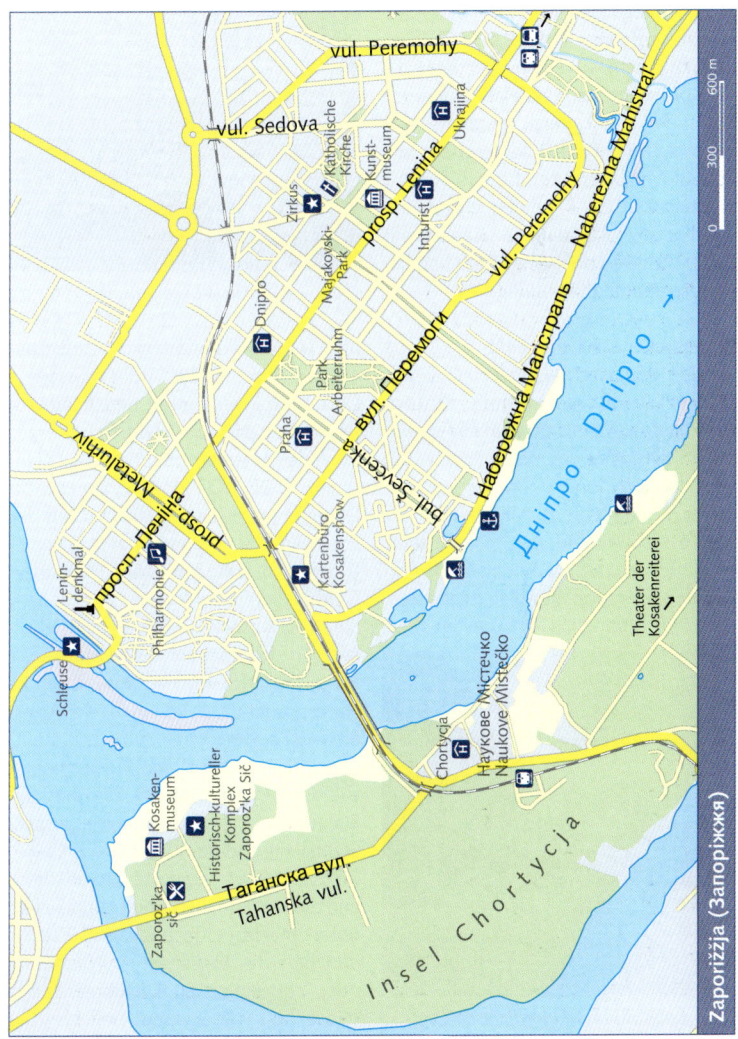

Zaporižžja (Запоріжжя)

giv (пр. Металургів) gekreuzt werden.
Am Ende des bul. Ševčenka befindet
sich der Schiffsanleger. Schiffsreisende,
die sich auf eigene Faust in die Stadt
aufmachen, überqueren dort auf einer
Fußgängerbrücke die Uferstraße und
passieren einen sich daran anschließen-
den kleinen Park mitsamt Teich. Über
einen Pfad gelangt man zur Buswende-
schleife am bul. Ševčenka. Dort kann
man mit dem Trolleybus der Linie 14
zum pr. Lenina fahren. Man kann auch
über den dort noch ruhigen bul.
Ševčenka den einen Kilometer zur vul.
Peremohy laufen. Von dort ist es noch
einmal etwa ein Kilometer zur Hauptachse der Stadt, dem pr. Lenina mit
seiner repräsentativen Funktion und der
entsprechenden Bebauung.

Unterwegs auf dem Leninprospekt

■ Östlicher Leninprospekt

An der Kreuzung bul. Ševčenka/Lenin-
prospekt angekommen, muß man sich
entscheiden. Nach links zum Lenindenkmal in der Nähe des Wasserkraftwerks
sind es noch einmal etwa zwei Kilometer. Nach rechts zum Festival'na pl.,
dem östlichen Rand des Stadtzentrums
ist es ebenso weit. Dazwischen erstreckt
sich der Leninpropekt. Alles zu erlaufen,
ist schier unmöglich. Am besten fährt

Der Leninprospekt ist elf Kilometer lang

Karte S. 151

man einen Teil der Strecke mit den unablässig verkehrenden Trolleybussen.
Die Stadtplaner haben den Leninprospekt ganz klar als Ruhmesstraße zur
Ehre des Staudamms und des Leninschen GOELRO-Planes angelegt, in
Deutschland etwa vergleichbar mit der
ehemaligen Stalinallee in Berlin: Symme-
trische Bebauung, an denen Inschriften
weithin deren Funktionen verkünden,
die meist obsolet geworden sind. Während an den Giebeln der Wohnhäuser
etwa ›Den Arbeitern des Koks-Chemie-
werkes‹ oder ›Das Wohnhaus der Arbeiter von Zaporoz-Stahl‹ gemeißelt steht,
ist unten Leuchtreklame für Boutiquen
wie ›Caesar‹ oder ›Arber‹. Ein Haus verkündet ›Das Kulturhaus von Energospec-
Stahl‹, ein anderes ›Elektrotechnisches
College‹. Oben hunderte Sowjetsterne
und dutzende Male Hammer und Sichel,
unten mächtige Treppen und Pfeiler,
daneben die Eingänge zu Nachtbars
oder Schnellimbissen. Die Bürgersteige,
selbst breit wie Straßen, sind bis zum

Horizont mit Formsteinen aus Beton gepflastert, was die Gleichförmigkeit nicht mindert. Wenigstens dominieren einige Türme das Stadtbild, außerdem sind die Straßenfluchten von Grünanlagen unterbrochen.

Natürlich gibt es auf den breiten Trottoirs ausreichend Restaurants und Cafés, in denen man pausieren kann.

■ Rund um den Festival'na pl.

Der Festival'na pl. (Фестивальна пл.) markiert den östlichen Rand der Innenstadt, dort befinden sich die Gebietsverwaltung, Hauptpost und das Hotel Inturist. Er ist nach Süden hin offen und war früher der Aufmarschplatz der Werktätigen. An den Laternenmasten hängen noch die Lautsprecher, an einem Fahnenmast, stählern und spitz wie ein Blitzableiter, weht die ukrainische Flagge.

Geht man den Leninprospekt vom Festival'na pl. nach Westen und biegt rechts in die vul. Novic'koho ein, sieht man etwas versteckt eine Kirche liegen – eine seltene Augenweide. Die ›Kirche zum barmherzigen Vater‹ zeigt barocke, doch schlichte Formen, eine Zentralkuppel, zwei Westtürme und vor dem Eingang eine Mariensäule – unschwer als katholisch auszumachen, fast weht einen hier ein bißchen Oberbayern an. Der Bau ist vor wenigen Jahren fertiggestellt worden und gehört der römisch-katholischen Kirche. Unweit der Kirche befinden sich auch der Zirkus von Zaporižžja und der Kulturpalast der Bauarbeiter.

Auf dem Rückweg zum Leninprospekt quert man eine Grünanlage. Am Rande dieses Parks befindet sich das Kunstmuseum in der vul. 40 rokiv Radjans'koj Ukrajini (вул. 40 років Радянської України) 76b. Das allerdings beinahe in einen Dornröschenschlaf gefallen ist, da sich die Renovierung wegen fehlender Finanzen in die Länge zieht und nur einige Räume mit wechselnden Ausstellungen geöffnet sind. Der Grünanlage gegenüber hält das Kaufhaus Ukrajina (pr. Lenina 147) seine Türen offen.

■ Majakovski-Park

Vom Kaufhaus ist es nicht mehr weit zum pr. Majakovs'koho und zum gleichnamigen Platz. Rechts öffnet sich der Park, links beginnt der Majakovski-Prospekt. Im sehr gepflegten Majakovski-Park befindet sich die ›Fontäne des Lebens‹, ein Brunnen ›zu Ehren der Helden von Tschernobyl‹. Rund um diesen Brunnen verkaufen die örtlichen Künstler ihre Ölbilder, Zeichnungen und allerlei Volkskunst. Neben den üblichen Landschaftsbildern ist hier auch der Dneprstaudamm in Öl zu finden.

■ Park Arbeiterruhm

Weiter oberhalb, kurz vor dem bul. Ševčenka, lädt der Park ›Arbeiterruhm‹ ein. Dort gibt es eine Allee des Ruhmes mit seltsam geköpften Birken, an denen alle Zweige nach unten wachsen, außerdem sind die Blumenrabatten in Flammenform angelegt. Diese Symbolik ist

Das Gebäude der Stadtverwaltung

beabsichtigt. Denn dort befindet sich das Denkmal für die Afghanistan-Gefallenen und für die ›Gefallenen in den lokalen Kriegen im Ausland‹. Drei abgekämpfte Soldaten blicken klagend in die Ferne, zu ihren Füßen werden die Schlachtfelder gezählt: Kuba, Laos, Mosambik, die Mongolei, Nordkorea, Syrien, Somalia, Ungarn, Finnland, ČSSR, Jugoslawien und Japan. Auf der anderen Seite des Prospektes, genau gegenüber, erinnert die ›Allee des Ruhmes‹ an den Zweiten Weltkrieg.

In der Nähe des Parks befindet sich das Gebäude der Stadtverwaltung. Der bul. Ševčenka mit seinen Wasserspielen ist ein beliebter Treffpunkt, dominantes Gebäude ist der Kulturpalast (bul. Ševčenka 1).

Kommunismus ist Sowjetmacht plus Elektrifizierung des ganzen Landes

■ Östlicher Leninprospekt

Bis zum Lenindenkmal zieht sich der Prospekt über Gleisanlagen und Grünland, wird von mächtigen Hochspannungsleitungen überquert. Außerdem hat man auch einen Blick auf die gar nicht fernen Industrieanlagen mit ihren rauchenden Schloten und Hochöfen; Gas wird abgefackelt. Dann erreicht man den Prospekt der Metallurgen, eine sehr belebte Umsteigekreuzung mit dem bemerkenswerten Denkmal ›Industrielles Zaporižžja‹, einem sehr metallisch wirkenden Obelisken. Linker Hand passiert man die Philharmonie ›Michail Glinka‹ und das Glinka-Denkmal (pr. Lenina 183). Wenig später öffnet sich der Prospekt zu einem Platz, auf dem sich die Autos drängen, denn hier beginnt die Brücke zur Staudammkrone, über die unentwegt der Verkehr rauscht. Und über allem steht der bronzene Lenin und weist mit ruhiger Hand zur 760 Meter breiten und 60 Meter hohen Mauer aus Stahlbeton. Das Denkmal ist

mit Sockel 20 Meter hoch, stammt von den Bildhauern Lysenko und Suchodolov und wurde 1964 errichtet. Im Hintergrund erhebt sich das ovale Kontrollgebäude der Schleuse.

Die Insel Chortycja

Die Insel Chortycja ist ein nationales Heiligtum. Lange bevor es den Ort Aleksandrovsk oder gar Zaporižžja gab, war das zwölf Kilometer lange und etwa zwei Kilometer breite Eiland im Fluß über Jahrhunderte das Hauptquartier der Saporoger Kosaken, der Kosaken, die sich hinter den Stromschnellen des Dnepr verschanzt hatten und ihr autonomes und kriegerisches Leben führten. Sie boten polnischen Königen und russischen Zaren die Stirn, belegten den osmanischen Sultan mit gräßlichen Flüchen, waren auf Unabhängigkeit bedacht und lebten untereinander nach demokratischen Regeln.

Doch lange bevor die Kosaken auf der Insel auftauchten, wurde sie schon be-

Karte S. 151

siedelt, wovon unter anderem skythische Steinfiguren Zeugnis ablegen. Die Insel ist seit langem archäologische Fundstätte. Erstmals urkundlich erwähnt wurde sie im 10. Jahrhundert in Konstantinopel als St.-Georgs-Insel. Fürsten der Kiever Rus' haben sich hier zu Heerzügen versammelt, im 16. Jahrhundert kamen die ersten Kosaken auf die Insel. Nikolai Gogol' hat dem ungestümen Kosakenleben mit seiner Erzählung ›Taras Bul'ba‹ ein Denkmal gesetzt, wo der wilde Protagonist, gelangweilt vom Familienleben, mit seinen beiden Söhnen noch einmal auf die Insel zurückkehrt. Später, bei einem Kriegszug gegen die Polen, erschießt Bul'ba einen seiner Jungs eigenhändig, weil der sich in eine Polin verliebt hat, und wird schließlich, wilde Flüche ausstoßend, von Polen bei lebendigen Leibe verbrannt. So endet standesgemäß das Leben eines Kosaken.

Der Mythos vom Kosakendasein lebt in der unabhängigen Ukraine – arm an gemeinsamen nationalen Symbolen – wieder auf. Wenn es nach dem Willen von Präsident Juščenko geht, soll die Insel, heute schon ein nationales Schutzgebiet, zu einem gesamtukrainischen Wallfahrtsort ausgebaut werden. Und wenn es nach dem Willen des Bürgermeisters von Zaporižžja geht, soll eine neue Brücke Insel und Dnepr überspannen.

Die Brücke wird inzwischen gebaut, doch noch liegt die Insel weitestgehend im Dornröschenschlaf, was dazu führt, daß sie schwer zu erreichen ist. Am einfachsten ist es, wenn man mit dem Taxi für umgerechnet fünf Euro dorthin fährt, auch Maršrutne-Taxis und Busse überqueren die Insel. Wenn man sich jenseits des Staudamms im Lenins'kyj rajon (Ленінський район) befindet, kann man auch zu Fuß über die stählerne Straßenbrücke laufen, die die beiden felsigen Ufer verbindet. Wenn man von dort die Insel erreicht hat, führt eine Straße nach Süden. Links davon befindet sich ein großes, sehr gutes Erlebnisrestaurant mit folkloristischem Kosakeninterieur und ukrainischer Küche (Nacional'nyj klub Zaporoz'ka sič/Національний клуб Запорозька січ).

Ein Spaziergang über die Insel mit ihren Kiefernwäldern ist erholsam, es gibt eine Siedlung mit Gemüsegarten und Federvieh. Am westlichen Rand liegen einige Betriebserholungsheime mit Bademöglichkeiten. Südlich der doppelstöckigen Preobraženskij-Brücke befindet sich die Siedlung Naukove Mistečko (Наукове Містечко, russ. Naucnyj gorodok/Научный городок), wo man ebenfalls baden kann.

■ Kosakenmuseum

Vom Restaurant führt ein kleiner Weg zum Kosakenmuseum. Das Panorama, das man vom Kosakenmuseum auf den Fluß hat, wird zu Recht gerühmt, das Museumsgebäude selbst ist eher eine Zumutung. Wenn man sich dem Museum nähert, kommt erst eine gut bewehrte Betonwand in Sicht; das ist die Rückseite. Die Vorderfront ist nicht bes-

Das Kosakenmuseum auf der Insel Chortycja

Im Theater der Kosakenreiterei

ser. Es ist eine Betonwüste aus Beton-
platten und Spritzbeton, grau gestrichen. Das Gebäude hat mit der Insel
nichts zu tun, wohl aber mit dem Wasserkraftwerk, das ihm gegenüberliegt.
Die Architekten wollten offenbar ein
Gegenstück zur Staumauer schaffen,
und das ist ihnen ausgezeichnet gelungen. Vor dem Eingang sind einige Kano-
nenrohre und skythische Steinfiguren zu
bewundern, zwischen Insel und Staudamm wirbelt der Dnepr wie in einem
Kessel, ehe er sich an der Inselspitze
teilt. Felsen ragen aus dem Wasser,
Möwen kreischen.
Die Exposition im Inneren ist umfangreich, allerdings erscheint vieles zufällig.
Das Museum unterscheidet sich nicht
sehr von anderen historischen Museen.
Der Rundgang beginnt bei der Skythen-
zeit und endet beim Bau des Wasserkraftwerks und einem Diorama über
den ›nächtlichen Sturm auf Zaporižžja
durch sowjetische Kämpfer‹ am 14. Oktober 1943. Teilweise sind die Erklärungen auf Englisch. Der Bau des Museums
ist selbst ein Exempel für das schwierige
Verhältnis zur eigenen ukrainischen Geschichte. Ende der 1960er Jahre plante
die Sowjetukraine bereits eine Kosaken-
gedenkstätte mit dem Museum als

Herzstück, kräftig unterstützt vom damaligen patriotisch gesinnten ukrainischen Parteichef Selest'. Als dieser 1972
abgesetzt wurde, auch wegen ›lokal-
patriotischem Nationalismus‹, kam das
vorläufige Ende aller Kosakenträume.
Nur das Museum, schon in Bau, wurde
eröffnet, allerdings mit dem üblichen
Konzept als sozialistisches Heimatmuseum, dessen Wirkungen heute noch in
den Vitrinen zu sehen sind.
Seit dem Jahr 2005 existiert etwas
südlich davon zumindest ein Korrek-
tiv, der **Historisch-kulturelle Komplex
›Zaporiz'ka Sič‹** (Запорізька Січ), ein
hübscher Nachbau des Kosakenlagers
mit Türmen und Palisaden. Ursprünglich
für eine Filmproduktion gebaut, wurde
es aber gleich so solide errichtet, daß es
heute ein Freilichtmuseum darstellt mit
viel Folklore und mit mehr Herz, als es
die Betonwüste nebenan je hatte.

ℹ **Zaporižžja**

Zaporižžja hat es schwer, Reisende
zu begeistern, mit einer großen Aus-
nahme: Südlich der Preobraž+enskij-
Brücke befindet sich auf der Insel
Chortcyja hinter Flechtzäunen und
weit weg von den Stahlwerken das
Theater der Kosakenreiterei (Konnyj
teatr Zaporozskie kazaki/Конный
театр Запорожские казаки). Unter
seinem Leiter Oleg Grigor'ev, genannt ›Boroda‹, bietet es eine tem-
peramentvolle Show mit allerlei
Pluderhosen, schwungvollen Schnurr-
bärten, Glatzköpfen, Säbeln, gefloch-
tenen Peitschen, Maisbrei und etwas
Wodka. Alle Kreuzfahrtschiffe bieten
einen Besuch dieses Theaters an.
Wer individuell Karten erwerben
möchte, wende sich an das Büro in
der vul. Sergija Tjulenina 23 (www.
zp-kazaki.com).

Fromm und frei – die Kosaken

Die Geschichte der Ukraine ist ohne die Kosaken nicht zu denken, und Kosaken sind heute, nachdem sie über Jahrzehnte verschwunden waren, wieder auf Schritt und Tritt zu finden: Sie treten für Touristen in historischen Kostümen auf, reiten wie die Teufel, sie gehen in ihren Uniformen auf Märkten Streife, an großen Feiertagen bilden sie für Bischöfe oder Bürgermeister Spalier. Sie wachen vor Kirchen und Klöstern streng darüber, daß sich die Touristen gesittet bekleiden, Kosaken sind Werbeträger, Reitlehrer, Seefahrer, Sänger – und sie sind orthodox. Doch woher kommen sie?

Das Wort Kosak stammt aus dem Tatarischen und bedeutet ›freier Krieger‹, denn ursprünglich waren Kosaken entlaufene Bauern und tatarische Krieger. Sie lebten am dünn besiedelten Unterlauf des Dnepr vom Fischfang, der Jagd, aber auch von Raubzügen, die sie anfangs mit Booten unternahmen – nicht mit Pferden, denn da waren ihnen die Tataren überlegen. Da sie hinter den Stromschnellen (za porogi) lebten, nannte man sie auch ›Zaporoger‹. Später schlossen sich die Kosaken zu größeren Verbänden zusammen, ihr Lager nannten sie ›Zaporoz'ka Sič‹ (russ. ›Zaporozskaja Seč‹, dt. Saporoger Sitsch). Von dort aus kämpften sie gegen Tataren, Türken und gegen das damals weit nach Süden ausgreifende Polen.

Mitte des 16. Jahrhunderts entwickelte sich die Dneprinsel Chortycja (Хортиця) zum Zentrum der Zaporoz'ka Sič. Es gab eine Selbstverwaltung mit demokratischen Regeln: Der oberste Rat (Rada) aller Kosaken wählte aus seiner Mitte den Hetman, der Heerführer und Richter in einem war und dem der Kosak zu bedingungslosem Gehorsam verpflichtet war.

Zwar lebten die Kosaken lange unter polnischer Oberhoheit, doch die Steppenregion war ohnehin nicht von einer Zentralherrschaft zu kontrollieren. Wegen des enormen Zulaufs an Leibeigenen wuchs die Sozialbewegung der Kosaken schnell an. Die militärische Schlagkraft der freien Kosaken nahmen die polnischen Herren gern in Anspruch, versuchten aber, diese stärker einzubinden. So erhielten die Krieger Sold, mußten sich aber im Gegenzug in Registern erfassen lassen, wodurch der unkontrollierte Zulauf von Bauern unterbunden werden sollte. Dennoch kam es im 17. Jahrhundert verstärkt zu Spannungen. Zum einen wurden die Rechte der Kosaken weiter beschnitten. Zum anderen, weil nach der von Polen unterstützten Kirchenunion von Brest-Litovsk 1595 die (unierte) griechisch-katholische Kirche entstand und die orthodoxe Kirche in Bedrängnis geriet. Die Kosaken jedoch verstanden sich als Hüter der Orthodoxie.

1648 kam es daher zum Kosakenaufstand unter Hetman Bohdan Chmel'nyc'kyj, der nach militärischen Erfolgen über Polen weitgehende Selbstverwaltung für das Hetmanat erhielt, das große Teile der heutigen Ukraine umfaßte. Doch Chmel'nyc'kyj stellte seinen Staat 1654 mit dem Vertrag von Perejaslav schnell unter den Schutz des aufstrebenden Moskauer Staates.

Gut hundert Jahre später waren die Kosaken dem russischen Imperium bei der Expansion zum Schwarzen Meer im Wege, militärisch hatten sie ohnehin an Bedeutung verloren, und so beendete Zarin Katharina II. 1775 die Herrschaft des Hetmanats, löste die Zaporoz'ka sič auf der Chortycja auf. Das Gebiet wurde als Provinz einverleibt. Ein Teil der Kosaken wanderte zum Ural, an den Don und nach Sibirien aus, ein anderer wurde in die Armee integriert. Durch die weitere Expansion Rußlands gerieten die ausgewanderten Kosaken im 19. Jahrhundert schnell wieder in den Staatsverband, waren bei der Besiedlung Sibiriens nützlich oder dienten in der Armee.

Nach der Oktoberrevolution kämpfte die Mehrheit der Kosaken auf Seiten der Weißen gegen die gottlosen Bolschewiki. Nachdem sich die Sowjetmacht durchgesetzt hatte, wurden daher viele Kosaken verfolgt und inhaftiert. Aus diesem Grunde stellte sich ein Teil der Kosaken nach Hitlers Überfall auf die Sowjetunion auf die Seite der Deutschen, während ein anderer Teil gleichzeitig in der Roten Armee kämpfte. So wurde 1943 eine Kosaken-Kavalleriedivision unter General Helmuth von Pannwitz aufgestellt, die in Jugoslawien gegen Partisaneneinheiten vorging. Diese Division hielt sich zu Kriegsende mit 25 000 Kosaken und deren Angehörigen, unter ihnen Frauen und Kinder, im österreichischen Lienz auf. Entgegen anderslautenden Zusicherungen wurden sie von den Briten an die Sowjets ausgeliefert, was für viele Kosaken dem Todesurteil gleichkam. Viele nahmen sich an Ort und Stelle das Leben, andere fanden

in Rußland den Tod. Das Oberste Gericht der UdSSR verurteile Pannwitz und fünf russische Kosakengenerale im Januar 1947 zum Tode. Diejenigen, die überlebten, wurden als Verräter nach Nordrußland und Sibirien verbannt.

Die Neubelebung der Kosakentradition begann Ende der 1980er Jahre in Rußland und der Ukraine, wo heute etwa vier bis fünf Millionen Nachkommen von Kosaken leben sollen. Die Kosaken genießen hohes Ansehen, werden mit gesellschaftlichen Aufgaben betraut und pflegen ihre Traditionen. In Rußland wurden sie in den 1990er Jahren rehabilitiert, 1996 rehabilitierte die russische Militärstaatsanwaltschaft auch Helmuth von Pannwitz. In der Ukraine gibt es heute vom Asovschen Meer bis nach L'viv und sogar Ušhorod

Heute zeigen die Kosaken ihre Reitkünste den Touristen

Kosakeneinheiten, sogenannte Kuren', denen ein Ataman vorsteht.

Das Zusammensein in den Kuren' ist nach deutschen Maßstäben, auch wenn das für Kosakenohren schon despektierlich klingt, eine Mischung aus Freiwilliger Feuerwehr, Heimatverein, Sportgruppe und Männerbund. Die Kuren' ordnen sich einer Dachorganisation zu, von denen es mehrere gibt und die – obwohl sich alle als unpolitisch bezeichnen – sich unterschiedlich politisch positioniert haben. Die einen sind eher prorussisch und halten sich zum Moskauer Patriarchat, die anderen haben Präsident Viktor Juščenko als ihren Hetman anerkannt und halten zum Patriarchen von Kiev. Um sie zu einen, traf sich Juščenko im Juni 2005 auf dem historischen Boden der Chortycja mit Vertretern aller Kosaken. Allerdings ohne Erfolg. Womit sich die alte Kosakenweisheit wieder bewahrheitet hat: ›Zwei Kosaken, drei Meinungen!‹

Weitere Informationen: http://cossackdom.com; www.zsu.zp.ua/euk/; www.kozatstvo.org.ua/; www2.uibk.ac.at/kosaken/geschichte/ (über die Tragödie von Lienz)

Von Zaporižžja nach Cherson

Die ›Prinzessin‹ macht Fahrt, die Südspitze der Insel zieht vorbei. Einige Dörfer links und rechts des Flusses, schon
öffnet sich der Dnepr zum Stausee von
Kachovka. Das Wasser wird träge. Kaum
hat er die eine Staumauer hinter sich,
bremst ihn schon die nächste aus. Gelbe
Steilküste ist zu sehen. Doch obwohl der
Wind kräftig aus einer Richtung bläst,
wirkt die ukrainische Flagge am Stock
unentschlossen. Soll sie dorthin wehen?
Oder dorthin? Oder vielleicht gar nicht?

Bei Cherson

Mal flattert sie kurz, dann aber wieder
schmiegt sie sich an den Mast, um
gleich wieder loszuflattern. Soll sie nach
West oder nach Ost? So wird sie zur
Metapher für die ukrainische Politik.
Kormorane im schwarzen Federkleid
jagen dicht über dem Wasser dahin. In
der Ferne sind Felder zu erkennen,
manchmal ein Dorf. Das rechte Ufer
steht höher, das linke ist völlig flach.

Enerhodar

Zwei hohe Schlote, fern noch, kommen
in Sicht, zu ihren Füßen zwei große
Gebäude. Bald werden auch zwei 120
Meter hohe Kühltürme sichtbar und
sechs Gebäudeblöcke, artig nebeneinander, mit Schornsteinen, kleiner als die
anderen. Sie sind schon lange zu sehen,
und es scheint manchmal, daß das Schiff
direkt auf sie zuhält. Ab und an eine
künstliche Insel mit Seezeichen, wie geschaffen für die Kormorane, um sich
auszuruhen. Bojen tanzen. Rechts der
Anlagen führen zwei Hochspannungsleitungen über den Dnepr. Dutzende
Masten sind über den See gesetzt.
Kein Zweifel, hier wird Strom erzeugt.
Links von den hohen Schloten kommen
Wohnblöcke in Sicht – Enerhodar (Энер-

годар), die ›Energiehauptstadt‹ der
Ukraine. Zwanzig Prozent des ukraini-
schen Stroms wird hier produziert, fast
8000 Megawatt – Europarekord.
Am Rande der 60 000-Einwohner-Stadt
arbeitet das größte Atomkraftwerk Eu-
ropas mit sechs Blöcken, die je eine
Leistung von 1000 Megawatt haben.
Die Stadt ist voller Propaganda, die die
Atomenergie als ›Energie des Lebens‹
preist. Neben dem AKW unterstreicht
ein Heizkraftwerk mit fünf Blöcken den
Ruf der Stadt als Energiehauptstadt. Das
AKW, in dem insgesamt 11 000 Be-
schäftigte arbeiten und das die offizielle
Bezeichnung ›Zaporižžjer Atomkraft-

Abendstimmung

werk‹ (ЗАЭС/ZAES) trägt, ist gut vom Wasser aus zu sehen. In den Blöcken arbeiten Reaktoren vom russischen Typ WWER 1000, nicht der Tschernobyl-Reaktor, sondern solche, wie sie etwa auch im tschechischen Temelin verwendet werden. Zum Atomkraftwerk gehört auch ein atomares Zwischenlager mit Kapazitäten bis zum Jahr 2030.

Die Stadt ist eine Reißbrettgeburt wie seinerzeit das Atomkraftwerk Tschernobyl und die dortige Retortenstadt Prypjat'. 1970, als der sowjetische Energiehunger immer größer wurde, entstand Enerhodar als Projekt des Jugendverbandes Komsomol. ›Das Atomkraftwerk arbeitet für den Kommunismus!‹ trugen die Arbeiter als Banner vor sich her. Heute arbeitet es nur noch für die Ukraine, und die Kraftwerksleitung betont, daß alles nach internationalen Standards organisiert und die Internationale Atomenergiebehörde aus Wien hier monatlich zu Besuch sei. Außerdem hängen auf Wunsch der Arbeiter in den Steuerzentralen der sechs Reaktoren geweihte Ikonen. Es kann nichts passieren.

Enerhodar versinkt wieder am Horizont. In der untergehenden Sonne schießt ein Motorboot vorbei. Qualmwolken sind auf beiden Ufern zu sehen, als ob Felder brennen. Und ein grandioses Abendrot erfüllt den Himmel und taucht alles in rostrosa Watte. Noch lang werden viele aufgeregt mit der Kamera knipsen und es doch nicht schaffen. Das Schauspiel ist einfach zu groß.

Die **Schleuse von Nova Kachovka**, die letzte der Dnepr-Kaskade, wird in der Nacht passiert. Noch einmal geht es 18 Meter in die Tiefe. Nun eilt die ›Prinzessin‹ dem Meer entgegen. Der Fluß ist breit, vielleicht drei-, vierhundert Meter. Vor Cherson sind endlich auch Schiffe zu sehen, Verkehr und Gegenverkehr, Seeschiffe, Schubverbände, Seelenverkäufer. Die Schubschiffe liegen tief im Wasser und sind mit Kies und Schotter beladen. Beim Frühstück gibt es ein großes Hallo. Die ›Dnieper-Star‹, das Schwesternschiff, kommt entgegen. Cherson ist der Heimathafen der ›Prinzessin‹. Dort angekommen, wird nachgeladen – Diesel und Wassermelonen.

▲ *Die Schleuse Nova Kachovka*

Cherson

Am Kai schaukeln Boote, Kinder springen kopfüber ins Wasser, Getreidesilos leuchten in der Sonne, ein Segelboot zieht vorbei, und ein Luxuskatamaran hat festgemacht. Cherson ist der beschauliche Vorposten des Schwarzen Meeres in der Steppe. Nur der Dnepr drückt jetzt, wo er alle Staumauern hinter sich hat, aufs Tempo. Doch auch wenn sich im Hafen ein paar Kräne drehen, mediterrane Ruhe liegt über der Stadt.

Auf der Uferpromenade

Geschichte der Stadt

1778 ordnete Katharina II. an, bei der Dneprmündung eine Festung und eine Stadt zu errichten, damit man in deren Schutz Schiffe bauen könne. Katharina zog es magisch in den Süden, wo sie ihr ›Griechisches Projekt‹ vollendet sehen wollte, die Eroberung von Konstantinopel und die Wiedererrichtung von Byzanz unter russischer Herrschaft. Dafür brauchte sie Stützpunkte.

Und im Vorgeschmack künftiger Siege wurde die Stadt nach der antiken griechischen Siedlung Chersones, deren Ruinen auf der Krim liegen, Cherson genannt. Fürst Potjomkin war es dann, der in Cherson den Grundstein für die Schwarzmeerflotte legte. Doch weil die Stadt mitten im Sumpf errichtet wurde, kosteten die Bauarbeiten 20 000 Menschenleben. Die meisten starben an Malaria, Typhus und Pest. Das erste Schiff lief 1783 vom Stapel und wurde auf den Namen ›Ruhm Katharinas‹ getauft.

Auch Katharina selbst weilte 1787 mit ihrem Troß in Cherson. Der staunte über all die vielen Waren in den Geschäften. Die Zarin rühmte die Bemühungen des Fürsten Potjomkin und sprach von einer ›blühenden Stadt‹. Joseph II., habsburgischer Kaiser, hatte von den enormen Verlusten Wind bekommen und flüsterte derweil dem französischen Gesandten Ségur ins Ohr: »Alles erscheint leicht, wenn man mit Geld und Menschen verschwenderisch umgeht. Wir in Deutschland und Frankreich können uns das nicht erlauben, was man hier ohne Schaden zu tun wagt. Der Herrscher befiehlt, und die Sklavenhorden gehorchen.« Gut beobachtet, beschrieb der Kaiser doch damit sehr hellsichtig eines der eisigen Prinzipien russischer und später sowjetischer Politik.

In Cherson ist das alles längst Vergangenheit, nur die Denkmäler erinnern daran. Gleich da, wo die Halbwüchsigen heute in den Fluß springen, steht ein haushohes Denkmal und erinnert an den Bau des ersten 66-Kanonen-Linienschiffs. Kapitän Fjodor Ušakov kam in die Stadt, nahm die Schiffe in Empfang, stellte die Flotte auf und ging später als legendärer Admiral in die russische Geschichte ein. Nach ihm sind heute die Hauptstraße und ein Marinetechnikum benannt.

Vor dem Technikum stehen Kadetten in weißen Hemden und schwarzen Hosen

Abendsonne an Deck

mit messingfarbenen Schnallen, junge Burschen, die es aufs Meer hinauszieht und die in Cherson ihr Handwerk erlernen. Hier wird die Ukraine zu einer Seefahrernation. Von 1952 bis in die späten 1990er Jahre war Cherson der Heimathafen eines der schönsten Segelschiffe der Welt, der Dreimastbark ›Tovarišč‹. Das Schiff war 1932 als Segelschulschiff in Hamburg gebaut und auf den Namen ›Gorch Fock‹ getauft worden. 1947 wurde sie als Kriegsreparation von Stralsund aus an die Sowjetunion übergeben, erhielt ihren neuen Namen und wechselte nach Cherson. Seit 2003 liegt das Schiff wieder in Stralsund (www.gorch-fock-stralsund.de).

Großsegler findet man in Hafen von Cherson nicht mehr. Überhaupt hat die Stadt nach dem damaligen Aufbruch schnell an Bedeutung verloren. Bald liefen ihr die Neugründungen Odessa und Sevastopol' den Rang ab, deren Häfen weit besser schiffbar waren als der von Cherson. Während Odessa zur Weltstadt aufstieg, öffneten in Cherson Textil- und Konservenfabriken. Wenigstens einige Werften blieben. Cherson wurde nicht kosmopolitisch wie Odessa, es ist aber auch kein Binnenhafen wie Kiev oder Dnipropetrovs'k. Cherson ist ein Bindeglied zwischen drinnen und drau-

ßen, Umschlagplatz zwischen Meer und Fluß, wo direkt auf dem Wasser der Weizen von Fluß- auf Seeschiffe umgeladen wird.

Und Cherson ist die Ruhestätte von Grigorij Potjomkin; er ist in der Katharinenkirche beigesetzt, die er 1787 mit Katharina II. besucht hatte. Umgeben vom braungestrichenen Holzfußboden und der einfachen Auslegeware ruht der Fürst von Taurien in der Mitte der Kirche unter einer Marmorplatte. Sonntag für Sonntag drängt sich hier die Gemeinde. Die Alten tragen abgewetzte Kleider und stützen sich auf den Eisenzaun, der das Grab umgibt.

Potjomkin war zu Lebzeiten anderes gewohnt. Selbst seine Morgenmäntel seien mit Diamanten besetzt gewesen, erzählt man, und in St. Petersburg habe er sich einmal mehr als eine Million Rubel für den Aufbau von Cherson bar auszahlen lassen. Die Kuppel der Kirche ist heute mit blauer Ölfarbe gestrichen, ein paar Ikonen hängen an den Wänden, Gipsplomben stecken im Mauerwerk. Potjomkin hat Cherson als sein Kind bezeichnet und wollte in ›seiner‹ Stadt begraben werden. Sie hat leider nicht die Karriere gemacht, die sich der ehrgeizige Vater gewünscht hat. Das ist oft so.

Karte S. 163

Rundgang durch Cherson

Cherson hat etwa 330 000 Einwohner, ist planmäßig angelegt und daher übersichtlich. Die Hauptstraße bildet der Ušakov-Prospekt (pr. Ušakova/пр. Ушакова), der beim Seehafen beginnt, nach Norden vom Dnepr wegführt und nach mehr als drei Kilometern am Bahnhof endet. Es ist die einzige durchgehende Magistrale, von der zwei Dutzend Straßen abzweigen.

Das Schiff legt am Flußhafen neben dem Hotel ›Meridian‹ nahe dem Odessaer Platz (Одеська пл.) an. Hier warten Dampfer, Angler werfen ihre Ruten aus, und nebenan lärmt der Hafen. Um in die Stadt zu gelangen, muß man über einige Gleise steigen und zum Odessaer Platz gehen. Dort fahren Maršrutkas der Linien 7 und 9 zum Ušakov-Prospekt. Cherson indes ist nicht so groß, daß man es nicht zu Fuß erlaufen könnte.

Cherson (Херсон)

0   100   200 m

Unterwegs auf dem Dnepr

■ Straße der Schwarzmeerflotte

Wer also auf zumeist schattigen Wegen
laufen will, verlasse den Platz nach Norden in die vul. Komunariv (вул. Кому-
нарів). Dann empfiehlt es sich, bei der
zweiten Kreuzung nach rechts die Straße
der Schwarzmeerflotte (vul. Červonoflots'ka/вул. Червонофлотська) hinauf-
zugehen. Man möge sich durch die Be-
schaulichkeit nicht verwirren lassen, das
hier ist der richtige Weg. Auf der rechten
Seite fällt bald das Himmelblau der
Griechischen Sophienkirche (Greko-sofi-
jifs'kyj chram, Červonoflots'ka vul. 11)
ins Auge. Griechen aus dem Osmanischen Herrschaftsgebiet gehörten zu
den ersten, die in die neue Stadt kamen
und sich als Händler niederließen. Für
sie wurde diese Kirche errichtet, erst aus

Schiffsglocke

Holz, doch nach 1808 wurde sie in Etap-
pen durch Steinbauten ersetzt, neben
dem beherrschenden Blau auch mit
reichlich Gold auf den Zwiebeltürmen.
Auf derselben Seite zieht sich bald ein
Eisenzaun entlang, der kaum einen Blick
freigibt, über dem Portal sind Ikonen
eingelassen – es ist also ein frommes
Sperrwerk. Dahinter verbirgt sich die
Residenz des Metropoliten von Cherson und Taurien, ein klassizistischer Bau
in Altrosa, der die Zeit halbwegs unbe-
schadet überstanden hat.

■ Denkmal der Schwarzmeerflotte

Kurz darauf stößt die Straße auf den
Ušakov-Prospekt. Doch auch der Prospekt strahlt hier eine geradezu kontem-
plative Ruhe aus, ein guter Platz für das
Hotel ›Fregat‹ (pr. Ušakova 2), es ist das
größte der Stadt. Geht man den kurzen
Weg hinunter zum Fluß, gelangt man zu
der kleinen Uferpromenade mit dem
haushohen Denkmal, das seit 1972 an
die Gründung der Schwarzmeerflotte
erinnert. Beim Monument liegt ein Park

mit einigen Cafés und eine Anlegestelle,
an der Kinder baden, wo aber auch
große, offene Boote schaukeln und zu
Touren in das Dnepr-Delta einladen. Am
Ufer und an den Freiflächen dahinter
wird kräftig gebaut. Stadtplaner und
Architekten haben Pläne ausgearbeitet,
um mehr Ausflügler und Touristen nach
Cherson zu lenken. Hier treffen sich
Jugendliche genauso wie Angler und
Geschäftsleute. Schiffe liegen vor Anker,
und an Land wird renoviert, Pavillons
errichtet, sogar ein Kirchlein. Cherson
macht sich schön. Straßenkehrer ziehen
ihre Runden, sie fegen und fegen, und
in den Rabatten liegt trotzdem noch
reichlich Papier.

■ Den Ušakov-Prospekt entlang

Der Ušakov-Prospekt wird in Richtung
Stadt immer belebter und führt an der
vul. Suvorova (вул. Суворова) vorbei,
die von links auf den Prospekt mündet.
Die Straße ist den Fußgängern vorbehalten und daher eine hübsche Promenade

Karte S. 163 ▲

mit Läden, Kneipen mit Billard, Cafés mit Karaoke und mit einem Straßenmarkt für Bilder und Souvenirs. Dazu gibt es viel restaurierte Altbausubstanz zu sehen, und auf einer Anhöhe liegt das **Stadttheater.** Hier, in der ehemaligen Kaufmannsstadt, fühlen sich die Einheimischen sichtlich wohler als auf dem breiten Ušakov-Prospekt mit seinen langen Fluchten. Dem Feldherren und Generalissimus Aleksandr Suvorov, der in der Zeit des russisch-türkischen Krieges das Chersoner Korps führte, ist hier an der Ecke zur vul. Suvorova ein Denkmal errichtet.

Gegenüber dem bronzenen, recht aristokratisch dreinschauenden Suvorov liegt konsequenterweise das Restaurant ›Bourgeois‹. Wer jetzt schon müde ist, kann hier einkehren.

Neben dem ›Bourgeois‹ befindet sich auch der Eingang zum **Leninpark** (Park im. Lenina), der auf Anordnung Potjomkins 1785 als Stadtpark angelegt wurde. Doch mit dem Niedergang Chersons war es mit dem Park bald vorbei, er wurde abgeholzt und als Exerzierplatz genutzt. Den zweiten Anlauf unternahm man 1869 mit dauerhaftem Erfolg. Der Park wurde schnell zur reizvollen Verbindung zwischen dem Stadtzentrum und der Festung. Zar Alexander III. pflanzte in seine Mitte eine Eiche, die immer noch steht. Der Park wurde mehrfach umbenannt und ist auch heute ein beliebter Treffpunkt und Durchgang zur vul. Perekops'ka (вул. Перекопська), auch wenn die Festung nahezu komplett verschwunden ist.

■ Das ehemalige Festungsgelände
Auf dem Weg zum ehemaligen Festungsgelände steht an der Ecke pr. Ušakova/vul. Perekops'ka die backsteinerne **Alexandra-Kirche** (cerkva svjatoi

Oleksandry) mit ihrem gedrungenen Turm. Sie wurde 1902 fertiggestellt und war als Kirche für das danebenliegende Mädchengymnasium bestimmt. Doch bald nach der Revolution wurde aus dem Gymnasium ein Pädagogisches Institut und aus der Kirche eine Turnhalle, ein Café, eine Bibliothek und zum Schluß eine Werkhalle. Seit 1992 ist sie wieder ein Gotteshaus.

Von der vul. Perekops'ka aus, die quer durch die Festung führte, sind die Festungswälle zu sehen, welche die nahezu 100 Hektar große Anlage begrenzten. Heute erstrecken sich auf dem Gelände zwei Sportplätze, ein Rummelplatz, ein Kino, ein Kulturpalast, zwei Sendemasten und der **Park des Leninschen Komsomol** (Park im. Lenins'koho komsomolu) mit einem See in der Mitte.

In der Katharinenkirche liegt Fürst Potjomkin begraben

Letzte architektonische Zeugnisse der Festung sind neben dem Očakover und dem Moskauer Tor, das **Arsenal** (vul. Perekops'ka 10) und die **Katharinen-kirche** (Svjato-katerynynskyj sobor, vul. Perekops'ka 13), in der Potjomkin begraben liegt. Als die Kirche 1787 fertiggestellt war, entflammte der russisch-türkische Krieg aufs neue, und so legte man an ihren Mauern einen Friedhof für die Helden dieses Waffengangs an. Auch deutscher Adel, der im Dienste Katharinas gekämpft hatte, ist hier beigesetzt. Bei ihrem Besuch 1787 ließ die Zarin über dem Portal mit seinen vier Säulen folgenden Spruch anbringen: ›Dem Retter des Menschengeschlechts geweiht von Katharina II.‹ Er hat die Zeiten überdauert, im Gegensatz zu vielem anderen. Die schlichte Innenausstattung rührt daher, daß diese Kirche in den 1930er Jahren geschlossen und die Einrichtung zerstört wurde. Auch die beiden oberen Etagen des Glockenturms wurden abgetragen. Erst 1985 durften sie wieder aufgesetzt werden.

Östlich der Festung befand sich einst die Vorstadt.

Wieder zurück auf dem Ušakov-Prospekt reihen sich bis zum Bahnhof, der das Stadtzentrum nach Norden hin abschließt, Hochschulen – unter ihnen das **Marinetechnikum** (Nr.20) –, das **Stadtparlament** (Nr. 37), das **Gebietsparlament** mit obligatorischem **Lenindenkmal** (pl. Svobody 1) sowie Läden, Restaurants und Cafés.

■ Bauernmarkt

Wer sich keine Blasen laufen will, sollte spätestens beim Lenindenkmal abdrehen. Es gibt auch eine interessante Alternative für den Rückweg. Gegenüber dem Lenindenkmal führt am Kino ›Ukrajina‹ vorbei der Myrnyj bulv., der am Zentralen Bauernmarkt endet. Am Eingang gibt es allerhand Volkskunst und in Öl Gemaltes zu kaufen, und ein Gang über den Markt lohnt sich auch. Wenn man genug gesehen und eventuell gekauft hat, kann man über die Karl-Marx-Straße (vul. Karla Marksa) wieder nach Süden Richtung Dnepr schlendern.

■ Potjomkin-Denkmal

Auf der Karl-Marx-Straße, da wo sie einen kleinen Park quert, den Potjomkin-Square, steht das Potjomkin-Denkmal. Der Fürst, schlank, rank und überlebensgroß, ist wie ein antiker Held in eine römische Rüstung gepackt. Erstmals wurde die Skulptur 1836 aufgestellt. Sie wurde nach der Oktoberrevolution anfänglich mit Planen verhüllt und hieß

Das Denkmal für Fürst Potjomkin

Karte S. 163

daher für die Einwohner nur noch ›das Gespenst‹. 1921 wurde die Statue vom Sockel genommen und gegen eine Karl-Marx-Büste ausgetauscht. Potjomkin verschwand erst ins Museum und während des Krieges vollständig. 1958 wurde die Büste gegen eine Karl-Marx-Skulptur getauscht. Seit 2003 steht ein neuer alter Potjomkin aus Bronze an seinem Platz, und am Sockel glänzen die Tafeln, auf denen, dem Zeitgeist gehorchend, die Sponsoren verewigt sind. Potjomkin würde das wohl gefallen.

■ Theater

Auch Platz und Grünanlage vor dem Theater (vul. Gor'koho 7) wurden geliftet – die Ungeduld, mit der Cherson auf Gäste wartet, ist mit Händen zu greifen. Auf der Treppe, die zur rekonstruierten vul. Suvorova hinunterführt, ist eine Handelspassage entstanden. Das musikalisch-dramatische Theater ›Mykola Kulis‹ hat Klassiker von Shakespeare und Gogol', aber auch Musicals wie ›Hello Dolly‹ auf dem Spielplan. Das Theater wurde 1962 eröffnet, den Vorgängerbau von 1889 haben deutsche Truppen 1944 beim Abzug aus der Stadt gesprengt.

■ Museen

Etwa 300 Meter abwärts wird die Karl-Marx-Straße von der Leninstraße (вул. Леніна) gekreuzt. Wenn man dieser idyllischen Straße nach rechts folgt, kommt man bald an der Maria-Entschlafens-Kirche vorbei, an der seit Jahren gebaut wird. Weiter unten, an einer belebten Kreuzung stehen sich die zwei wichtigsten Museen der Stadt gegenüber, das **Kunstmuseum** und das **Gebietsmuseum**. Das Kunstmuseum mit seinem Eckturm, vul. Lenina 34, wurde als Gebäude der Städtischen Duma er-

Die Griechische Sophienkirche

baut und 1903 eröffnet. Im Museumsbestand befindet sich eine Vielzahl von Ikonen sowie russische und ukrainische Malerei vom 18. Jahrhundert bis zur Gegenwart. Die beiden Museen sind täglich von 10 bis 18 Uhr geöffnet, Schließtage im Kunstmuseum sind Dienstag und Freitag, im Gebietsmuseum Montag und Dienstag.

Von hier ist es nur noch ein kurzer Weg über die vul. Komunariv zurück zum Odessaer Platz und zum Flußhafen.

ℹ Cherson

Cherson bietet sich geradezu für unaufgeregte Spaziergänge an. Daher sollte man sich tatsächlich etwas treiben lassen, als Ziel etwa die Katharinenkirche ansteuern, wo Potjomkin begraben liegt, sich in dem kleinen Park bei der Kirche ausruhen und zurückschlendern. Wer Volkskunst mag und auf moderate Preise wert legt, der sollte die Stände vor dem Bauernmarkt am Myrnyj bulv. ansteuern.

Wenn Sie schon überall gewesen sind und all die weltberühmten Ferienorte von Italien bis Mexico überhaben, dann sollten Sie auf die Krim fahren. Wenn Sie noch nirgendwo waren, sollten Sie ebenfalls auf die Krim reisen. Die Krim versöhnt Übersättigung mit Unberührtheit.

Viktor Erofeev, Die Krim ist unschuldig

Die Schwarzmeerküste

Das Dnepr-Delta

Die ›Prinzessin‹ legt in Cherson ab, fährt dazu rückwärts aus dem Hafen heraus und dampft Richtung Süden. Kaianlagen ziehen vorbei, Werften. Das Sonnendeck ist, erstmals seit Tagen, bevölkert. Noch etwas hat sich verändert. Keine Brücke legt sich mehr über den Fluß, das Schiff muß nicht mehr das Haupt einziehen. Jetzt sind alle Masten, die bisher so nutzlos dalagen, aufgerichtet. Die ukrainische Fahne flattert am Top. Es sieht aus wie Festtagsputz.

Knapp zwei Stunden zieht die ›Prinzessin‹ durch das Delta, immer auf dem Hauptarm. Zu sehen ist nur ein schmaler Streifen Land. Land? Schilf, Schilf, Schilf. Ein Geflecht von Schilf, ein Teppich, vollgesogen mit Wasser, manchmal Baumreihen, Telegrafenmasten, gute Rastplätze für Vögel. Irgendwo rechts versteckt sich die Insel, wo die wenigen verbliebenen Fischer am Vormittag noch Dorf, Hütte und Handwerk, ihre ganze Existenz, offenherzig den Passagieren gezeigt haben.

Der Dnepr-Liman

Der Fluß öffnet sich ins Unermeßliche zum Dnepr-Liman (Дніпровський лиман), der Lagune an seiner Mündung. Schon das Delta war eigentlich nur Himmel und Wasser, kaum unterbrochen vom Schilf. Hier ist noch mehr Wasser, noch mehr Himmel und noch weniger Land. Der Streifen zwischen oben und unten ist schmal wie ein Faden aus Wolle. Er leuchtet gelb – Steilufer, unbewachsen. Rauchschwaden stehen wie Gewitterwolken, der Acker brennt. Ist es Kartoffelkraut? Sind es Stoppeln? Der Liman ist 55 Kilometer lang und maximal 17 Kilometer breit und sehr flach, etwa sechs bis sieben Meter im Durch-

schnitt. Die Bojen befehlen ständig neue, scharfe Kurven. Vor der ›Prinzessin‹ zieht ein Seelenverkäufer davon, begleitet von einem Lotsenboot. Das Schiff schlägt Haken, zieht mal hierhin, mal dorthin.

Am rechten nördlichen Ufer sind Dörfer zu sehen, weiße Punkte, dazwischen Grün, Häuser, Datschen, Steilküste, Weinhänge. Der Liman ist ruhig. Bald öffnet er sich nach Norden, Wasser bis zum Horizont, als ob dort der Ausgang wäre. Weit gefehlt, es ist eine Sackgasse. Hier endet der **Südliche Bug** (Південний Буг), der sich von Podolien her nach Südosten geschlängelt hat – nicht zu verwechseln mit seinem Namensvetter Nördlicher Bug, der in entgegengesetzte Richtung durch Weißrußland und Polen zur Ostsee fließt.

Ein Leuchtturm – dahinter liegt **Mykolajiv**, die Hafen- und Werftstadt. Gut versteckt haben die Sowjets dort ihre größten Schiffe gebaut, die Flugzeugträger ›Kiev‹ und ›Minsk‹. Damals wurden sie als U-Boot-Abwehrkreuzer deklariert, damit sie den Bosporus passieren und so überhaupt dem Westen drohen konnten. Denn per Vertrag konnte die Türkei die Passage von Flugzeugträgern durch Bosporus und Dardanellen verbieten.

Ausflugsboot im Dnepr-Delta

Karte hintere Umschlagklappe

Abschleppdienst

Die waffenstarrenden Schiffe sind längst ausgemustert und inzwischen nach China geschleppt, wo sie ihr Dasein als bizarre Vergnügungsinseln fristen.

Eine Stadt kommt rechts in Sicht, **Očakiv**, die letzte Stadt am Dnepr. Der berühmteste Gast, der in Očakiv ›geweilt‹ hat, war nach eigenen Angaben Lügenbaron Münchhausen, im Auftrag des russischen Zaren. Bei der Belagerung der Festung, die damals in türkischer Hand war, will er auf einer Kanonenkugel dorthin geflogen sein, um die Lage zu erkunden. Als er alles beobachtet hatte, flog er auf einer anderen Kugel zurück. Die unkonventionelle Luftaufklärung ging nicht in die Militärgeschichte ein. Dauerhaft in russische Hand kam die Festung erst im zweiten russisch-türkischen Krieg 1788. Katharina die Große hielt fortan 20 000 Soldaten hier stationiert, und 300 Kanonen ragten drohend auf die Dnepr-Mündung Richtung Konstantinopel.

Vor der Schiffsnase liegt eine Landzunge, dünner als Papier. Links, gegenüber von Očakiv, zieht eine kleine Insel vorbei. Bäume, eine Mole, Gebäude, ein Gittermast – das Eiland ist verwaist. Es ist die **Pervomajskij-Insel**, die Mai-Insel oder Erste-Mai-Insel, ein künstliches Gebilde, das – wie kann es anders sein – eine militärische Vergangenheit hat. Auf Anregung des russischen Generals Suvorov wurde schon zu Zeiten Katharinas begonnen, hier eine künstliche Insel anzulegen. Fertig wurde sie erst 1895. Die Insel liegt drei Kilometer südlich von Očakiv und ist 700 Meter lang, 140 Meter breit. Gemeinsam mit der Festung Očakiv sollte sie jedem Eindringling die Lust nehmen, in die Dnepr-Mündung vorzustoßen. Die Anlage verlor nach den Zweiten Weltkrieg an strategischer Bedeutung, und so wurde hier ab 1961 eine kleine, hochgeheime sowjetische Eliteeinheit stationiert. Kaum hundert Kampfschwimmer konnten hier unbeobachtet ihre Spezialeinsätze trainieren. Diese 17. Brigade der Schwarzmeerflotte hat sich jedoch nicht durch Sabotageakte hervorgetan, sondern dadurch, daß sie sich in den Tagen des Augustputsches 1991 weigerte, den für abgesetzt erklärten sowjetischen Präsidenten Gorbatschow auf dessen Datscha auf der Krim in Arrest zu nehmen. Seit 2004 machen nur noch Lotsenboote hier fest.

Nur noch eine Landzunge aus Sand, zentimeterhoch, liegt jetzt vor der ›Prinzessin‹. Tausende Kormorane drängeln sich darauf, es riecht kurzzeitig scharf nach Vogelkot. Bei der Landzunge ist vor Jahren ein Schiff gestrandet, ein Rosthaufen, den der Sand langsam zudeckt. Die Prinzessin‹ dreht hart nach Südosten ab. Es riecht längst nach Salzwasser – das Schwarze Meer. Von Kiev sind es bis hierher 921 Flußkilometer mit 102 Metern Gefälle.

Wenig später kommt ein Schwarm Delphine in Sicht, sie tanzen vor dem Bug. Ihre schwarzbraunen Rücken glänzen. Wollen sie etwas sagen? Ach so, der Dnepr ist Geschichte.

Die Schwarzmeerküste

Die Halbinsel Krim

Die Krim (Крим, russ. Крым) ist der Edelstein im Schwarzen Meer. Steppenvölker wie die Kimmerier, Taurier und Skythen lebten hier. Sie paßt nicht zum kalten Rußland, nicht zur uniformen Sowjetunion, auch nicht zur ländlichen Ukraine. Es ist so, als ob Sardinien zu Deutschland gehören würde. Nicht nur Mais, Rüben und Kohl – Palmen, Zitronen, Magnolien, Zuckerrohr, Papyrus und Bambus wachsen hier.

»Die Krim gehört allen und niemandem«, heißt es in einem Bonmot. Heute gehört sie den Touristen, die aus allen Teilen der ehemaligen Sowjetunion kommen und in Simferopol' aus Zug oder Flugzeug steigen, gerade so, als wäre die Union nie zerfallen. Und sie gehört für zwei, drei beeindruckende Tage den Schiffsreisenden, die sich auf gut organisierten Pfaden bewegen oder auf eigene Faust auf eigenen Spuren. Man kann durch Parks schlendern, auf die Berge steigen oder sich auf einem der Strände aalen, die zwischen grünen Bergen und blauem Meer aufgereiht liegen wie Perlen einer edlen Kette – ihr Name ist Krim.

Geschichte

Von den Tauriern erhielt die Halbinsel ihren antiken Namen: Taurike Chersonesos – Taurische Halbinsel. Später siedelten Griechen und nannten ihre größte Stadt Chersones. Die Römer verliebten sich Stadt und Halbinsel ein, später kam sie unter byzantinische Herrschaft. Der Kiever Fürst Volodymyr, auf der Suche nach Ruhm, belagerte 988 Chersones. Als die Stadt fiel und Volodymyr sich eine byzantinische, das heißt christliche Prinzessin zu Frau nehmen wollte, habe man von ihm gefordert, daß er sich zu-

vor taufen lassen müsse, berichtet die Nestorchronik. Volodymyr ließ es geschehen. Das war der Auftakt für die Taufe der gesamten Kiever Rus'. Heute erinnert eine Kirche in der Ruinenstadt Chersones bei Sevastopol' daran.

Auch Goten, Hunnen und Chasaren kamen auf die Halbinsel, 1237 fielen die Tataren hier ein. Genueser und Venezianer errichteten Niederlassungen. Alle haben sie ihre Spuren hinterlassen – der Orient und der Okzident, eurasische Steppenvölker und italienische Stadtstaaten. Die Genueser haben oberhalb von Sudak eine mächtige Festung errichtet. Andere haben Städte, ganze Reiche gegründet, und Archäologen graben heute danach. 1475 eroberten die Türken die Krim. Und 1783 nahm Katharina die Große sie für Rußland in Besitz. Sie hat sie sich einfach genommen wie eine schöne Frucht aus fremdem Garten. Vier Jahre später besichtigte sie auf einer pompösen Reise die neuen Besitzungen und hielt im Khanspalast von Bachčisaraj prächtig Hof. Ihre Nachfolger ließen sich dann eigene Paläste bauen. Die Krim war ihr ganz persönlicher Platz an der Sonne. Auch den Hochadel zog es an die ›russische Riviera‹. Rußland – das waren fortan nicht nur Wälder, Eis und Schnee, sondern auch 900 Kilometer Küste, Berge, die bis ins Meer reichen, grüne Hügel, Weinstöcke, Plantagen, Buchten, Landzungen und ein Klima wie an der Côte d'Azur.

Das sollte nach dem Willen Lenins allen gehören, und so unterzeichnete er nach der Oktoberrevolution ein Dekret, daß die Krim zum Kurort der Werktätigen werden sollte. Doch den Eintritt ins irdische Paradies kontrollierte fortan die Partei, und so erholten sich vor allem verdienstvolle Genossen und die Kremlherrscher selbst. Leonid Breschnew hat

Судак
Sudak

Новий Світ
Novyj Svit

Малоріченське
Maloričens'ke

Алушта
Alušta

Гурзуф
Gursuf

Массандра
Massandra

Ореанда
Oreanda

Schwalbennest

Ялта
Jalta

Лівадія
Livadija

Аj-Petri
Ай-Петрі
1234 m

Voroncov-Palast

Алупка
Alupka

Сімеїз
Simejiz

Чорне Море
Schwarzes Meer

Сімферополь
Simferopol'

Поштове
Poštove

Čufut-Kale
Чуфут-Кале

Maria-
Entschlafens-
kloster

Куйбишеве
Kujbyševe

Khans-
palast

Бахчисарай
Bachčysaraj

Инкерман
Inkerman

Форос
Foros

Балаклава
Balaklava

Севастополь
Sevastopol'

Херсонес
Chersones

Кача
Kača

Андріївка
Andrijivka

Миколаївка
Mykolajivka

M17

M18

M26

M18

0   8   16 km

Die Ruinen des antiken Chersones

die Parteichefs seiner Satellitenstaaten oft auf die Krim zitiert. Mit Bundeskanzler Willy Brandt ist er hier Motorboot gefahren.

Auch Hitler wollte die Krim als germanisches Arkadien. Eine Autobahn sollte die Krim mit dem Deutschen Reich verbinden und ›Kraft durch Freude‹-Urlauber nach ›Taurien‹ bringen. Gotenland sollte die Krim heißen und Südtiroler dort siedeln. Im Vorgefühl des Triumphes wurde dem Führer eine riesige Torte mit den Umrissen der Krim serviert. Es kam anders. Im Februar 1945 trafen sich die Alliierten der Anti-Hitler-Koalition im ehemaligen Palast des letzten russischen Zaren bei Jalta. Stalin, Roosevelt und Churchill teilten Deutschland und die Welt neu auf, sie verschoben Grenzen und ganze Länder.

Neun Jahre später wurde die Krim selbst verschoben. Dieses bis dahin zum russischen Teilstaat gehörende Südland machte der Kreml 1954 der Ukraine zum Geschenk – aus Anlaß des 300. Jahrestages der ›Wiedervereinigung‹ der Ukraine mit Rußland. Alle waren sich sicher, daß das eine rein symbolische, folgenlose Geste bleiben würde. Schließlich blieben die kommunistischen Zaren die wahren Besitzer. 37 Jahre später wurde den Russen dann klar, daß sie die Krim der unabhängigen Ukraine überlassen hatten. Die zumeist russischen Bewohner der Halbinsel gehörten nicht mehr zum Mutterland. Wieder begann ein Streit. Doch Kiev gibt den Schatz, immerhin eine Fläche von der Größe Belgiens, nicht wieder her.

Die Krim ist – bis auf die Region Sevastopol', die Kiev direkt unterstellt ist – seit 1997 eine autonome Republik innerhalb der Ukraine. Sie verfügt über ein eigenes Parlament und eine eigene Regierung, außerdem hat sie das Recht, über eingenommene Steuern selbst zu bestimmen. Auf der Halbinsel lebt auch wieder eine Viertelmillion Menschen vom Volk der Krimtataren, das Stalin 1944 wegen angeblicher Kollaboration mit den Deutschen nach Mittelasien deportiert hatte.

Karte S. 173 ▲

Rund um Sevastopol'

Sevastopol' (Севастополь) ist eine angenehme, beschauliche Stadt. Man kann lange auf dem Boulevard an der Bucht entlangschlendern und spürt nichts als eine friedliche, ausgelassene Stimmung. Im Delphinarium zeigen die Delphine Kunststücke, Wellen plätschern, Schiffchen schaukeln wie Nußschalen am Kai und laden zu Rundfahrten ein. Die Ticketverkäufer versprechen lautstark, ›alle Buchten einschließlich der Schwarzmeerflotte‹ anzusteuern, und ihre Kähne schwimmen dann doch nur in die Südliche Bucht hinein. Dort ist dann ein bißchen schwimmendes Altmetall zu besichtigen, vielleicht auch ein, zwei U-Boote – die eigentliche Schwarzmeerflotte bleibt so gut wie unsichtbar, und das ist auch so gewollt. Dabei ist das die ›Hauptattraktion‹, und Sevastopol' ist nur ihretwegen gegründet worden.

Die Stadt war ab 1783 Rußlands starker Arm am Schwarzen Meer. Sevastopol' war die Speerspitze der Zaren in Richtung Bosporus. Sie war waffenstarrender Stützpunkt der Sowjets an der Südostflanke der NATO, sie war Herrscherin über das Schwarze Meer. Doch was heißt war? Sie ist es noch, wie die Er-

Anfahrt auf Sevastopol'

eignisse vom August 2008 bewiesen, als ein Teil der russischen Flotte nach Georgien auslief, um dort im Hafen Poti georgische Schiffe zusammenzuschießen – als Vergeltung für den mißlungenen georgischen Angriff auf die abtrünnige Region Südossetien. Als die Schiffe heimkehrten, wurden sie von russischen Patrioten an der Mole wie Helden gefeiert. Sevastopol' hat immer noch stahlblitzende russische Zähne, nur sieht man sie nicht. Oder zumindest selten.

Geschichte der Stadt

Sevastopol' ist nicht nur eine Stadt, sondern immer noch ein Mythos. Der Ursprung liegt im Krimkrieg von 1853 bis 1856 begründet. Der Krieg, eine Folge des Kräftemessens der damaligen europäischen Großmächte, fand auf der Krim und der Festung Sevastopol' eher zufällig seinen Hauptschauplatz. Der Konflikt war eigentlich schon entschieden, da kamen Engländer, Franzosen und Türken mit ihren Flotten hierher

Begrüßung in Sevastopol'

Die Schwarzmeerküste

und belagerten elf Monate lang die Stadt, ehe sie ihnen 1855 in die Hände fiel. Der russische Drang zum Bosporus, dem Tor zum Mittelmeer, ein festes Ziel russischer Geopolitik, war gestoppt. Zehntausende Soldaten fanden auf beiden Seiten den Tod. Die erschütternden Berichte der Zeitungskorrespondenten, die erstmals zahlreich bei einem Krieg dabei waren, drangen detailliert in Europas Wohnzimmer. Die englische Krankenschwester Florence Nightingale war darüber entsetzt, reiste auf die Krim und

Am Kai in Sevastopol'

wurde wegen ihres unermüdlichen Einsatzes in ihrer Heimat zur Heldin. Henry Dunant, Gründer des Roten Kreuzes, wurde von ihr inspiriert.

Sevastopol' fiel in Folge der Niederlage für Jahrzehnte als russischer Flottenstützpunkt komplett aus – eine Forderung des Friedensvertrages von Paris –, um so grandioser wurden die Taten der Verteidiger von Sevastopol' geschildert. Ein Mythos war geboren – brauchbar bis heute: Der russische Soldat, der Land und Familie verteidigt, kämpft für eine edle Sache. So zu sehen in dem gewaltigen Panorama-Museum, das fünfzig Jahre nach der Schlacht auf einem Hügel errichtet wurde. Daß Zar Nikolai I. den Krieg provoziert hatte und die russische Diplomatie Öl ins Feuer goß – solche Feinheiten stören den Heldenkult und interessieren nur am Rande.

Überhaupt ist Sevastopol' geradezu vollgestopft mit Erinnerungsorten, Denkmälern, Tafeln und Namen, die sich auf den Krimkrieg beziehen. Und was nicht an den Krimkrieg erinnert, verweist auf den Zweiten Weltkrieg, als sich das Schicksal der Stadt wiederholte. Ab Oktober 1941 belagerten die deutschen Truppen unter General von Manstein die Stadt und nahmen sie nach 249 Tagen im Mai 1942 ein. Als

sie 1944 wieder abzogen, ließen sie eine nahezu vollständig zerstörte Stadt zurück. Ganze zehn Häuser sollen den Krieg unversehrt überstanden haben. Bald wurde Sevastopol' im sowjetischen Zuckerbäckerstil aufgebaut, der sich hier erstaunlich gut in das Stadtbild einfügt. 1965 erhielt Sevastopol' für seinen Widerstand gegen die deutsche Belagerung den Titel ›Heldenstadt‹.

Sevastopol' wurde zweimal belagert, zweimal zerstört, zweimal wieder aufgebaut – und war lange Zeit für Zivilisten unzugänglich. Es war unter den Sowjets verbotene Stadt – auch für Sowjetbürger, auch für die Bewohner der Krim selbst. Daß Sevastopol' Touristen offensteht, ist noch nicht lange her. In den 1990er Jahren lockerte man nach und nach die Zugangsbeschränkungen. Heute ist die Region Sevastopol' mit ihren über 1000 Quadratkilometern und den 23 Buchten direkt der Regierung in Kiev unterstellt. Und Lokalpatrioten vergessen nicht, zwei Dinge zu erwähnen: Daß Sevastopol' der Fläche nach größer ist als Moskau, Shanghai oder gar New York und die Bucht von Sevastopol' die größte im Schwarzen Meer ist und daß sie jenen von Sydney und Hongkong ebenbürtig ist.

Karte S. 179

Die Schwarzmeerflotte

Ukrainer und Russen, Waffenbrüder von einst, haben sich inzwischen heftig überworfen. Nach dem Zerfall der Sowjetunion haben Moskau und Kiev lange um Sevastopol' und die Schwarzmeerflotte gestritten. 1997 einigte man sich darauf, daß Moskau einen Teil des Hafens bis 2017 pachtet und den größeren Teil der Flotte bekommt. Atomgetriebene Schiffe und Atomwaffen duldet Kiev aber nicht mehr. Doch Sevastopol' ist im Bewußtsein vieler Russen eine russische Stadt geblieben, und die Präsenz russischen Militärs führt dazu, daß auch die Stadt selbst in vielem ›russisch fühlt‹, was man an der Vielzahl russischer Flaggen ablesen kann. Und so erhielt der Moskauer Bürgermeister Jurij Lužkov donnernden Applaus, als er aus Anlaß des 850. Moskauer Stadtjubiläums 1997 den Hauptstädtern zurief: »Sevastopol' wird russisch sein!« – gerade so als wäre es das stadteigene Seebad vor der Haustür.

Lužkov ließ Taten folgen, und so gibt es in Sevastopol' eine Filiale der Moskauer Lomonosov-Universität und am Nachimov-Platz das ›Moskauer Haus‹ als Vertretung der russischen Hauptstadt. Der Palast der Schwarzmeerflotte am Ušakov-Platz glänzt wieder weiß und makellos, und der Matrosen-Boulevard wird restauriert – dank russischer Petrodollar. Natürlich besucht Lužkov regelmäßig Sevastopol' mit feierlicher Besichtigung des Raketenkreuzers ›Moskau‹ – das heißt, er besuchte die Stadt. Denn im August 2008 erteilte das ukrainische Außenministerium dem Scharfmacher Einreiseverbot. Das dürfte die Hitzköpfe jedoch nicht abkühlen. Im Gegenteil.

So viel russische Präsenz im eigenen Haus ist den Ukrainern nicht geheuer, und so machte Kiev während des georgisch-russischen Konflikts vom Sommer 2008 deutlich, daß es die russische Marine lieber heute als morgen ziehen sehen würde. Doch Moskau denkt nicht daran, vorzeitig die russische Trikolore einzuholen. Und noch ist unklar, welche Perspektive Sevastopol' dann bliebe. Sevastopol' ohne Schwarzmeerflotte, das ist wie Wolfsburg ohne VW – für viele einfach unvorstellbar. Der Handelshafen wird die Lücke nicht füllen. Doch eines ist klar, der Tourismus wird an Bedeutung gewinnen. Denn wer zum ersten Mal in die Stadt kommt, wird vieles erleben: Urlauber, die sich mitten in der Stadt ins Wasser werfen, einen ›musizierenden‹ Springbrunnen, antike Ruinen, heiße Rhythmen, Freiluftkonzerte und alte Männer, die sich im Park beim Schach erholen – nur einen düsteren Flottenstützpunkt, das nicht.

Schiffe der russischen Schwarzmeerflotte

Die Schwarzmeerküste

Rundgang durch Sevastopol'

Sevastopol' wurde an strategisch günstiger Stelle gegründet. Die Bucht bietet natürlichen Schutz, und der Südwestzipfel der Krim greift weit nach Süden aus – so weit, daß mancher in der Stadt behauptet, bei besonders klarem Wetter von den Bergen die goldenen Kuppeln Istanbuls zu sehen. Der aus dem Griechischen stammende Name Sevastopol' bedeutet verehrungswürdige, großartige Stadt. Die eigentliche Stadt erstreckt sich am Südufer der Sevastopoler Bucht. Dorthin steuern auch die Kreuzfahrtschiffe.

Das Stadtzentrum ist bequem zu erlaufen. Es erstreckt sich zwischen vier Plätzen, die nach Admirälen bzw. einem Feldherrn benannt sind, denen auch je ein Denkmal gewidmet ist. Diese Plätze sind durch drei Hauptstraßen verbunden. Der Nachimov-Platz (pl. Nachimova/пл. Нахимова) erstreckt sich im Norden des Stadtzentrums zwischen der Artilleriebucht und der Südlichen Bucht. In der Artilleriebucht oder Artbucht (Артбухта) legen gewöhnlich auch die Kreuzfahrtschiffe an. Es folgen dann im Uhrzeigersinn der Suvorov-Platz im Osten, der Ušakov-Platz (pl. Ušakova/пл. Ушакова) im Süden und der Lazarev-Platz (pl. Lazareva/пл. Лазарева) im Westen. Vom Nachimov-Platz führt die Lenin-Straße (ul. Lenina/ул. Ленина) über den Suvorov-Platz zum Ušakov-Platz. Von dort geht die ul. Bol'šaja Morskaja (ул. Большая Морская) wieder nach Norden zum Lazarev-Platz. Von dort führt der Nachimov-Prospekt wieder zum Nachimov-Platz. Ein Rundgang ist hier in Sevastopol' also ein wirklicher Rundgang.

Die vier Plätze und das Oval dazwischen umschließen einen Hügel. Auf dessen Plateau erheben sich, schon weit vom Meer aus zu sehen, drei sehr unterschiedliche Wahrzeichen: Ein schneeweißer neoklassizistischer Bau mit mächtigem Säulenportal und obenauf die russische Flagge – das Stabsgebäude der russischen Schwarzmeerflotte. Dahinter die Kuppel der Volodymyrkathedrale aus dem 19. Jahrhundert, in der vier Admiräle begraben wurden, und dazwischen das Lenindenkmal mit prächtiger Freitreppe. Ansonsten ziehen sich über diesen Hügel einige verwinkelte gepflasterte Straßen.

■ Primorskij bul'var

Wer von der Artbucht kommt, sollte zuerst um die Bucht herumgehen, immer am Wasser entlang, quer durch allerlei Budenzauber mit Souvenirs, mittendrin das **Delphinarium**, oder etwas mondäner oberhalb auf einer Promenade, mit mehr Aussicht und mehr Bäumen und Bänken. Beide Wege vereinen sich wieder und heißen, ob oben oder unten, Naberežnaja Kornilova (Набережная Корнилова). Daran schließt sich der Primorskij bul'var an, ein Park, der sich zwischen dem Nachimov-Prospekt und der Bucht hinzieht mit Bänken, Blumenrabatten, einer Freilichtausstellung, auf

In der Artbucht

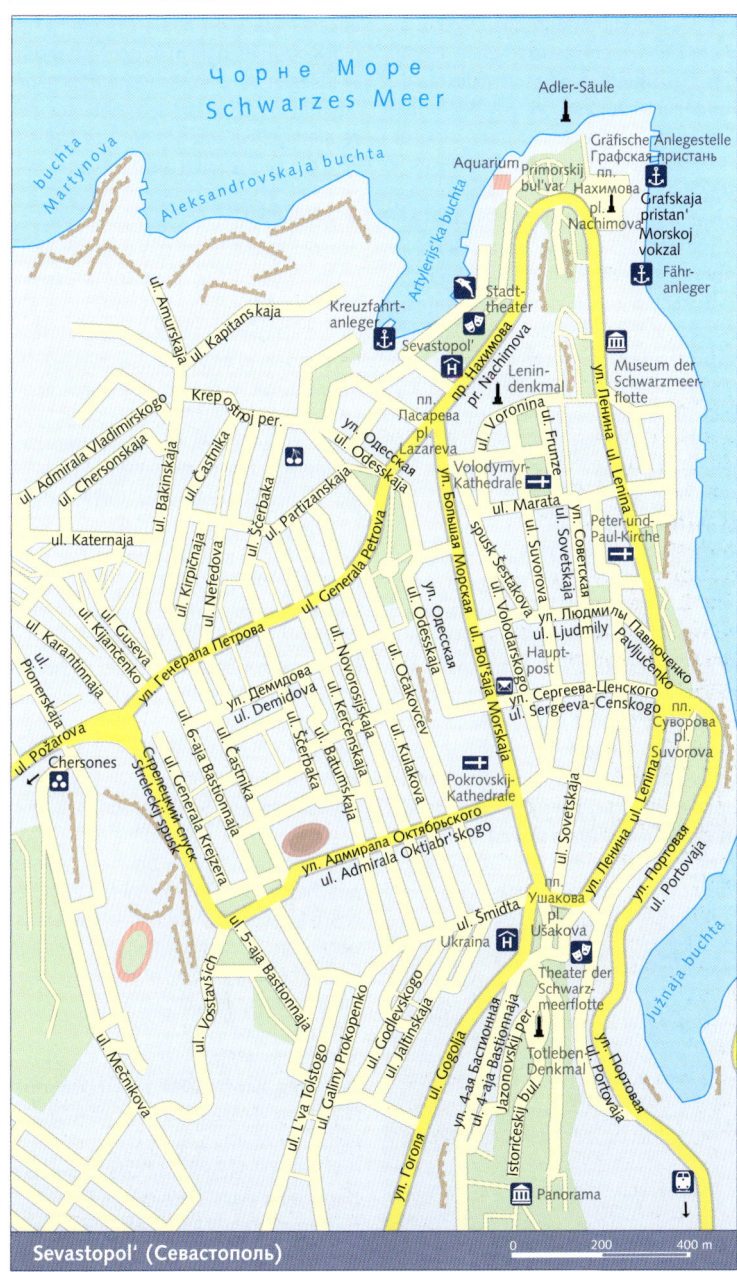

Чорне Море
Schwarzes Meer

buchta Martynova

Aleksandrovskaja buchta

Adler-Säule

Gräfische Anlegestelle
Графская пристань

Artylerijs'ka buchta

Aquarium

Primorskij bul'var

Грáфская Anlegestelle

Нахимова пл.
Nachimova

Grafskaja pristan'
Morskoj vokzal

Fähr-anleger

ul. Amurskaja

ul. Kapitanskaja

Krepostnoj per.

Kreuzfahrt-anleger

Stadt-theater

пр. Нахимова
pr. Nachimova

Sevastopol'

Lenin-denkmal

Lenina ul. Lenina

Museum der Schwarzmeer-flotte

ul. Admirala Vladimirskogo

ul. Chersonskaja

ul. Bakinskaja

ul. Časniki

ul. Ščerbaka

ul. Partizanskaja

ул. Одесская
ul. Odesskaja

пл. Ласарева
pl. Lazareva

ul. Voronina

ul. Frunze

Volodymyr-Kathedrale

ul. Marata

Peter-und-Paul-Kirche

ul. Katernaja

ul. Kirpičnaja

ul. Nefedova

ul. Guseva

ul. Kjančenko

ул. Генерала Петрова
ul. Generala Petrova

ул. Одесская
ul. Odesskaja

ул. Большая Морская

ul. Suvorova

spusk Ševčuka

ul. Volodarskaja

ul. Sovetskaja

ул. Людмилы Павлюченко
ul. Ljudmily Pavljučenko

Haupt-post

ул. Сереева-Ценского
ul. Sergeeva-Censkogo

пл. Суворова
Suvorova pl.

ul. Karantinnaja

Pionerskaja

ul. Požarova

Chersones

ул. Генерала Петрова
ul. Generala Petrova

Sreteński spusk
Sretenskij spusk

ул. Демидова
ul. Demidova

ul. Novorossijskaja

ul. Kerčenskaja

ul. Ožakovev

ul. Kulakova

ул. Большая Морская
ul. Bol'šaja Morskaja

ul. 6-aja Bastionnaja

ul. Časnika

ul. Ščerbaka

ul. Batumskaja

Pokrovskij-Kathedrale

ul. Sovetskaja

ul. Lenina ul. Leninina

ул. Портовая
ul. Portovaja

ul. Generala Krejzera

ул. Адмирала Октябрьского
ul. Admirala Oktjabr'skogo

ul. 5-aja Bastionnaja

ul. Vosstавšich

ul. Mežnikova

ul. L'va Tolstogo

ul. Galiny Prokopenko

ul. Codleykogo

ul. Jaltinskaja

ul. Šmidta

пл. Ушакова
Ušakova pl.

Ukraina

Theater der Schwarz-meerflotte

ул. Гоголя
ul. Gogolja

ul. 4-aja Bastionnaja

Jazonovskij per.

Istoričeskij bul.

ul. Portovaja

ул. Портовая
ul. Portovaja

Južnaja buchta

Totleben-Denkmal

Panorama

0   200   400 m

Sevastopol' (Севастополь)

der Maler ihre romantischen Werke anbieten, den neoklassizistischen Bauten des **Stadttheaters** und des **Palastes der Kinder und Jugend**, einem berühmten **Aquarium** und nicht zuletzt viel Grün. Es ist der schönste Flecken in der ganzen Stadt. Man findet in der Mittagshitze bequeme Bänke, reichlich Schatten und kühlende Fontänen. Man kann am Abend ungestört den Sonnenuntergang beobachten, und in der Dämmerung der Blauen Stunde lebt der Boulevard erst richtig auf. Man kann oben auf dem Plateau bleiben, wie die Liebespaare und die Alten, oder hinabsteigen zum Wasser, wo die Jugend sich bei Bier und Musik vergnügt.

Hafenrundfahrten

Solange es hell ist, schaukeln unten am Kai die Boote, deren Besatzungen so laut und nachdrücklich zu Hafenrundfahrten einladen, als gelte es, die ganze Stadt zu evakuieren. Man sollte sich davon locken lassen, auch wenn längst nicht alles gezeigt wird – die Schwarzmeerflotte bleibt im Großen und Ganzen verborgen. Es geht eigentlich immer um die Landspitze herum in die Südliche Bucht (Южная бухта) und wieder zurück. Eine ›Progulka‹, ein Spaziergang, kostet etwa umgerechnet 5 Euro und

Dreharbeiten im Hafen

dauert eine gute halbe Stunde. Allerdings sollte man nicht in der Mittagshitze ablegen, sondern sich eine Bootsfahrt am frühen Abend gönnen. Anbieter gibt es stets genug, die Preise sind einheitlich, die Fahrtrouten auch.

Adler-Säule

Von der Kaimauer ist schon das berühmteste Wahrzeichen Sevastopol's zu sehen: Die Adler-Säule von 1905, die auf einem kleinen künstlichen Felsen errichtet wurde und an jene russischen Schiffe erinnert, die während des Krimkrieges vorsätzlich in der Bucht versenkt wurden, um den Angreifern die Einfahrt zu versperren. Die 16 Meter hohe Säule ist ein Treffpunkt und wohl auch deshalb so beliebt, weil der Adler des estnischen Künstlers Amandus Adamson mit dem gesenkten Haupt, den müden Schwingen und dem Lorbeerzweig so wenig Martialisches an sich trägt. Am Abend kam man erleben, wie die Einheimischen für eine Abkühlung gleich hier ins Wasser springen.

Von der Adler-Säule führt ein Weg hinauf zum Primorskij Skver, dessen Mitte ein ›singender‹ **Springbrunnen** bildet, der sich großer Beliebtheit erfreut, da von morgens acht Uhr bis in den Abend aus halbwegs verborgenen Lautsprechern klassische Melodien erklingen, zu denen die Wasserstrahlen der Fontäne auf und nieder tanzen; abends wird alles hübsch illuminiert.

Nachimov-Platz

Der Weg führt weiter zum Nachimov-Platz (пл. Нахимова), den zentralen Platz der Stadt, beherrscht von einem mächtigen **Standbild des Admirals Nachimov**, das 1959 errichtet wurde. Nachimov kam 1853 siegreich aus der Seeschlacht bei Sinope zurück, die Fran-

*Auf dem Stabsgebäude der Schwarzmeer-
flotte weht die russische Fahne*

zosen und Engländern den Anlaß gab,
in den Krieg gegen Rußland einzutreten.
Nachimov fiel 1855 als einer der Verteidiger von Sevastopol'. Erstmals wurde
Nachimov an dieser Stelle 1898, zum
45. Jahrestag der Schlacht von Sinope,
ein Denkmal errichtet. Dieses Standbild
wurde 1928 aufgrund des ›Dekrets über
die Abtragung der Denkmäler für die
Zaren und deren Helfershelfer‹ abgerissen. 1932 errichtete die Sowjetmacht an
dieser Stelle ein Lenindenkmal. In einem
seltenen Akt von Geschichtsrevisionis-
mus wechselten die Sowjets den Lenin
an diesem Ort 1959 gegen ein neues,
überaus prächtiges Nachimov-Denkmal
aus. Das Standbild ist 12,50 Meter
hoch, der Admiral selbst über 5 Meter.
Lenin war damit natürlich nicht ausge-
wandert, war doch bereits zwei Jahre
zuvor das neue, größere Lenindenkmal
auf dem zentralen Hügel der Stadt, weithin sichtbar, errichtet worden.
Der Nachimov-Platz, seit einiger Zeit
verkehrsberuhigt, ist der zentrale, repräsentative Platz der Stadt. Hier steht das
Moskauer Haus – das Moskauer Kultur-
und Handelszentrum, die inoffizielle
Botschaft der russischen Hauptstadt –,
hier werden alle Touristenströme vorbei-
geleitet, hier machen sich etwa ein Dutzend kleiner Stände die Kundschaft
streitig, denn sie bieten alle das gleiche
an: Zahlreiche **Tagesausflüge durch die
Stadt und über die Krim**, angefangen
vom Khanspalast in Bachčisaraj bis nach
Jalta; man kann für die nächsten Tage
buchen oder sofort eine Exkursion etwa
in die antike Siedlung Chersones antreten. Ein Tagesausflug nach Jalta kostet
etwa umgerechnet 30 Euro.

■ Grafenmole

Zum zweiten, unübersehbaren Wahrzeichen des Platzes, der Grafenmole/Grafs-
kaja pristan' (графская пристань) mit
ihren schneeweißen Säulen, gibt es eine
Anekdote. Die herrlich anzusehenden
Kolonnaden wurden aus einem sehr einfachen Grund geschaffen: Weil immer
wieder Offiziere der Schwarzmeerflotte
nach erfolgreichem Zechgelage mit ihren Kutschen volltrunken auf die Mole
zuhielten, ins Wasser preschten und
schwer verunglückten, wurde dieses
Sperrwerk zu deren Schutz errichtet.
Der englische Ingenieur John Upton ent-
warf den Bau. Die Pferde galoppierten
ab 1846 nur noch wild über den Platz,
aber nicht mehr ins Wasser. Diese Geschichte wird natürlich vom offiziellen
Sevastopol' bestritten, das nur Heldenhaftes von seinen Offizieren zu berich-
ten weiß.
In der Tat, Pferdekutschen und Autos
passen nicht durch den Säulengang,
Fußgänger schon. Eine weit ausladende
Treppe führt hinunter zum Wasser. Touristen schlendern, Jugendliche sitzen am
Wasser, in der Südlichen Bucht sind

Die Schwarzmeerküste

Kriegsschiffe zu sehen. An der Mole legen kaum noch Schiffe an, höchstens die Nußschalen der Hafenrundfahrten. Nur nebenan hat ein wirklicher Ozeanriese auf seiner Kreuzfahrt durch das Schwarze Meer für ein paar Stunden festgemacht.

Auch die Grafenmole hat natürlich ihre politische Vergangenheit. Ursprünglich hieß sie Katharinenmole, weil hier Zarin Katharina die Große 1787 auf ihrer Reise nach Süden an Land gegangen ist. Bald hieß sie aber nur noch Grafenmole nach Graf Voinovič, dem Kommandeur der Schwarzmeerflotte von 1786 bis 1790, der jeden Morgen vom Nordufer der Bucht, wo er seinen Landsitz hatte, hier anlegte. Hier wurde Admiral Nachimov 1853 nach der Schlacht von Sinope wie ein Held empfangen, hier beginnen immer noch die Flottenparaden zum Tag der Seekriegsflotte – kurzum: Die Grafenmole war und ist das prächtigste Eingangstor zur Stadt. Daher wurde der Anleger 1925 in ›Mole der Dritten Internationale‹ umbenannt. Nach den Zerstörungen des Zweiten Weltkrieges wurde die Mole nach und nach wiederhergestellt. Mit dem Ende der Sowjetunion kehrte dann auch der historische Name zurück – und so wurde sie wieder die Grafenmole, als ob sie nie anders geheißen hätte.

■ Leninstraße

Am Nachimov-Platz beginnt die Leninstraße (ул. Ленина), eine der repräsentativen Straßen der Stadt. Und so befindet sich in der Nr. 11 in einem Haus aus dem Jahre 1895 das **Museum der Geschichte der Schwarzmeerflotte**, das mit allerlei maritimem und kriegerischem Dekor schon von außen auf sich aufmerksam macht. Das Museum ist täglich außer Montag und Dienstag von 10 bis 17 Uhr geöffnet, Kassenschluß ist um 16 Uhr. Das Museum wurde 1867 in der damaligen Katharinenstraße im Haus eines der Verteidiger Sevastopols, des Festungsbaumeisters General Eduard Totleben, gegründet. 1895 wurde dann ein eigenes Gebäude errichtet.

Gegenüber dem Museum ist ein Zankapfel russisch-ukrainischer Geschichtspolitik zu sehen – wenn er noch da ist: Das **Denkmal für Katharina die Große**, das am 15. Juni 2008 zum 225. Jahrestag der Stadtgründung von russischen Patrioten eingeweiht wurde. Es kam schon am Tag der Einweihung zu Handgreiflichkeiten, da Katharina für die Ukrainer unter der Stadtbevölkerung als Invasorin gilt. Die zogen vor Gericht und bekamen Recht. Das Denkmal, vom prorussisch dominierten Sevastopoler Stadtrat beschlossen, sei illegal errichtet worden. Danach kam es zu patriotischen Nachtwachen am Bronzedenkmal. Ob sich diese dauerhaft dem Gerichtsbeschluß widersetzen werden, wird man sehen. Bis dahin ist es eines der neuesten Denkmäler des an Denkmälern reichen, doch an Zusammenhalt armen Sevastopol'.

■ Ušakov-Platz

Geht man die Leninstraße hinab, gelangt man über den Suvorov-Platz (пл. Суворова) nach etwa einem Kilometer zum Ušakov-Platz (пл. Ушакова). Dort weht weithin sichtbar über dem **Matrosen-Klub der russischen Schwarzmeerflotte** die russische Trikolore. Eine Tafel verkündet, daß das Gebäude mit dem schlanken Turm 2007 auf Initiative und mit Geld des umtriebigen Moskauer Bürgermeisters Lužkov restauriert wurde. Es gibt in dem Klub auch ein **Theater der Schwarzmeerflotte**, wo sich die Sterne der russischen leichten Muse regelmäßig die Klinke in die Hand geben.

Karte S. 179 ▲

■ Historischer Boulevard und Panorama

Hinter dem Klub beginnt der Aufstieg zum Historischen Boulevard/Istoriceskij bul'var (Исторический бульвар), eine Parklandschaft, die sich über einen Hang erstreckt. Geht man den Asphaltweg hinauf, kommt bald das mächtige **Totleben-Denkmal** in Sicht, das an den Festungsbaumeister Eduard Totleben erinnert, einen Deutschbalten im Dienste des Zaren. Er ließ während des Krimkrieges die entscheidenden Befestigungen an der der Bucht abgewandten Südseite der Stadt errichten. Dadurch nur konnte sich Sevastopol' überhaupt so lange halten. Das 1909 errichtete Denkmal ist eine Marke auf dem Weg zum Panorama.

Hinter dem Denkmal wird es belebter, Buden stehen zu beiden Seiten des Weges, Souvenirs bieten sie an, Schnitzwerk, lackierte Muscheln, Matrosenmützen, Eis, Postkarten, Bier.

Bald erreicht man ein Plateau mit einem Rondell und einer Fontäne als Zentrum, links daneben ein mächtiger Rundbau, das **Panorama Die Verteidigung von Sevastopol' 1854–1855**. Sein Herzstück ist ein 14 Meter hohes und 115 Meter im Umfang messendes Gemälde mitsamt Dioramen, die die Verteidigung Sevastopols in denkbar heldenhaftes Licht rücken. Der Bau wurde 1905 vom Architekten Fel'dman zum 50. Jahrestag des Krieges errichtet. Im Untergeschoß befindet sich eine historische Ausstellung, die Erläuterungen sind russisch und englisch, im Obergeschoß öffnet sich das eigentliche Panorama. Das Museum ist sehr gut besucht, so daß man Wartezeit einplanen muß. Karten, die es nur zusammen mit einer Führung gibt, werden in einem Kiosk nebenan verkauft. Dann erfährt man auch die Einlaßzeit, für die die Karten gültig sind, eine halbe bis dreiviertel Stunde muß man meist warten. Derweil kann man das Gelände erkunden, das noch allerlei kleinere Denkmäler und Erinnerungsorte, insbesondere an die vierte Bastion, die sich hier oben befand, und eine Sammlung von Ankern bereithält.

Das Panoramagemälde zeigt viele Helden und viel Heldenhaftes: Offiziere, die Kommandos geben, Soldaten, die

Im Panorama

wie ein Mann stehen, und einen Popen, der segnend das Kreuz über einem Sterbenden hält. Samoware sind ebenso dabei wie Unterstände, Kanonen und viel hingemalter Qualm. Man kann viel über ungebrochenen russischen Patriotismus erfahren und sich ein Bild von der Kontinuität russischer Geschichtsdarstellung machen. Das Panorama ist täglich von 9 bis 17 Uhr geöffnet.

■ Bol'šaja Morskaja

Der Rückweg führt wieder über den Ušakov-Platz. Dort sollte man aber links in die belebte ul. Bol'šaja Morskaja (ул. Большая Морская) einbiegen mit ihrer Nußbaumallee, die parallel zur Leninstraße verläuft. Die **Maria-Schutzkirche** (Pokrovskij sobor) in der Nr. 36 fällt schon durch ihre goldenen Kuppeln auf. Was nicht sofort auffällt: die Kirche von 1905 stammt vom selben Architekten wie das Panorama, V. A. Fel'dman. Weiter unten, am Lazarev-Platz (пл. Лазарева), am schneeweißen Gebäude der Handelsvertretung Tatarstans, führt die ul. Voronina den zentralen Hügel der Stadt aufwärts. Oben angekommen, steht man vor dem **Lenindenkmal** von 1957 mit seiner Paradetreppe.

■ Vladimirkathedrale

Dahinter, etwas versteckt, liegt in der vul. Suvorova (вул. Суворова) 3 die Vladimirkathedrale. Hier fanden die Admiräle Nachimov, Kornilov, Lazarev und Istomin ihre letzte Ruhe, und so bekam die Kirche den Beinamen Admiralskathedrale. 1932 degradierten die Bolschewiki die Kirche zu einer Werkstatt und vernichteten die Särge der ›zaristischen Handlanger‹. 1966 begann man dann mit der Restaurierung des Baus, wobei auch die Grabsteine der Toten wieder aufgerichtet wurden. Danach war die

Das Lenindenkmal, im Hintergrund die Vladimirkathedrale

Kirche Museum. Erst 1991 wurde sie wieder der orthodoxen Gemeinde übergeben. Die Kirche wird nach und nach restauriert, die Fresken sind noch beschädigt, die Fenster notverglast.

Hinter Kirche und Lenindenkmal liegen die Straßen, in denen es recht militärisch zugeht. Hier ist, gut bewacht, der Eingang zum **Stab der russischen Schwarzmeerflotte**, nebenan liegen allerlei Versorgungseinrichtungen, wo höhere Dienstgrade ein und ausgehen.

■ Nachimov-Prospekt

Man kann vom Hügel über den Matrosen-Skver zum Nachimov-Platz absteigen oder wieder zum Lazarev-Platz zurückgehen. Dort beginnt der Nachimov-Prospekt (пр. Нахимова) mit seiner Allee aus Platanen, Kastanien und Linden. In der Nr. 9, gegenüber dem **Stadttheater**, ist das **Kunstmuseum** untergebracht, das täglich außer Dienstag von 9 bis 17 Uhr geöffnet hat. Von hier ist es nicht mehr weit zur Artbuchta. Vor dem geradezu mondän wirkenden Hotel ›Sevastopol'‹ führt die Ajvazovskij-Straße /ul. Ajvazovskogo (ул. Айвазовского) zur Bucht hinunter.

■ Markt

Als kleine Extratour bietet sich vom Schiff ein Spaziergang zum Bauernmarkt an. Die Schiffsnase zeigt die Richtung, und man gehe mutig durch die etwas unansehnliche Grünanlage. Vorbei am Denkmal zum 300. Jubiläum der Schwarzmeerflotte ist, schneller als erwartet, der Mark zu sehen. Alte Frauen verkaufen Weintrauben und Lavendelsträußchen. Neben Obst, Gemüse, Käse und Fleisch kann man aber auch Teppiche und allerlei anderen Klimbim kaufen – wenn man denn will.

Geht man hingegen am Schiff Richtung Heck weiter auf die Spitze der Artbuchta, kann man sich dort halbwegs ungestört in die Fluten werfen. Die Stufen, die direkt ins Wasser führen, sind eine beliebte Badestelle.

Das antike Chersones

Sehenswert ist auf jeden Fall das antike Chersones, das östlich des Stadtzentrums an einer Bucht liegt. Chersones, das im 5. Jahrhundert v. Chr. von Griechen gegründet wurde, ist über die ul. Požarova (ул. Пожарова) und weiter über den pr. Haharina (пр. Гагарина) zu erreichen. Am bequemsten fährt man mit dem Taxi, man kann aber auch die Maršrutka Nr. 22 nehmen, die die ul. Bol'šaja Morskaja bedient, sie fährt bis zum Eingang des Museums. Auch Trolleybusse der Linien 6 und 10 fahren vom Bauernmarkt, ul. Senjavina (ул. Сенявина), in diese Richtung, an der Haltestelle ul. Dmitrija Ul'janova (ул. Дмитрия Ульянова) muß man jedoch aussteigen. Von dort ist es etwa eine Viertelstunde Fußmarsch. Man kann auch nach Chersones laufen, sollte dafür etwa eine Stunde einplanen und gut zu Fuß unterwegs sein. Denn es geht auf und ab, und auch wenn die Volodymyr-

kirche schon von weitem zu sehen ist, muß man weit laufen, da man eine Bucht umgehen muß. Man muß vom Lazarev-Platz die ul. Generala Petrova (ул. Генерала Петрова) nehmen, die beständig bergauf führt, dann über eine Treppe steigen und ein ganzes Stück über die ul. Požarova (ул. Пожарова) laufen, die später in den pr. Gagarina (пр. Гагарина) einmündet. Es ist ein weiter Weg, den man am besten am Morgen unternimmt. Es bewahrheitet sich aber die alte Erkenntnis, daß man zu Fuß mehr sieht. So zum Beispiel den alten jüdischen Friedhof links hinter einer Tankstelle an der ul. Sečenova (ул. Сеченова). Für den Rückweg empfiehlt sich dann aber doch die Maršrutka.

Die antike Anlage heißt heute offiziell ›Nationales staatliches archäologisches Museum-Schutzgebiet Cherson-Tavričeskij‹ und hat täglich von 8 bis 21 Uhr geöffnet. Auf dem weitläufigen Gelände, das zum Meer hin abfällt, finden sich Überreste der antiken griechischen, aber auch der byzantinisch-mittelalterlichen Stadt.

Die Ausgrabungen von Chersones, im Hintergrund die Vladimirkirche

Vladimirkirche

Das einzige herausragende Gebäude ist die Vladimirkirche mit ihrer goldenen Kuppel. Die Kirche wurde im 19. Jahrhundert zu Ehren des Fürsten Vladimir (ukr. Volodymyr) errichtet, der 988 hier in Chersones, damals schon eine byzantinische Stadt, getauft worden sein soll. Diese Taufe war der Beginn der Christianisierung der Kiever Rus' und zog die berühmte Taufe der Kiever Bevölkerung im Dnepr nach sich.

Der Kirche wurde im Jahr 2003 ein besonderes Geschenk zuteil: Die Kiever Stadtverwaltung ließ neben der Kirche ein Bronzedenkmal für den Apostel Andreas errichten. Soll doch Andreas, dem in der orthodoxen Kirche hohe Ehrung zuteil wird, da er als Begründer der Ostkirche gilt, hier, von Jerusalem kommend, an Land gegangen sein. So erzählt es jedenfalls die fromme Überlieferung. Die Gegenwart Sevastopols ist dagegen erheblich gereizter: Dieses ›ukrainische‹ Geschenk zog sofort ein ›russisches‹ nach sich: Zwei Jahre später wurde in der an Denkmälern wahrlich reichen Stadt ein zweites Andreasdenkmal errichtet. Ein frommer und patriotischer russischer Verein errichtete dem Apostel auf einer der russischen Marinebasen ein Denkmal, das den gekreuzigten Andreas zeigt, ein Pendant errichteten sie am anderen Ende ihrer russisch-orthodoxen Welt auf den Kurilen nahe Japan – beide zusammen als ›Symbol der Einheit der russisch-orthodoxen Traditionen‹, wie einer der Denkmals-Aktivisten betonte.

Ein Denkmal für den Fürsten Volodymyr gibt es auch, etwas außerhalb des Museums, doch unübersehbar. Es wurde 1994 errichtet und es hat bisher, wiewohl sich Russen und Ukrainer auf ihn berufen, noch keinen Zwilling.

Sehenswürdigkeiten

Auf dem Gelände von Chersones ist ein **Teil der Befestigungsanlage** erhalten, ein **Amphitheater**, eine **Winzerei**, **Stadttore**, der **Hafen**. Fundamente wurden freigelegt, auch der **Mosaikenboden des Baptisteriums** ist zu sehen, der als der Ort vermutet wird, wo sich Volodymyr hat taufen lassen. Unten am Wasser steht einsam eine Glocke. Es ist die **Nebelglocke**, die 1776 in Taganrog am Asovschen Meer aus erbeuteten türkischen Kanonen gegossen wurde. Nach der Gründung von Sevastopol' kam sie als Nebelglocke auf die Marinebasis. Im Krimkrieg brachten Franzosen sie mit anderen erbeuteten Glocken nach Frankreich. 1913 wurde sie in der Pariser Kathedrale Notre Dame entdeckt, zurückgeführt – Franzosen und Russen waren damals gerade Verbündete – und im Kloster auf dem Gebiet von Chersones aufgehängt. Das Kloster wiederum überlebte die Oktoberrevolution nur um acht Jahre, alle Glocken wurden eingeschmolzen, bis auf eine. Sie wurde 1939 am Ufer als Nebelglocke aufgehängt und ist seitdem eines der friedfertigeren Wahrzeichen von Sevastopol'.

Zwei Museen informieren über das antike und das mittelalterliche Chersones, das 1399 von tatarischen Kriegern zerstört wurde. Doch diese versetzten Chersones nur den Todesstoß. Der eigentliche Abstieg war schon mit dem Genuesern gekommen, die mit ihren Niederlassungen auf der Krim der Stadt längst den Rang abgelaufen hatten.

Karte S. 179

Die Nebelglocke

Bachčisaraj

Bachčisaraj (Бахчисарай) ist die alte Hauptstadt der Krimtataren, hat heute rund 30 000 Einwohner und befindet sich etwa 30 Kilometer nordöstlich von Sevastopol'. Bei der legendären Reise Katharinas der Großen auf die Krim 1787 hielt die Zarin dort im ehemaligen **Palast des Khans** glanzvoll Hof. Der letzte Khan Sachin-Geraj hatte der Zarin vier Jahre zuvor die Krim auf Druck überlassen, erhielt von ihr aber zumindest das Recht, dort weiterhin residieren zu dürfen. Er entschied sich jedoch vorsichtshalber, nach Konstantinopel zu gehen. Das war ein Fehler, denn der Sultan ließ ihn alsbald hinrichten. Unbekümmert vom Schicksal des letzten Herrschers der Krimtataren waren die Reisenden im Gefolge Katharinas überwältigt von der märchenhaften orientalischen Pracht der Residenz.

Mit dem Bau des Khanspalastes wurde im frühen 16. Jahrhundert begonnen. Die Baumeister kamen aus Rußland und Italien, der Türkei und der Ukraine, und so ist das Gebäudeensemble, an dem

Das Maria-Entschlafens-Höhlenkloster

insgesamt über 200 Jahre gearbeitet wurde, eine Mischung verschiedener Stile. Eine Moschee, ein Mausoleum, verschiedene Brunnen und natürlich der eigentliche Palast mit Harem sind auf einen Park von vier Hektar verteilt, und so nannte man das Ensemble ›Palast im Garten‹, eben ›Bachčisaraj‹.

Neben der **Khan-Dzami-Moschee** mit ihren weithin sichtbaren Minaretten ist der **Tränenbrunnen** von 1764 eine Kostbarkeit des Palastes, die nicht nur heute noch viele Besucher anlockt, sondern ihm vermutlich auch seine Existenz gerettet hat. 1944 wurden auf Befehl Stalins alle Krimtataren wegen angeblicher Kollaboration mit den Deutschen nach Mittelasien deportiert, als Strafaktion wurden überdies sämtliche krimtatarischen Kulturdenkmäler vernichtet – bis auf den Palast von Bachčisaraj. 1820 reiste Alexander Puschkin auf die Krim und besuchte auch Bachčisaraj. Vier Jahre später verewigte Rußlands größter Dichter den Brunnen in einem Poem. Damit hatte Puschkin den Palast

Der Palast des Khans

Karte S. 179

Felsenstadt bei Bachčisaraj

quasi unter einen höheren (russischen) Schutz gestellt. Und so soll der Diktator darauf verzichtet haben, den Khanspalast zu zerstören.

Gegenüber dem Eingang befindet sich ein Imbiß (Krimski Čebureky/Кримскі Чебуреки), in dem es krimtatarische Speisen gibt.

Höhlenstädte

Südöstlich von Bachčisaraj gibt es mehrere sogenannte Höhlenstädte, unter ihnen Čufut-Kale (Чуфут-Кале), Mangup-Kale (Мангуп-Кале) und Eski-Kermen (Ески-Кермен). Auch das Maria-Entschlafens-Kloster am Stadtrand von Bachčisaraj gehört dazu. Diese Siedlungen stammen teilweise aus dem 6. Jahrhundert und dienten als Städte, Festungen und Klöster. Allerdings haben ihre Bewohner nicht in Höhlen gelebt, sondern auf den darüberliegenden Hochplateaus. Die Höhlen nutzten sie als Vorratskammern, Kirchen oder Grüfte – insofern ist die Bezeichnung Höhlenstädte etwas irreführend.

Das **Maria-Entschlafens-Höhlenkloster** stammt vermutlich aus dem 8. Jahrhundert, es wurde von byzantinischen Mönchen gegründet und war in der Zeit des Krimkhanats ein Zentrum der Orthodoxie.

Eine halbe Stunde Fußweg ist es vom Kloster zur **Felsenstadt Čufut-Kale**. Die ersten Bewohner waren vermutlich Nomaden aus dem Kaukasus, die hier schon im 4. Jahrhundert gesiedelt haben sollen. Eine feste Stadt ist aber erst später nachzuweisen. Im 13. Jahrhundert wurde die Stadt von Tataren erobert. Sie lebten dort, bis sie ihre neue Hauptstadt Bachčisaraj gründeten. Danach siedelten dort nur noch Angehörige der Karäer, einer jüdisch-türkischen Religionsgemeinschaft, von denen die letzten Čufut-Kale im 19. Jahrhundert verließen. Auf dem über 40 Hektar großen Gelände können verschiedene oberirdische Bauten besichtigt werden, zum Beispiel ein Mausoleum, Gebetshäuser der Karäer, Wirtschaftshöhlen und die Stadtbefestigung.

Groß Jalta

Schon der bloße Klang von Namen wie Oreanda, Massandra und Livadija scheint zu duften. Das Aroma von Meeresbrise, Bergluft und exotischen Blüten hat sich in den Klang der Orte eingewebt, die an der Südküste wie Perlen aufgereiht liegen, und der Name Jalta ist selbst denen bekannt, für die die Krim nur ein ferner, unwirklicher Landstrich im Osten Europas ist. Wie auf Terrassen angelegt, präsentieren sich die Kurorte des Südens im mediterranen Klima. Heute ist die über 70 Kilometer lange Küste von Foros (Форос) im Westen bis Gurzuf (Гурзуф) im Osten zur Verwaltungseinheit Groß Jalta mit etwa 90 000 Einwohnern zusammengeschlossen. Es ist ein Traumland zwischen Bergen und Wasser: Im Süden die See, im Norden das Krimgebirge, gekrönt von den Klippen des über 1200 Meter hohen Aj-Petri (Ай-Петри).

Segler vor der Küste Jaltas

Bei einer Fahrt mit der Seilbahn von Mischor (Мисхор) aus kann man innerhalb weniger Minuten von mediterran bis alpin mehrere Klimazonen durcheilen, bis man das Plateau unterhalb der Felsen erreicht hat. Das eigentliche, mondäne Jalta liegt im östlichen Teil der Großgemeinde. Und das Wahrzeichen von Jalta, wenn nicht der ganzen Krim, das Schlößchen Schwalbennest (Ласточкино гнездо, ukr.: Ластівчине гніздо) mit seinen Zinnen und Türmchen, befindet sich auf einem Felsen zwischen Mischor und Livadija.

Foros

Wenn man von Sevastopol' aus kommt, ist Foros (Форос) der erste der Kurorte, auf den man trifft. Es ist der südlichste Zipfel der Halbinsel. Sollte man von irgendwo auf der Krim tatsächlich Klein-

asien sehen könnte, dann von hier, doch auch von Foros sind es noch etwa 250 Kilometer übers Meer. Bei Foros beginnt das eigentliche Krimgebirge. Der Ort war drei Tage lang im August 1991 Brennpunkt des Weltgeschehens. KPdSU-Generalsekretär Michail Gorbatschow wollte sich endlich in seiner frisch erbauten Datscha ›Zarja‹ vom Niedergang seines Riesenreiches, von den Rankünen des Kremls und von seinem Hexenschuß erholen, als er und seine Familie unvermittelt Gefangene des KGB wurden, der auf Befehle aus Moskau handelte. Dort hatte sich ein Trio die Abwesenheit des Kremlchefs zunutze gemacht und gegen Gorbatschow geputscht. Sämtliche Telefonverbindungen zum Generalsekretär waren gekappt, und sechs Boote bewachten die Küste. Als Gorbatschow auf Druck der Öffentlichkeit am 21. August nach Moskau zurückkehrte, waren die Umstürzler

Karte S. 173

zwar gescheitert – etliche hatten sich kräftig betrunken –, doch der einstige Kremlherr kehrte in eine neue, veränderte Welt zurück. Bald mußte er seinen Platz räumen, der neue mächtige Mann hieß Boris Jelzin. In der Regierungsdatscha hat sich später der ukrainische Präsident Kučma erholt. Dessen Nachfolger Juščenko zieht es nun vor, in Muchalatka (Мухалатка), einer anderen, wenige Kilometer östlich gelegenen Datscha, zu urlauben. Das alte Gorbatschow-Anwesen nutzt er nur noch gelegentlich für Empfänge.

■ Auferstehungskirche

Das Wahrzeichen von Foros ist aber anderer Natur. Es ist die Auferstehungskirche, die sich weithin sichtbar 400 Meter über dem Meer auf einem Felsvorsprung wie auf einem Tablett präsentiert.
Ihre Entstehung ist einem Verkehrsunfall geschuldet. Als der Moskauer Teehändler Kuznecov 1888 hörte, daß Zar Alexander III. mit seiner Familie, von der Krim kommend, nur knapp bei einem Eisenbahnunglück mit dem Leben davongekommen war, stiftete er mit seinem Geld zum Dank diese Kirche bei Foros, wo er reichlich Land besaß. 1892 wurde sie eingeweiht. Die Bolschewiki ließen sie 1924 wieder schließen. Die Kreuze wurden abgeschlagen, die Fresken übermalt und der Priester nach Sibirien verbannt. Lange Zeit diente die Kirche als Imbißbude, ab 1969 war sie völlig dem Verfall preisgegeben. Erst der ukrainische Präsident Leonid Kučma nahm sich ihrer an, und 2004 wurde sie zum zweiten Mal geweiht. Seitdem ist sie ein weiterer alter und ganz neuer Edelstein an der Südküste der Krim; von ihrem Plateau aus kann man weit übers Meer blicken.

Alupka

Graf Michail Voroncov war ab 1823 Generalgouverneur von Neurußland und gehörte zu den ersten, die die Südküste zu schätzen wußten. Er verlieh Jalta das Stadtrecht, er ließ von Simferopol' eine Straße zur Küste bauen und sich selbst an jener Straße 17 Kilometer westlich von Jalta in Alupka (Алупка) eine Sommerresidenz errichten. Voroncov, der als Gouverneur in Odessa residierte, war ein weltläufiger Mann. Er war der Sohn des russischen Gesandten in London und verbrachte dort seine Kindheit, er war er ein Freund britischer Lebensart und ließ das Schloß von einem englischen Architekten im Tudor-Stil errichten – zumindest die Bergseite. Denn der Baumeister nahm zur Meeresseite reichlich Anleihen an indisch-orientalischer Architektur, und so wirkt das Schloß vor der grandiosen Felslandschaft des Aj-Petri wie ein Palast aus Tausendundeiner Nacht. Marmorne Löwen schlummern, eine Treppe führt zum Wasser hinab, Palmen neigen ihre Häupter und Brunnen plätschern – fürwahr, Voronzov hatte Stil. Und da seine Devi-

Blick über die Südküste der Krim

se beim Bau – very british – lautete: ›Teuer, aber haltbar!‹, hat das Haus die turbulenten Zeiten gut überstanden. Um so mehr, weil der Palast aus dem grünlich schimmernden sehr harten Gestein Diabas errichtet wurde, der in der Umgegend reichlich vorhanden ist. Gebaut wurde daran von 1830 bis 1848, allein acht Jahre wurde an der Parkanlage gearbeitet.

Der Palast blieb bis zur Oktoberrevolution im Besitz der Familie Voroncov. Nach der Revolution wurde er verstaatlicht und 1921 als Museum eröffnet. Es wundert nicht, daß das Schloß während der Konferenz von Jalta im Februar 1945 die Residenz der englischen Delegation unter Winston Churchill war. Drei Zimmer waren für den britischen Premier reserviert, wo er auch Stalin empfangen hat.

■ Rundgang durch den Voroncov-Palast

Bei einem Rundgang kommt man durch das Blaue Zimmer, durch ein Billard-Zimmer, das Vestibül, den Wintergarten, man kann Eichendecken bewundern und Eichenfußböden und mächtige Wannen, in denen einst Champagner gekühlt wurde. Es ist alles solide und durchaus beeindruckend, das Schloß ist eigentlich nicht groß, eher familiär eingerichtet. Ein guter Ort, um zu entspannen, Gäste zu empfangen oder um in Ruhe zu arbeiten – wenn man Generalgouverneur ist.

■ Schloßpark

Doch das Beeindruckendste ist der 40 Hektar große Park, der das Schloß umgibt. Wer Gelegenheit findet, sollte unbedingt einen Spaziergang durch den Park unternehmen. Die Reisebusse fahren oft direkt bis vor den Palast, sehr

bequem – doch so wird man um die Wege durch den Park gebracht, und es gibt einiges zu sehen: botanische Kostbarkeiten ebenso wie beeindruckende Perspektiven auf die weißen Klippen des Aj-Petri. Es wachsen Norfolk-Tannen, Zedern, Platanen, Kastanien und Zypressen. Daß hier Zypressen stehen, wird von den Einheimischen besonders betont. Der arglose Präsident Roosevelt erzählte während der Konferenz von Jalta seinem Gastgeber Stalin, daß er sich über die vielen Zypressen auf der Krim doch sehr wundere. Schließlich würde man in den USA solche Bäume vor allem auf Friedhöfen pflanzen, dort gelte die Zypresse als Symbol der Auferstehung. Kaum war die Konferenz zu Ende, gab Stalin den Befehl, die Zypressen auf der Krim abzuholzen, 70 000 Bäume fielen dem Wahn zum Opfer. Die Zypressen im Park von Alupka haben überlebt.

Neben all den mächtigen Bäumen gibt es auch künstliche Tümpel, Kaskaden und Steinbrüche. Bei dem Anblick der vielen, gefährlich großen Brocken am Hang läßt sich eine Führerin regelmäßig zu der Bemerkung hinreißen, daß die Anordnung so gebaut sei ›wie ein Staat: chaotisch, aber stabil‹. Ob sie mit der Metapher eher die Ukraine im Sinn hat oder doch Rußland, behält sie lieber für sich. So oder so, der Steinhaufen heißt jedenfalls tatsächlich ›Chaos‹.

Alupka ist heute nicht nur bevorzugter Urlaubs-, sondern auch Luftkurort. Es ist die eigentümliche Mischung aus Meeresluft und Kieferndurft, die die Lungenärzte preisen, denn nicht die Zypresse, sondern die Kiefer ist der vorherrschende Baum im Ort. Auch im Park des Voroncov-Palastes kann man ihn riechen, den Duft aus Salzwasser und Kiefernharz.

Karte S. 173

■ Seilbahn auf den Aj-Petri

Da sich kurz vor dem Eingang zum Park auch die Talstation der Seilbahn zum 1234 Meter hohen Aj-Petri befindet, kann man sich in Alupka, ein Bad im Schwarzen Meer eingeschlossen, einen ganzen Tag aufhalten. Allerdings sollte man zwei Dinge berücksichtigen: In der Hochsaison kann es insbesondere an der Seilbahn erheblichen Andrang geben. Die Reise auf den Gipfel dauert etwa eine Viertelstunde, die Fahrt wird auf halber Strecke unterbrochen. Dort muß man umsteigen. Spätestens dann sollte man sich warme Sachen überziehen – vorausgesetzt, man hat am Morgen beim Packen daran gedacht. Auf dem Aj-Petri ist es empfindlich kalt, und mancher kam unterkühlt wieder unten an.

Die Seilbahn auf den Aj-Petri

Schwalbennest

Der Andrang am kleinsten, doch schönsten Juwel der Krim wird schon dadurch reguliert, daß man sich dorthin zu Fuß auf den Weg machen muß, und so bleiben viele auf Distanz und begnügen sich mit einigen Fotos, die sie später herumzeigen: Zehn Meter breit, zwanzig lang und zwölf hoch – so unromantisch läßt sich das Schwalbennest beschreiben, das der deutsche Unternehmer Baron von Steingel 1912 anstelle eines Vorgängerbaus für seine Geliebte im Stile eines mittelalterlichen Rheinschlosses hat errichten lassen. Doch von Steingel, der durch den Ölboom am Kaspischen Meer reich geworden war, verkaufte das Schlößchen bereits zwei Jahre später wieder. Fortan wurde dort ein Restaurant betrieben, bis 1927 ein Erdbeben das Schloß und vor allem den Felsen darunter so ramponierte, daß der Bau jahrzehntelang geschlossen blieb. Erst 1968 wurde das Fundament mit einer Stahlbetonplatte befestigt, so daß das Haus wieder genutzt werden kann. Heute hält im Schwalbennest ein schickes und teures Restaurant seine Tür offen.

Wie gesagt, das Schlößchen ist nicht ohne Mühe zu erreichen. Von der Hauptstraße führt ein Fußsteig über etliche Treppen hinab. Wer schon Blasen an den Füßen hat, sollte sich tatsächlich mit dem Fernblick begnügen. An der Straße reihen sich etliche Souvenirstände, Attraktionen wie Adler, Pfauen und ein Bär – letzterer nur ausgestopft – und einige kleines Restaurants, wo man den Ausblick genießen kann. Wer zum Schwalbennest absteigen will, muß im Budengewirr die richtige Treppe nehmen, sie ist unauffällig, doch am Einstieg mit blauen Pfeilen und den Buchstaben ›гл‹ markiert für гнездо ласточкино – Schwalbennest. Für Hin- und

Rückweg sollte man eine Stunde einplanen, außerdem wird für den Weg umgerechnet etwa ein Euro Eintritt verlangt. Unterhalb des Schwalbennestes liegt eine Dampferanlegestelle, die von Ausflugsschiffen auf dem Weg von und nach Jalta angefahren wird.

Der Palast von Livadija

Auch Zar Nikolaus II. schätzte diesen sonnigen Platz in seinem doch sonst eher kalten Reich. Als ihm das alte Schloß in Livadija (Ливадия), unmittelbar am Südwestrand von Jalta, zu klein geworden war, ließ er kurz vor dem Ersten Weltkrieg dort den Weißen Palast im Stile der italienischen Renaissance errichten und alles nach dem neuesten Stand der Technik. Aber allzu lange konnte sich der letzte Herrscher auf dem Zarenthron nicht mehr an Wasser, Sonne, Telefon, Elektrizität und Lift erfreuen. Im Februar 1917 mußte er abdanken, und im Juli 1918 wurde er mit seiner Familie von den Bolschewiki im sibirischen Jekaterinburg erschossen. Der Weiße Palast wurde in ein Sovchos, ein Staatsgut, umgewandelt. Doch nicht lange, schon 1925 zog hier ein Sanatorium für Bauern ein. Weltbekannt wurde der Palast, als vom 4. bis 11. Februar 1945 die Konferenz von Jalta stattfand, auf der die drei Mächte der Anti-Hitler-Koalition über die Nachkriegsordnung verhandelten. Die US-amerikanische Delegation unter Präsident Franklin D. Roosevelt nahm im Palast Quartier. Auf der Konferenz einigte man sich nicht nur über die bedingungslose Kapitulation, die Aufteilung in Besatzungszonen und die Entmilitarisierung Deutschlands, sondern auch über die Aufteilung Euro-

pas in ›Einflußzonen‹ und auf den Entwurf der Charta der Vereinten Nationen, die wenige Monate später in San Francisco bei der Gründung der Weltorganisation angenommen wurde. Insbesondere um den Abstimmungsmodus im zukünftigen UN-Sicherheitsrat wurde lange gestritten, da Stalin ein Vetorecht der ständigen Mitglieder verankert sehen wollte. Er setzte sich durch.

■ Palast-Innenräume

Die widersprüchlichen Spuren, die die Geschichte des 20. Jahrhunderts in Livadija hinterlassen hat, führen im Inneren des Palastes zu einer sehr eigentümlichen Mischung: Im Untergeschoß wird an die Konferenz der Siegermächte erinnert. Soldatenpuppen stehen auf ewiger Wacht, Fotografien jener Tage hängen an der Wand, die drei Staatsflaggen zieren die Tische, Telefone stehen bedeutungsschwer herum, und im Weißen Saal warten die Stühle in Reih und Glied, als würden gleich noch einmal die Häupter dieser Welt erscheinen.

Eine Etage höher wird ebenso weihevoll dem letzten Zaren gedacht: der Zar beim Tennis, bei der Teestunde im Park, am Jachthafen, der Zar mit Ehefrau, Kindern und den großherzoglichen Verwandten aus Deutschland. Es ist fast ein Rührstück, weil die politische Dimension jener Jahre und die unrühmliche Rolle des Zaren ausgeblendet bleiben. Doch solche Widersprüche lebt man hier: Die – inzwischen heiliggesprochene – Zarenfamilie im Obergeschoß wird genauso verehrt wie ein paar Meter tiefer der Kriegsherr und Nachfolger jenes Mannes, der die Zarenfamilie erschießen ließ.

Die Schwarzmeerküste

Das Schwalbennest

Der Livadija-Palast

Dazu fügt sich eine Anekdote, die hier gern erzählt wird: Der amerikanische Präsident soll scherzhaft den Wunsch geäußert haben, den Livadija-Palast seiner Schönheit und Lage wegen zu kaufen. Doch das sei von Stalin entrüstet abgelehnt worden, schließlich sei das Anwesen doch Staatseigentum.

Weltgeschichtliche Betrachtungen außer acht gelassen, ist Livadija ein malerischer Flecken mit viel Touristenbetrieb. Der Palast ist täglich außer Mittwoch (vom 1.11. bis 31.3. auch Montag) von 10 bis 17 Uhr geöffnet, der Eintritt mit obligatorischer Exkursion kostet ungerechnet etwa 5 Euro. Das Bauwerk ist beeindruckender, der Park jedoch kleiner als das Voroncov-Anwesen in Alupka.

■ Sonnenpfad

Unterhalb der Palastanlage beginnt der Sonnenpfad, ein schöner Panoramaweg, der sich von hier knapp sieben Kilometer Richtung Osten bis Gaspra erstreckt. Der Weg führt weit oberhalb des Wassers an der Steilküste entlang und verläuft über weite Abschnitte unter schattigen Bäumen. Er wurde bereits 1861 angelegt und während der Sowjetzeit ausgebaut und mit Wegweisern und Kilometerangaben versehen.

Jalta

Einen Katzensprung von Livadija entfernt, erstreckt sich in einer sanften Bucht endlich Jalta, die Hauptstadt der Südküste. Doch so lieblich sie auch ist, ihr Ruhm ist einem Krieg geschuldet. Einem Arzt, der während des Krimkrieges hier Soldaten versorgte, fiel das milde, bekömmliche Klima auf. Bald wurden die ersten Sanatorien eröffnet. Schnell kam auch die High Society aus St. Petersburg und Moskau. Anton Tschechow, der seine letzten Lebensjahre in Jalta verbrachte, um seine Tuberkulose zu lindern, notierte, daß es auf der Promenade Geschäfte gebe, ›deren Paris sich nicht schämen müßte‹. Der Baedeker von 1893 nennt Jalta ›Badeort der vornehmen Welt‹. Adel, Geldbürger, Intelligenzija und Künstler verbrachten hier ihre Sommerfrische.

In Hafen hat ein mächtiges Kreuzfahrtschiff festgemacht, im respektvollen Anstand dazu schaukeln edle Jachten. Jalta ist auf dem Weg zurück zu dem einst noblen Badeort der russischen High Society, der es bis 1917 war. Nach Revolution und Bürgerkrieg war Schluß für die ›Bourgeoisie‹, für viele im wahrsten Sinn des Wortes: Nach dem Sieg über die Weißgardisten, die unter der Führung General Wrangels die Krim besetzt hielten, wütete der Rote Terror im einstigen russischen Arkadien besonders entsetzlich. Wer es nicht rechtzeitig aufs Schiff außer Landes geschafft hatte, wurde hingerichtet, zehntausende Gegner der Bolschewiki fanden Ende 1920 hier den Tod.

Nichts erinnert heute mehr an die Metzelei. Im Gegenteil – der Revolutionsführer Lenin steht wie eh und je auf einem Sockel aus dem von der Partei bevorzugten roten Granit, nur der Mantel, den er trägt, weckt in der mediterranen Hitze

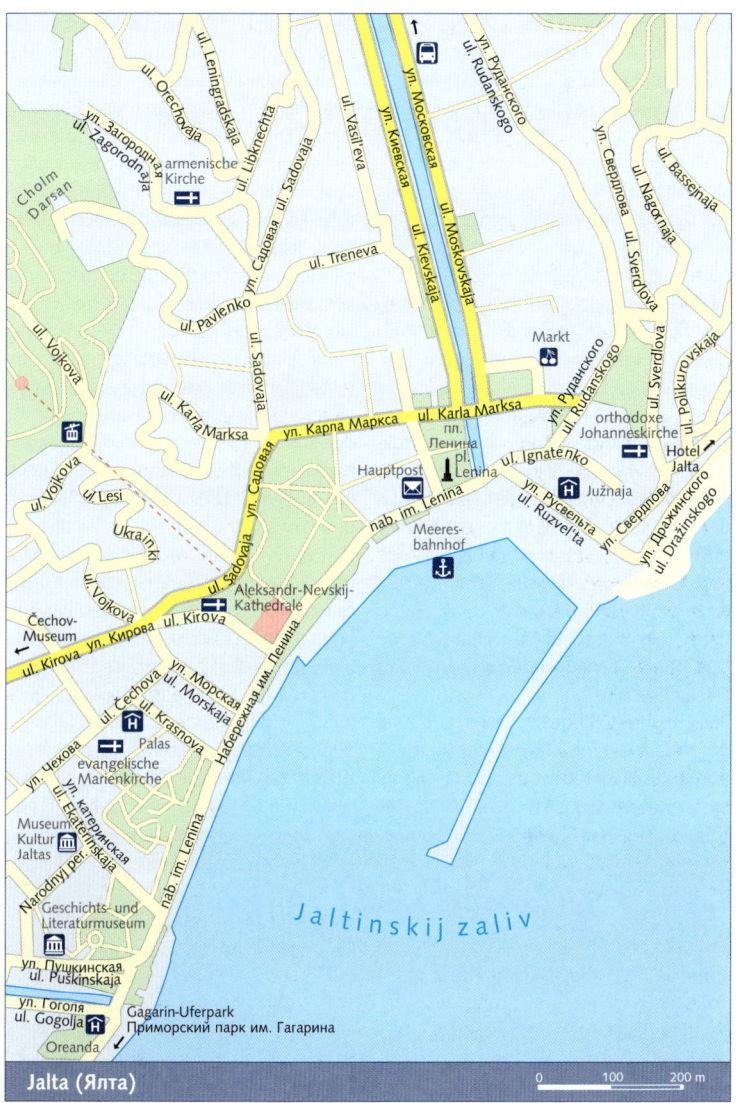

Jalta (Ялта)

Die Schwarzmeerküste

manch beziehungsreichen Gedanken. Lenin war es auch, der nach dem Einmarsch der Roten das Dekret über die neue Nutzung der Krim zur Erholung der Werktätigen unterzeichnet hat. Jalta wurde 1921 in Krasnoarmejsk umbenannt, was soviel heißt wie ›Ort der Rotarmee‹, doch bezeichnenderweise schon im Jahr darauf wieder rückbenannt, als hätte sich der Ort gegen die Ideologie behauptet. Jalta ist etwas Ziviles eigen. Es wurde nie, anders als viele andere Plätze der Südküste, militärisch genutzt, es gab keine Festung und keinen Marinehafen.

■ Uferpromenade

Auf der Uferpromenade zwischen Leninplatz/pl. Lenina (пл. Ленина) und dem teuren Hotel ›Oreanda‹ spielt sich das Touristenleben ab. Auf dem schmalen, steinigen Strand aalen sich in der Mittagshitze die Sonnenhungrigen, und wenn in der Dämmerung die Lampen an der Promenade aufflammen, sitzen an der Kaimauer Scharen von Jugendlichen, aus jedem Kiosk, jedem Café dröhnt russischer Pop. Das ist nicht jedermanns Sache. Die Promenade heißt offiziell nach wie vor Lenin-Uferstraße (набережна им. Ленина), am Leninplatz steht der erwähnte Lenin. Allerdings wurde ihm schon vor Jahren eine McDonald's-Filiale vor die revolutionäre Nase gesetzt.

Die gut einen Kilometer lange Promenade mit ihren Dominanten zwischen bourgeoiser Renaissance und revolutionären Überresten ist selbst Gleichnis geworden für die Spannungen, die Jalta im 20. Jahrhundert aushalten mußte. Lenin wirkt auf seinem Platz unter all den Palmen, prächtigen Kandelabern, dem Schnellimbiß und dem arglosen Urlauberbetrieb inzwischen reichlich deplaziert – so wie seine Wintergarderobe in der Sommerhitze. Als müßte man sich trotzdem noch entschuldigen, wurde an der Promenade eine orthodoxe Kapelle gebaut.

Doch auch die mondäne Welt wird nie mehr so zurückkehren, wie sie auf vorrevolutionären Photographien festgehalten wurde. Die Promenade ist zwar der Laufsteg für den neuen russischen und ukrainischen Geldadel, für die neue Mittel- und Oberschicht aus Moskau und Kiev, doch vor allem für all die, die sich ihren Traum vom Urlaub in Jalta über Monate und Jahre zusammensparen mußten, und die nun am Meer entlangschlendern, scheu auf die schneeweißen Boote blicken und an den Restaurants, nach einem kurzen Blick auf die Speisekarte, schnell vorbeigehen. Alte suchen etwas Ruhe, Kinder freuen sich über die Brandung, die sich wieder und wieder am Beton bricht, und

▲ *Einst Badeort der vornehmen Welt: Jalta*

Strandleben in der Hauptsaison

Sonnyboys laden zu exklusivem ›Fishing‹ und ›Diving‹ auf ihren Jachten ein.

An der Uferpromenade befinden sich auch die Kassen und **Anleger der Ausflugsschiffe**. In der Hauptsaison bis Ende August legen die Dampfer mehr als ein Dutzend Mal zur populärsten Tour ab: Von Jalta zum Schwalbennest und zurück, so eine Fahrt dauert zwei Stunden und kostet umgerechnet etwa zehn Euro.

Wer wirklich noch etwas von der vermeintlich guten alten Zeit erhaschen will, muß zur Bergseite gehen, auf der es weniger neumodisch zugeht. Dort erstreckt sich das alte Zentrum, mittendrin in der ul. Ekaterininskaja 8 (ул. Екатерининская) das **Museum ›Kultur Jaltas um 1900‹**. Hier wird alles und jeder wieder lebendig, der irgendwie damals mit Jalta in Verbindung stand, und das waren viele: Die Komponisten Rimskij-Korsakov, Rachmaninov und Musorgskij, die Schriftsteller Ivan Bunin und Lev Tolstoj und noch eine ganze Reihe anderer, dazu das passende Mobiliar und reichlich Bilder (tägl. außer Mo/Di von 10 bis 18 Uhr). Das Museum ist gleichzeitig Erinnerungsort für die

ukrainische Dichterin Lesja Ukrajinka, die hier zwei Jahre gelebt hat.

Nicht weit von hier, in der ul. Sadovaja (ул. Садовая) 2, befindet sich die **Aleksandr-Nevskij-Kathedrale** mit ihrer altrussischen Fassade, die unter Anwesenheit des Zaren Nikolaus II. 1902 geweiht wurde. Die Bolschewiki schlossen sie 1938, ließen die Glocken einschmelzen und richteten dort einen Sportklub ein. Nach Rückgabe und zahlreichen Restaurierungen, insbesondere wurden die Kuppeln vergoldet, finden nun wieder Gottesdienste statt.

Wer das alles auch von oben sehen will, kann sich mit einer kleinen **Seilbahn** auf den Hügel Darsan (холм Дарсан) gondeln lassen und das Panorama genießen. Die Talstation liegt zwischen der Uferpromenade und der ul. Sadova.

In der ul. Čechova (ул. Чехова) 10 befindet sich die **Kirche der deutschen evangelisch-lutherischen Gemeinde**, die 1885 als Marien-Kirche geweiht wurde. Zu Sowjetzeit beherbergte sie einen Schachklub, 1993 ging sie wieder in den Besitz der kleinen krimdeutschen Gemeinde zurück, die die Kirche renovierte.

Auf der Uferpromenade

Die Schwarzmeerküste

Massandra und Gursuf

Östlich von Jalta liegt der Geburtsort des Krimsekts. Eine Welt brach für die Franzosen zusammen, als Sekt vom Landgut ›Novij svet‹ des Grafen Golizyn bei Sudak (Судак) auf der Weltausstellung 1900 in Paris den Grand Prix gewann. Sekt aus Rußland! Schmach und Sensation zugleich. Wer von Europas Aristokraten noch nicht wußte, wo die Krim lag, der wußte es jetzt. Alsbald wurde Krimsekt auf allen Kontinenten gehandelt. Den Weinbau mit großen Kellereien konzentrierte Zar Nikolaus II. bald darauf im östlich an Jalta angrenzenden Massandra (Массандра). Die Weinkeller von Massandra haben danach alle Fährnisse der Zeit von Weltkrieg bis Gorbatschows Kampagne gegen den Alkohol überstanden. Die schweren Weine haben inzwischen schon viele Preise geholt. Heute können sie besichtigt und natürlich verkostet werden.

Noch etwas östlicher liegt der kleine Kurort Gurzuf (Гурзуф) mit seinen 9000 Einwohnern. Dort steht neben dem Hafen auf einem Felsvorsprung das **ehemalige Wochenendhaus von Anton Tschechow**; er kaufte es im Jahr 1900, um seine Tuberkulose zu kurieren. »Ich habe in Gurzuf ein Stückchen Ufer gekauft mit Badestelle und Felsen, nicht weit vom Park und vom Schiffsanleger«, schrieb der Schriftsteller seiner Schwester. Heute erinnert dort ein kleines Museum an den Dichter (ul. Čechova/ул. Чехова 22, tägl. von 10 bis 18 Uhr).

Ganz andere Berühmtheit erlangte Gurzuf durch das 1925 gegründete **Pionierlager Artek**, in dem Generationen von Kindern bei staatlich organisiertem Frohsinn ihre Ferien verbrachten. Das über 250 Hektar große Gelände, darunter 40 Hektar Strand, firmiert heute als

›Internationales Kinderzentrum‹ mit neuen Abzeichen und neuen himmelblauen Tüchern, die sich die Kinder wie einst die Pioniere um den Hals binden. Jetzt erholen sich hier etwa 25 000 Kinder im Jahr, die nicht nur aus der Ukraine und weiteren Nachfolgestaaten der UdSSR kommen, sondern aus insgesamt etwa 30 Staaten. Vor allem die Kinder aus ferneren Ländern werden sich die Augen reiben, wenn sie den fast zehn Meter großen Mann mit wehendem Mantel erblicken, der wie festgefroren auf dem Gelände steht: Es ist der **größte bronzene Lenin der Welt.** Inzwischen ist das mitsamt Sockel 19 Meter hohe Denkmal arg verfallen, und viele nennen Lenin halb verächtlich, halb fürsorglich ›King Kong‹.

> ### ℹ Südküste der Krim
>
> Jedes Kreuzfahrtschiff bietet eigene Tagesausflüge entlang der Südküste an. Sie beginnen meist in Foros und führen zur Promenade von Jalta, wo die Busse wieder umdrehen und den Heimweg antreten. Wer auf Nummer sicher gehen will, buche diese Touren. Sie bieten alles, was man an einem Tag besichtigen kann, mehr ist nicht zu schaffen. Wer anderes will oder wer ganz konkrete Ziele hat, sollte rechtzeitig planen. Eine Hilfe sind dabei die einheimischen Veranstalter. Wer etwas Abenteuerlust und einige Sprachkenntnisse mitbringt, kann auch auf diese Art die Südküste erobern. Angebote findet man etwa in Sevastopol' am Nachimov-Platz, aber auch in Jalta an der Uferpromenade. Die Touren sind etwas weniger komfortabel, dafür billiger, außerdem hat man die Chance, ein bißchen mehr über Land und Leute zu erfahren.

Karte S. 173

Auf dem Meer nach Odessa

Am Mittag legt die ›Prinzessin‹ ab. Rückwärts schiebt sie sich vorsichtig aus der Artbucht hinaus in die große Bucht von Sevastopol'. Auf der Brücke gibt zum ersten Mal ein Lotse die Kommandos. Aber noch in der großen Bucht geht er wieder von Bord, die ›Prinzessin‹ hat freie Bahn – sie ist nun ein Meeresdampfer. Jedenfalls fast. Denn mehr als 35 Kilometer darf sie sich nicht von der Küste entfernen, ist am Nachmittag auf der Brücke zu hören, außerdem hätte ihr der Hafenkapitän bei einem Wellengang von 2,50 Metern oder mehr das Auslaufen verboten. Doch das Meer glitzert ruhig – 18 Stunden bis Odessa.

Sevastopol' ist am Horizont verschwunden, ringsum Wasser, um 16 Uhr dürfen Neugierige auf die Brücke. Die Brücke ist geräumig wie der Saal einer Dorfgaststätte, selbst für einen wuchtigen Schreibtisch ist Platz, nur die Decke ist niedrig. Alles ist sehr übersichtlich, nur einer fehlt. ›Wo ist der Kapitän?‹ Diese Frage dringt aus vielen Mündern. Enttäuschung liegt in der Luft. Der erste Offizier wirbt für Verständnis. Der Kapitän müsse sich ausruhen. Er ist bei den Lotsenfahrten an Deck, des Nachts, bei Anlegemanövern, bei Schleusendurchfahrten, kurz: immer dann, wenn es knifflig ist. Doch jetzt, auf hoher, doch ruhiger See, müsse es auch einem Kapitän erlaubt sein, zu entspannen. Auf die kurze Rede folgt allgemeine Zustimmung. Der Erste Offizier erklärt dann die Technik, das Radar, eines für den Fluß, ein anderes für das Meer. Ein Fernglas liegt ebenso griffbereit wie die Zigarettenschachtel. Der Kreiselkompaß ist beeindruckend, doch das Steuerrad enttäuschend winzig: keine Spindel aus edlem Holz, ein halbrundes Handrad aus Eisen, sonst nichts. Hauptsache, es funktioniert. Der Steuermann dreht daran, der Bug dreht bei – es funktioniert. Knöpfe, Armaturen, Drehschalter, Lichtschalter und das Holzimitat an den Wänden – manches kommt dem bekannt vor, der in der DDR großgeworden ist. Die Herkunft des Schiffes läßt sich hier oben am wenigsten verbergen. An der Rückwand hängt eine Tafel mit den internationalen Schiffahrtsignalen, für jeden Buchstaben eine Flagge von Alpha bis Zulu, daneben eine Kommandotafel für das Manöver ›Mann über Bord!‹, mit einer 240-Grad-Kurve würde die ›Prinzessin‹ den Verunglückten wieder an Bord holen.

Es wird aber nichts passieren – selbst wenn der Kapitän schläft. Denn die ›Prinzessin‹ steht unter besonderem

Kurs aufs offene Meer

Besichtigung der Brücke

Schutz: Über der Wanduhr auf der Brücke blickt zuversichtlich ein himmlischer Herrscher aufs Meer. Mit Zepter, Hermelin und Krone geschmückt, wacht Nikolaus II., der letzte Zar der Russen (und vieler Ukrainer), über Passagiere, Besatzung und Schiff. Nikolaus II., mitsamt Familie im Juli 1918 von den Bolschewiki ermordet und im Jahr 2000 von der russisch-orthodoxen Kirche heiliggesprochen, ist der wahre Kapitän.

Die ›Prinzessin‹ gleitet dahin, das Meer ist ruhig, gleichmäßig brechen sich die Wellen. Ein einförmiges, rhythmisches Rauschen gibt einen Takt vor, der auf alle beruhigend wirkt. Das Deck ist wie leergefegt, die Mobiltelefone schweigen, kein Empfang. Als die Nacht hereinbricht, funkelt der Himmel, eine dünne Mondsichel hängt wie bestellt, das Meer selbst ist pechschwarz. Die Überfahrt ist sanft, kein Vergleich mit der Dünung auf dem Stausee von Kremenčuk.

Am nächsten Morgen in aller Frühe ist der Himmel verhangen, ringsum Schiffe, mehr als ein Dutzend, sie bringen ein bißchen Aufregung nach der ruhigen Passage – die Reede von Odessa. Das Lotsenboot, rot-grün gepinselt, kommt von Odessa herüber, der Lotse springt an Bord und klettert auf die Brücke. Als Opernhaus und Hafen schon mit bloßem Auge gut zu sehen sind, wird am Bug ein Ritual zelebriert. Ein Matrose kommt mit Lappen, Flaschen und Eimer und beginnt, die Schiffsglocke zu putzen. Wieder und wieder kippt er eine Flüssigkeit darüber und poliert mit einem Lappen, wo es nichts mehr zu polieren gibt. Die Glocke glänzt schon wie morgendliches Gold, doch der Matrose, im Gegensatz zur Glocke eher mürrisch, putzt und putzt. Fast scheint er das Anlegemanöver zu verpassen. Seine Kollegen drängen sich aufs Bug, ordnen die Taue. Der Leuchtturm, schneeweiß, am Ende einer langen flachen Mole, zieht vorbei, der Containerhafen, der Fährhafen, das Edelhotel ›Odessa‹ mit stahlblauer Glasfassade. Rückwärts, Meter für Meter, schiebt sich die ›Prinzessin‹ an die Hafenmauer heran. Der Lotse ist auf der Brücke zu sehen, auch der Kapitän. Das Opernhaus ist zum Greifen nah, auf der Potjomkin-Treppe laufen Leute auf und ab. Odessa.

Die Seefahrt ist zu Ende.

Odessa

Odessa – das klingt wie Musik. Der Name geht über jede Zunge, keiner fühlt sich fremd. Vielleicht war das der Grund, warum Katharina die Große den Ort ein Jahr nach der Gründung 1795 von Chadžibej in Odessa umbenannte – nach jener alten griechischen Kolonie Odessos, die hier gelegen haben soll. Wer Menschen aus aller Herren Ländern in die neue Stadt und den Hafen locken will, braucht einen Namen, der alle ruft. Odessa ist Musik, und Musik verbindet. Das hat sich Armand Emmanuel du Plessis, Herzog von Richelieu, auch gedacht, als er 1803 zum Statthalter von Odessa ernannt wurde. Richelieu schrieb sorgenvoll an Zar Alexander I.: »Ihre Majestät, noch nie versammelten sich in einem Land auf einer derart kleinen Fläche Angehörige so vieler Völker, deren Sitten, Sprachen, Kleidung, Konfession und Bräuche sich so sehr voneinander unterscheiden.« Der Franzose fürchtete, daß es in dem Gemisch aus Griechen, Italie-

Badestrand bei Odessa

nern, Armeniern, Juden, Deutschen, Polen, Russen, Moldauern, Ukrainern und wer sonst noch in die neue Stadt gekommen war, zu Unruhen kommen könnte. Andere hätten die Polizei verstärkt, Richelieu ließ eine Oper bauen. Wer am Abend ins Theater geht, wer gar gemeinsam im Chor singt, wird dem anderen am Morgen nicht den Kopf einschlagen.

Heute lärmen an den Stränden die Discos, Inline-Skater sausen vorbei. Billardkugeln knallen, und hinterm Ufer wachsen Appartementgebirge in den Himmel, sie heißen ›Arkadischer Palast‹ und ›Weißes Segel‹, und sie versprechen Wohnungen mit dem ›Aroma des Meeres‹. In den Außenbezirken wird die Erde aufgerissen, es wird gebaut, als wäre die Stadt aus einer Starre erwacht. Im Zentrum werden Straßenzüge restauriert, die Lokale breiten sich über die Bürgersteige wie das Weinlaub an den Häusern. Wo zwischen den Platanen und Linden noch Platz ist, stehen große, sehr große und auch kleine Karossen. Am Meeresboulvar (Prymors'kyj bul'var) werden sogar Hunde zu Flaneuren, und das Grummeln, das vom Hafen herüber-

Champagner ›Odessa‹

weht, scheint wie Musik. Odessa hat viele Musiker geboren. Nathan Milstein, David Oistrach und Shura Cherkassky, nicht zu vergessen die Jazz-Legende Leonid Utjosov – allesamt Juden, alle um 1900 geboren.

Die Potjomkinsche Treppe gilt seit der Achteinhalb-Minuten-Sequenz im Film ›Panzerkreuzer Potjomkin‹ als Ikone. Ein Kinderwagen rollt die Treppe hinunter, und Soldaten mit aufgepflanzten Bajonetten metzeln wehrlose Arbeiter nieder. Es ist die vielleicht berühmteste Szene der Filmgeschichte. Regisseur Sergej Eisenstein setzte die Meuterei der Matrosen auf der ›Potjomkin‹ von 1905 auftragsgerecht in Szene. Lenin nannte den Aufstand ›die Generalprobe des Roten Oktober‹. In Wahrheit setzten sich die Matrosen nach Rumänien ab und versenkten dort ihr Schiff. Nicht revolutionär, aber menschlich.

Odessa hat zwei Jahrhunderte erlebt, die unterschiedlicher nicht sein konnten. Im 19. Jahrhundert war es die strahlende Schöne, selbstbewußt, offen. Als Mark Twain 1867 von seinem Besuch zurückkehrte, erzählte er: »Wir blickten die Straße hinauf, wir blickten hinunter, in diesen Weg oder jenen, wir sahen immer nur Amerika!« Zwei Weltkriege, Revolution, Bürgerkrieg, Terror, Repression und Isolierung hätten Odessa im 20. Jahrhundert fast die Luft genommen. 1925 notierte der Schriftsteller Isaak Babel': »Odessa ist toter als der tote Lenin!«

Für die Machthaber in Moskau blieb der respektlose, tolerante Geist der Stadt immer etwas Fremdes. Sie haben aus Odessa eine Provinzstadt gemacht. Doch nur fast – es fehlt der Aufmarschplatz mit dem Lenin (den haben sie im Park neben dem Bahnhof versteckt), es fehlt der Betonhaufen, in dem die Ge-

bietsverwaltung für gewöhnlich haust, es fehlt der zugige Prospekt, es fehlen die seelenlos breiten Straßen. Der Boulevard Deribasivs'ka ist unter den Sowjets viermal umbenannt worden. Sie hätten es vierzigmal tun können, für die Odessiten bleibt er die Deribasivs'ka – benannt nach Don José de Ribas, Neapolitaner mit spanischen und irischen Wurzeln. Er war Admiral der russischen Flotte, er eroberte die türkische Festung, die da stand, wo Odessa sich jetzt erstreckt. Er wurde von Katharina II. mit Brillanten dekoriert, er leitete den Aufbau der Stadt. Er träumte von Odysseus und von Alexander dem Großen und er soll die Zarin geschwängert haben, kurzum – ein echter Odessit.

Begraben liegt er in St. Petersburg, doch wenn es nach dem Stadtrat von Odessa ginge, würde er Don José gern heimholen. Gespräche darüber verliefen bisher ergebnislos. Aber sie werden es schaffen, die Odessiten. Sie haben es immer geschafft.

Die Geschichte Odessas

Als Katharinas Sohn Paul I. an die Macht gekommen war, beeilte sich dieser, alle Projekte seiner Mutter, die er über alles gehaßt hatte, zu stoppen. Da war es heikel, daß Odessa im Jahre 1800 beim Zaren ein Darlehen von 250 000 Rubel für den Ausbau des Hafens beantragte. Paul empfing das Schreiben und schwieg. Was tun? Wie sollte der mißgünstige Herrscher gewonnen werden? Die Odessiten versuchten es mit dem Charme des Südens: Sie ließen aus Griechenland 3000 Apfelsinen kommen, die sie, sorgfältig verpackt, in Windeseile nach St. Petersburg sandten. Eine Sensation, Apfelsinen in der kalten Hauptstadt! Paul nahm das Geschenk freundlich an – und bewilligte das Geld. Heute erinnert eine große Apfelsine vor dem Archäologischen Museum an den Coup.

Die Geschichte meinte es gut mit Odessa. Talente aus England, Frankreich, Italien, Holland, gleichermaßen aufgeklärt wie abenteuerlustig, strömten zusammen, um dieser Stadt ihren Stempel aufzudrücken. Das türkische Chadzibej mit seiner Festung Eni-Dunja war erobert, die Friedensverträge unterzeichnet. Die Türken räumten das Feld. Eine Stadt war 1794 zu gründen, die es so noch nie gab: keine Leibeigenschaft, keine Mauern und kein Schloß, beseelt vom klassischen Ideal, ohne Höflinge und Schranzen und – nicht unwichtig – fern der Hauptstadt. Ein echter ›Aufbruch Ost‹ am Rande der Steppe, Modernität und Zweckmäßigkeit im fernen Osten Europas. Handel war das Ziel, Offenheit das Prinzip.

Kirchen aller Konfessionen entstanden, Juden durften sich niederlassen, Bauern flohen aus ihren Dörfern. Die Stadt sprach sich herum und blieb in den Köpfen – auch bei denen, die ihrem Ruf nicht folgten. Der Mythos Odessa war geboren. Odessa war von 1819 bis 1859 Portofranco, Freihafen. Die Stadt war lange Zeit größter Getreideexporteur der Welt. 1829 lebten über 50 000 Einwohner hier, 30 Jahre später mehr als doppelt so viele. Der Bau mehrerer Eisenbahnlinien ab 1865 brachte dem Hafen ebenso Impulse wie 1869 die Eröffnung des Suezkanals. 1877 schlug Odessa erstmals mehr Waren um als St. Petersburg. Die Universität wurde gegründet, Hochschulen, Museen und Institute, Enthusiasten bauten Flugzeuge. Die Industrie entwickelte sich, 1907 wurde die neue Börse eröffnet.

Mit den Fabriken wuchs die Arbeiterschaft, soziale Spannungen nahmen zu. Sie entluden sich im Juni 1905 in einem Generalstreik, den die meuternden Matrosen auf dem Panzerkreuzer ›Fürst Potjomkin von Taurien‹ unterstützten. Odessa war am Vorabend des Ersten Weltkrieges nach St. Petersburg, Moskau und Warschau die viertgrößte Stadt im Russischen Reich und hatte 660 000 Einwohner. Zehn Jahre später war es nur noch die Hälfte. Wie vorher den Weizen hatten Dampfer die halbe Einwohnerschaft mitgenommen. Nach Krieg, Revolution und Bürgerkrieg war der Aufstieg gestoppt, das ›goldene Jahrhundert‹ vorüber.

Die ›Ukrainisierung‹ Odessas begann. Die Stadt, in der bis zum Ersten Weltkrieg kaum zehn Prozent Ukrainer wohnten, wurde der Ukrainischen Sozialistischen Sowjetrepublik einverleibt. Stalins Totalitarismus regierte eine Stadt, in der Freiheit und Toleranz zu Hause waren. Odessiten trafen sich in Berlin, Paris, New York wieder, andere im Arbeitslager, mancher wurde – wie der Schriftsteller Isaak Babel' – im Gefängnis erschossen.

Die Schwarzmeerküste

Hauseingang im Zentrum

Im Jahre 1941 besetzen deutsche und rumänische Truppen die Stadt und blieben 907 Tage. Sie löschten das jüdische Odessa nahezu aus. Viele der Juden, die die Shoah überlebt hatten, emigrierten ab den 1970er Jahren in den Westen. Odessa hat heute etwa 1,03 Millionen Einwohner. Der Hafen ist mit dem Seehafen im südlich angrenzenden Ill'ičivs'k der größte Handelsplatz der Ukraine, mit Öl- und Containerterminal, aber auch mit Jacht- und Passagierhafen.

»In Odessa gibt es süße und ermüdende Frühlingsabende, den angenehmen Duft der Akazie und das gleichmäßige, berückende Mondlicht über dem dunklen Meer«, schrieb 1916 der Schriftsteller und Odessit Isaak Babel'. Nun hat sich in Odessa vieles geändert – die Frühlingsabende, die Akazien und der Mond, der über dem Meer aufsteigt, nicht. Odessas erster Chefarchitekt François de Voland legte die Stadt geometrisch an, teilte die Viertel und ließ jede Straße mit Akazien, Linden, Kastanien, Platanen bepflanzen, damit die Passanten während der Tageshitze im Schatten spazierten. An Touristen hatte er noch nicht gedacht, an Reisende aus Europa und Asien schon.

Rundgang vom Hafen aus

Touristen, die heute mit dem Schiff in Odessa ankommen, wird ein geradezu aristokratisches Privileg zuteil. Sie können über die Potjomkinsche Treppe hinaufsteigen, als wären sie Senatoren. Das ganze Entrée der Stadt ist auf die Treppe hinkonzipiert, und es ist bedauerlich, daß die meisten Reisenden heute mit Bahn und Flugzeug ankommen und die Stadt zuerst von der Landseite erleben. Um aber vom Schiffsanleger zur Treppe zu gelangen, sind einige Hindernisse zu überwinden, die sich im Laufe der Jahre

Odessa besitzt einen geschäftigen Hafen

dazwischengeschoben haben. Vom Anleger führen Treppen hinauf in den Fährterminal, den man zur Stadtseite wieder verläßt. An einem Bronzedenkmal vorbei über eine Brücke, die ein Gleisgewirr überwindet, gelangt man zu einer weiteren, etwas versteckten Treppe, die durch ein Gebäude hinab auf die Straße führt. Wenn der Verkehr zu stark ist, sollte man diese Straße mit Hilfe einer nahegelegenen Unterführung passieren. Nach diesem unangenehmen Parcours kann man durchatmen. Man steht auf der Treppe.

Das Bronzedenkmal vor dem Terminal ist übrigens die **Großskulptur Goldenes Kind** von Ernst Neizvestny, die der Künstler 1995 der Stadt geschenkt hat – das propere ›Goldene Kind‹ als Analogie zu ›Odessa – Mama‹, wie die Stadt liebevoll von den Odessiten auch genannt wird. Der 1925 geborene Neizvestny wurde vom damaligen Kremlchef Chruschtschow wegen seiner Kunst heftig attackiert und isoliert, bis er 1975 endlich ausreisen konnte und in den USA ein hochgeachteter Künstler wurde.

Karte S. 207

Odessa (Одеса)

0   200   400 m

Die Schwarzmeerküste

■ Potjomkinsche Treppe

Die Treppe heißt heute Potjomkinsche Treppe und wurde durch den Film von Sergej Eisenstein weltbekannt. Kaum bekannt ist, daß die Treppe erst 1955 zum 50. Jahrestag der Meuterei nur nach dem Schiff, nicht nach dem Fürsten benannt wurde. Dabei hatte die Meuterei bereits durch den Film eine nicht zu übertreffende Würdigung gefunden. Und so kam es, daß die Sowjetmacht – zumindest im späteren Bewußtsein der Odessiten wie der Besucher – einen Repräsentanten des alten Regimes, Fürst Grigorij Potjomkin, geehrt hat. Doch so eine Ehrung war schon lange fällig, denn Potjomkins Verdienste um die Region sind unbestritten – ein wahrer Treppenwitz.

Der Aufgang, 1837 bis 1841 von Francesco Boffo erbaut, hieß zuvor ›Richelieu-Treppe‹, Boulevard-Treppe oder meist einfach Große Treppe. Boffo hat den Eindruck, den sie macht, durch einen einfachen Trick verstärkt. Während die Freitreppe an ihrem Fuß über 21 Meter breit ist, mißt sie oben nur gut 13 Meter. Die nach oben verjüngte Treppe wirkt von unten weitaus länger und majestätischer, sehr effektvoll, geradezu ein Roter Teppich aus Stein für alle, die zu Schiff ankamen und ankommen. Es war ein Aufgang direkt in einen neuen Himmel – zum ebenfalls von Boffo durchkomponierten Prymors'kyj bul'var, dem ›Boulevard am Meer‹. Von unten findet der Blick den Herzog von Richelieu in römischer Toga, der mit ausladender Hand wie ein Gott den Fremden begrüßt. Keine Stadt hat sich je besser inszeniert.

Doch die Exkursionen der Kreuzfahrtschiffe beginnen meist im Bus, der die Reisenden zum Prymors'kyj bul'var hinaufbringt. Das ist bequem, doch mit diesem Luxus bringt man sich um den viel größeren: den Spaziergang über die Treppe. Man kann den Aufstieg nach der Busexkursion zumindest nachholen. Mutige können mit der Stadtführung am Schiff vereinbaren, daß sie allein die Treppe hinaufgehen, wo man sich oben am Richelieu-Denkmal wieder treffen kann, um die Tour im Bus fortzusetzen, denn auch die Busexkursionen beginnen in der Regel oben am Richelieu-Denkmal bei der Treppe. Wer aber die vielen Stufen fürchtet, für den gibt es eine Steighilfe – eine Standseilbahn, ähnlich dem Funiculaire in Kiev, die gemächlich neben der Treppe von 8 bis 23 Uhr auf- und abfährt und deren Benutzung kostenlos ist.

■ Richelieu-Denkmal

Ist man die 191 Stufen einigermaßen andächtig hinaufgeschritten – je höher man steigt, desto intensiver wird schließlich der Trubel –, steht man vor dem Richelieu-Denkmal von Ivan Martos. Wenn es allein nach den Odessiten gin-

Die Potjomkin-Treppe, oben grüßt Richelieu

Karte S. 207

ge, sie hätten Richelieu wohl ›den Großen‹ genannt. Armand Emmanuel du
Plessis, der 5. Herzog von Richelieu,
Verwandter des Kardinals Richelieu, war
ein aufgeklärter Geist und Staatsmann
– und ein Glücksfall für Odessa. Vom
Theaterbau über Ideen der Gewaltenteilung und Hygiene bis hin zu den weißen
Akazien, die er anpflanzen ließ – vieles
hat er angeregt. Es gab genügend Gründe, den Herzog 1814 nach seiner Rück-
kehr nach Frankreich zu ehren, wo er
noch zweimal Premierminister wurde,
noch mehr, als er 1822 starb. Sein sieben Jahre später eingeweihtes Bronzedenkmal war das erste, das die Stadt
sich geleistet hat.

■ Der Meeresboulevard

Richelieu steht im Zentrum des Meeres-
boulevards (Приморський бульвар).
Der Boulevard stammt wie die Treppe
von Francesco Boffo und ist ein durchkomponiertes Stück Stadt- und Garten-
landschaft. Am Südende erblickt man
die Börse von Odessa, heute das repräsentative Rathaus, an seinem Nordende
steht der Voroncov-Palast, beide durch
eine Kastanienallee verbunden wie
durch einen Wandelgang, zur Stadtseite
liegen die Bürgerpalais. In der Mitte
weitet sich der Weg zu einem Platz, als
wäre hier das Foyer. Ist es auch. Denn
hier hebt Richelieu seine Senatoren-
hand, blickt auf die Potjomkinsche
Treppe und grüßt jeden Neuankömm-
ling.
Allerdings hatte Richelieu früher eine
bessere Sicht aufs Meer. Davor schiebt
sich nun die verkehrsreiche Straße, die
Brücke über die Gleise, ein Autohaus,
ein Parteibüro, Werbewände, der Fährhafen und seit neuestem – als Sichtblen-
de besonders wirksam – das Luxushotel
›Odessa‹. Über diesen Bau sind keineswegs alle Odessiten erfreut. Säße noch
ein Richelieu im Rathaus, das Hotel wäre dort nie gebaut worden.
Francesco Boffo hat nicht nur Treppe
und Boulevard angelegt, sondern auch
die Börse, den Voroncov-Palast und Dutzende andere Häuser in der Stadt gebaut. Das Baumaterial war der Sand-
stein, den sie unter der Stadt fanden. Sie
brachen ihn in Blöcken heraus, Stück für
Stück, bis der Untergrund durchlöchert
war wie ein Schweizer Käse – die **Katakomben von Odessa** waren entstanden,
ein Labyrinth von Gängen mit einer Ge-
samtlänge von unglaublichen 1700 Kilometern, andere sprechen gar von
2500 Kilometern. Schmuggler versteckten dort fortan ihre Waren, und im
Zweiten Weltkrieg waren sie Zuflucht
für Juden und Partisanen. Heute werden
von örtlichen Veranstaltern Exkursionen
in die Katakomben angeboten. Klein-
gruppen bis zu drei Personen zahlen
etwa 100 Euro. Hotels vermitteln den
Kontakt zu den Anbietern. Am einfachsten ist ein Besuch des Partisanenmuse-
ums (Музей партизанской славы) im
Vorort Nerubajskoe (Нерубайське),
tägl. außer Montag von 10 bis 17 Uhr.
Der größte Teil des Museums liegt in
den Katakomben 12 bis 14 Meter tief
unter der Erde. Busse nach Nerubajskoe,
das sich östlich der Hauptstraße nach
Kiev befindet, fahren gegenüber dem
Hauptbahnhof von Odessa ab.
Der **Voroncov-Palast** bietet von seinen
Kolonnaden aus einen weiten Blick über
den Hafen und ist gleichzeitig ein vergleichsweise ruhiger Ort am Rande des
Boulevards. Er ist heute der ›Palast der
Kinder und Jugendlichen‹ von Odessa.
Der Boulevard war schon immer die
gute Stube der Stadt und entsprechend
gepflegt, doch in den vergangenen Jahren sind die Bemühungen noch einmal

Die Schwarzmeerküste

verstärkt worden. Auf halber Strecke zwischen Richelieu- und Puschkin-Denkmal ist unter anderem eine Vitrine in den Boden eingelassen worden, die über antike archäologische Funde in Odessa informiert. Außerdem sind die Kastanien mit bunten Leuchtgirlanden behängt worden, die den Boulevard allabendlich in bonbonfarbenes Licht tauchen, was allerdings nicht jedermanns Sache ist.

Die **Puschkin-Büste** am südlichen Ende des Boulevards wurde 1889 errichtet. Eigentlich sollte es ein komplettes Standbild des Dichters werden, allerdings haben die Mittel dazu nicht gereicht, die bei einer Sammlung eingeworben wurden. Ein ›kompletter‹ Puschkin ist heute an anderer Stelle Odessas zu sehen: Auf dem Bürgersteig vor dem Puschkin-Museum (s. S. 216). Die Kastanien am Boulevard, so erzählen es die Einheimischen, wurden in eben jenem Jahr gepflanzt, in dem auch die Büste errichtet wurde. Es ist allerdings eine Legende, daß die mächtigen Platanen gleich neben der Büste bereits von Puschkin berührt worden sein sollen.

Zwischen Puschkin-Büste und Rathaus steht eine mächtige **Kanone**. Sie hatte ihren Platz auf der englischen Fregatte ›Tiger‹ und war im Krimkrieg auf Odessa gerichtet. Als eine ganze Armada vor Odessa auftauchte, wollten die Odessiten, von Natur aus weltoffen und freundlich, die Schiffe gerade begrüßen, als eine Kanonade anhob. Da wußten sie, daß Odessa nicht in einem politischen Arkadien existierte, sondern Teil des Russischen Reiches war, das gerade die Weltmächte herausgefordert hatte. Doch die Odessiten hatten Glück. Nebel zog auf, und eines der Schiffe, die ›Tiger‹, lief nahe dem Ufer auf Grund. Die Besatzung wurde gefangengenommen, das Schiff zerstört und die Kanone

als Trophäe aufgestellt. Die Armada zog von dannen. Viele Besucher, die zum ersten Mal nach Odessa kommen, sind beeindruckt von den vielen kleinen und großen, oft auch humorvollen und hintersinnigen Denkmälern, die wie Schmuckstücke die Straßen zieren und die alle ein Merkmal eint: Es sind friedliche Zeugnisse, die von einer friedfertigen Stadt künden. Die Kanone der ›Tiger‹ ist eine der wenigen Ausnahmen.

Das **Rathaus** dahinter – heute weitgehend mit repräsentativer Funktion – wirkt durch seine weißen Säulen wie der Pavillon eines Seebads, dabei war es bis 1892 die Börse, was in den Nischen Merkur, der Gott des Handels, und Ceres, Göttin des Ackerbaus, symbolisieren.

■ Museen

Geht man rechts am Rathaus vorbei, steht man bald zwischen zwei Museen. Das **Archäologische Museum** zur Linken (vul. Lanžeronivs'ka 4) wurde 1883 eingeweiht, das Museum selbst wurde allerdings schon 1825 gegründet. Ein Blickfang ist die Laokoon-Gruppe vor dem Portal. Der trojanische Priester Laokoon kämpft mit seinen beiden Söhnen vergeblich gegen zwei Schlangen, die ihm die Göttin Athene in ihrem Zorn geschickt hat. Es ist eine Kopie; das Original, das vermutlich aus dem 1. vorchristlichem Jahrhundert stammt, steht im Vatikan.

Gegenüber zur Rechten trafen sich einst die Herren von Welt im Englischen Club. Hier gab es Small talk und frische Zeitungen aus London. Seit 1965 ist dort jedoch das **Museum der ukrainischen Schwarzmeerflotte** (vul. Lanžeronivs'ka 6) untergebracht.

Das Museums-Trio komplettiert hinter dem Archäologischen Museum in der

Karte S. 207

Die Laokoon-Gruppe vor dem Archäologischen Museum

vul. Lanžeronivs'ka 2 das **Literaturmuseum** im ehemaligen Palast des Fürsten Gagarin. Im Goldenen Saal traf sich um 1900 die Literarisch-künstlerische Gesellschaft. Heute wird man von der Aufsicht durch diesen Saal über knarrendes Parkett in die einzelnen Räume geschleust. Die Ausstellung ist überreich und thematisch wohlgeordnet: Briefe, Zeitungen, Fotos, Autographen – eines der edelsten Stücke ist eine Handschrift vom zweiten Teil der ›Toten Seelen‹, an dem Nikolai Gogol' in Odessa gearbeitet hat. Es finden sich aber auch Alltagsgegenstände wie Schal, Mütze und Visitenkarte des Satirikers Ilja Il'f. Das Museum gibt nicht nur Einblicke in die literarischen Epochen, sondern auch in die reiche Zeitungslandschaft der Stadt.

Das gepflegte Pflaster der vul. Lanžeronivs'ka, eine der Prachtstraßen von Odessa, die nach Louis Alexander Andrault de Langeron (1763–1831) benannt ist, einem Franzosen, der die Geschicke der Stadt maßgeblich gelenkt hat. Langeron war von 1815 bis 1823 Generalgouverneur von Odessa und dem Neurussischen Gouvernement. In seiner Amtszeit wurde der Freihafen eröffnet und mit der ›Message de la Russie méridionale‹ die erste Zeitung herausgegeben.

■ Opernhaus

Wer hier bei den Museen – gewiß alles prächtige Häuser – seine Augen wandern läßt, dem ist längst der prächtigste Blickfang aufgefallen: das frisch restaurierte Opernhaus. Als Gouverneur Langeron sein Amt antrat, hatte das Theater an der nachmaligen Lanžeronivs'ka schon die sechste Spielzeit hinter sich. Allerdings nicht in dem Gebäude, das heute zu sehen ist. Das erste Haus brannte 1873 ab. Beim Neubau entschieden sich die Stadtoberen für die Entwürfe des Wiener Büros Fellner & Helmer, damals die ›Stararchitekten‹, die zwischen Hamburg und Sofia fast

Frisch restauriert: das Opernhaus

Die Schwarzmeerküste

50 Theater gebaut haben. 1887 wurde das neue Theater mit seinen über 1500 Plätzen eingeweiht. Nach Jahren der Restaurierung leuchtet das Haus wieder wie am ersten Tag – sehr zur Freude des Ensembles und der Besucher, die sich jahrelang in Provisorien trafen. Die Theaterkasse befindet sich links neben dem Haupteingang, sie hat täglich außer Montag von 11 bis 19 Uhr geöffnet. An der Nordseite, wo die Kasse ist, schließt sich ans Opernhaus ein ruhiger, schattiger Platz mit ein, zwei netten Restaurants an.

■ Wachsfigurenkabinett

Wer, angeregt durch das Opernhaus oder auch durch das aristokratische Hotel ›Mozart‹ dem Theater gegenüber, mehr Atmosphäre des frühen Odessa erleben will, kann das in Sichtweite der Oper im Keller des ehemaligen Bankhauses Aschkenasi (vul. Rišel'evs'ka 4) tun. Dort trifft man im Wachsfigurenkabinett auf viele Protagonisten der Odessaer Historie, täglich geöffnet von 8.30 bis 22 Uhr. Das Haus ist am Wochenende an den vielen Stretch-Limousinen davor zu erkennen, es ist nämlich auch der Odessaer Heiratspalast.

■ Stadtgarten

Geht man die Lanžeronivs'ka hinunter, gelang man zum Eingang zum Stadtgarten (Gorsad/Горсад), der 1806 angelegt wurde. Im Stadtgarten hatten bis zum Jahr 2006 die Künstler ihr Atelier unter freiem Himmel. Die Maler verkauften nicht nur Sonnenuntergänge und röhrende Hirsche, sondern auch Segelschiffe und dramatische Wellenberge. Jeder hatte sein abgestecktes Revier, seinen Stil und seine Geschichte. Doch dann kündigten die Stadtoberen auch für den Stadtgarten eine grundle-

gende Rekonstruktion an – mit der Konsequenz, daß die Künstler weichen mußten. Die protestierten, demonstrierten, schimpften auf gut Odessaer Art. Vergebens. Zwei, dreihundert Meter von Stadtgarten entfernt, wurde ihnen hinter der wiederaufgebauten Christi-Verklärungskathedrale (s. S. 214) ein neuer Platz zugewiesen. Dort sitzen sie heute, spielen Schach und schmollen immer noch.

Es wäre tatsächlich besser gewesen, die Maler im Stadtgarten zu halten. Er ist schließlich ein Ort für Künstler und Lebenskünstler. Das Odessaer Schriftstellerduo Ilja Il'f (1897–1937) und Evgenij Petrov (1903–1942) hat hier zwei seiner Helden aus dem Roman ›Das goldene Kalb‹ einem Millionär auflauern lassen, als dieser das Hotel ›Velykij Moskovs'kyj‹ (Deribasivs'ka vul. 29) verließ, das sie in jener nachrevolutionären Zeit zum Hauptquartier von ›Herkules‹ machten, einer Sowjetbehörde, in der es vor Apparatschiks nur so wimmelte. Il'f kannte das Haus, da er in den frühen

Denkmal für die Jazzlegende Leonid Utjosov im Stadtgarten

zwanziger Jahren in einer offenbar ähnlichen Kommission als Buchhalter arbeitete. Im Roman, der im fiktiven Černomorsk spielt (unverkennbar Odessa), beschreibt Il'f das Interieur so: In den billigen Zimmern standen die rosa Waschschüsseln, und es roch immer noch nach Achselschweiß. In den etwas besseren Zimmern stiegen früher Billardkönige und Provinzschauspieler ab. In den Luxuszimmern hatten sich die neuen Chefs einquartiert. »Dort haben sich blöd vergoldete Sofas, Teppiche und Nachttische mit Marmorplatten erhalten. In manchen Alkoven standen sogar Nickelbetten, glänzend wie Harnische, mit Kugeln obenauf.« Ob die beiden Gauner den Millionär, ihr Goldenes Kalb, zur Strecke bringen?

Im Stadtgarten steht auch einer der legendären ›Zwölf Stühle‹. So heißt das Erstlingswerk des Duos Il'f/Petrov, das die beiden auf einen Schlag berühmt machte. Eine adlige Dame gesteht ihrem Schwiegersohn auf dem Sterbebett, daß sie ihre Brillanten, um sie vor der Revolution zu retten, in das Polster einer ihrer zwölf edlen Stühle eingenäht hat. Natürlich hatte die Revolution die Dame nicht nur um Titel und Einfluß gebracht, sondern auch um sämtliche Stühle. Und so macht sich der Schwiegersohn auf, diesen einen Stuhl zu finden. Der Schatzsucher ist zwar raffgierig, doch nicht besonders gescheit, und so gesellt sich ihm bald der clevere Ostap Bender, der ›Große Kombinator‹ zur Seite. Und bald säumt ein knappes Dutzend aufgerissener Polsterstühle den mühevollen Weg der Ganoven. Doch einer blieb intakt – der steht seit 1999 im Stadtgarten.

Beide Bücher sind ein Kaleidoskop von Sowjetrußland mit seinen neuen Genossen und alten Gewohnheiten, den allgegenwärtigen Hinweisschildern (›Bierausschank nur an Gewerkschaftsmitglieder!‹) und den vielen kleinen Leuten, die versuchten, sich im Chaos über Wasser zu halten. Dem revolutionären Pathos wird die Luft abgelassen, und Il'f/Petrov zeichnen ein wahres, nicht sehr schmeichelhaftes Bild der Verhältnisse.

Leonid Utjosov hat im Stadtgarten keinen Stuhl, aber eine Bank. Und so macht die Jazzlegende gern lächelnd Platz für Besucher. Utjosov, in Odessa geboren, hatte 1928 in Paris erstmals Jazz gehört und war elektrisiert. Ein Jahr darauf gründete er das erste sowjetische Jazz-Orchester. Als ihm einmal ein Kritiker sein dürftiges Stimmpotential vorhielt, hat Utjosov halb empört, halb augenzwinkernd entgegnet: »Ich singe doch gar nicht mit der Stimme. Ich singe mit dem Herzen!«

■ Deribasivs'ka-Straße

Angelegt hat den Stadtgarten Felix de Ribas, Bruder des Haudegens Don José de Ribas. Die Deribasivs'ka ist nach José benannt, sie verläuft parallel zur Lanzeronivs'ka. Seit 1994 steht etwa abseits am östlichen Ende der Straße ein **Denkmal für Don José de Ribas**. »Mich bringt der Wunsch fast um, irgendetwas Großes zu vollbringen«, eiferte der junge Don José, Sohn eines spanischen Edelmannes aus Barcelona, der im Königreich Neapel im Staatsdienst war. Mit zwanzig trat er in die russische Flotte ein, mit vierzig eroberte er die türkische Festung Eni-Dunja, und als Vize-Admiral legte er fünf Jahre später den Grundstein für Odessa. Tatendurstig und stolz blickt de Ribas vom Sockel, Dreispitz auf dem Kopf, Schippe in der einen, Bauplan in der anderen Hand. So kommt es, daß ihn die Einheimischen gern ›Admiral Schippe‹ nennen oder einfach ›Schatzinsel‹.

Die Schwarzmeerküste

Figuren an der Jugendstilpassage in der Deribasivs'ka-Straße

Die Deribasivs'ka ist die Flaniermeile der Stadt und zwischen der Puškins'ka vul. und der Preobražens'ka vul. den Spaziergängern vorbehalten, hier kann man von einem der vielen Straßencafés aus entspannt dem Treiben zuschauen. Wer will, kann in schicke Läden hineinschauen. In der Nachmittagssonne glänzt das Pflaster, keine Tram, kein Auto, höchstens ein paar Hunde – doch auch die wollen nur spazieren.

Dort, wo die vul. Deribasivs'ka auf die vul. Preobražens'ka stößt, beginnt ein weiterer Park, nicht so gepflegt wie der Stadtgarten, aber doch ordentlich.

■ Christi-Verklärungskathedrale

Hinter Bäumen ragt ein mächtiger Bau auf – die Christi-Verklärungskathedrale. Die Gestalt der Kirche wirkt so, als wäre es eine ›westliche‹, katholische oder evangelische Kirche – und das liegt vor allem an dem mächtigen Turm. Dennoch, es ist die orthodoxe Hauptkirche der Stadt. 1809 wurde der erste Teil der Kirche fertiggestellt, 1837 der 72 Meter hohe Glockenturm nach Plänen eines italienischen Architekten. Danach wurde die Kirche stetig erweitert, kaum fertig, wurden Baumängel beseitigt. In der Kirche fanden der Generalgouverneur Voroncov und seine Frau ihre letzte Ruhestätte. Anfang des 20. Jahrhunderts war sie eine der größten Kirchen im Zarenreich und faßte 9000 Gläubige.

Von der Seeseite wird die Stadtsilhouette heute nicht nur vom Opernhaus dominiert, sondern auch wieder von dieser Kirche. 1936 ließen die Bolschewiki sie wie viele andere Gotteshäuser – nein, nicht einfach abreißen, sie ließen sie sprengen. Die Gräber der Voroncovs wurden ausgeraubt, die Särge auf die Straße geworfen. Dazu erzählte eine Zeitung nach der politischen Wende folgende Geschichte: Es sei damals einem einfachen Kraftfahrer gelungen, die Särge heimlich auf den städtischen Armenfriedhof zu schaffen. Dieser Akt sei den Bolschewiki jedoch nicht verborgen geblieben, der Mann sei erschossen worden. Manches ist kaum vorstellbar, etwa wie man zwei Särge heimlich fortschaffen konnte. Vielleicht ist es nur eine Legende, aber sie paßt zu Odessa. Die Gebeine der Voroncovs wurden jedenfalls gerettet und befinden sich wieder an ihrem angestammten Platz. Denn 1999 begann der Wiederaufbau der Kirche. Heute gehört sie wieder zur ukrainisch-orthodoxen Kirche/Moskauer Patriarchat.

Im **Park an der Kirche** bieten die Maler, die aus dem Stadtgarten vertrieben wurden, ihre Bilder an, es werden aber auch reichlich Souvenirs und Volkskunst angeboten. Ebenfalls im Park steht das **Denkmal für Generalgouverneur Voroncov**, das die Sowjetzeit zwar lädiert, aber doch überstanden hat.

Karte S. 207

Spaziergang Richtung Bahnhof

Wer sich auf der Höhe der Christi-Verklärungskathedrale befindet, etwa auf der vul. Deribasivs'ka, hat nun viele Möglichkeiten, sich im wahrsten Sinn des Wortes die Hacken abzulaufen. Das historische Zentrum von Odessa ist groß, und den Rückweg zum Hafen sollte man immer im Hinterkopf haben, wenn man sich in das Straßengewirr stürzt – doch es lohnt sich. Drei Straßen ziehen sich parallel nach Süden Richtung Bahnhof, es sind die **Puschkinstraße** (vul. Puškinskaja/вул. Пушкінська), die **Richelieustraße** (vul. Rišel'evs'ka/вул. Рішельєвська) und die **Katharinenstraße** (vul. Katerynyns'ka/вул. Катеринська). Es ist nicht leicht, sich für eine zu entscheiden. Es locken Cafés, Läden, Häuser. Und es gilt, verborgene Schätze zu entdecken. Zu jedem Haus gehört ein Durchgang, der zu einem meist verschlafenen Hinterhof führt. Man sollte möglichst oft auf die Höfe schauen, geben sie doch den Blick eine ganz andere idyllische Welt frei. Da glänzt Kopfsteinpflaster, sind Autos ab-

gestellt, Kinder spielen, Wäsche hängt herab, und es wächst der Wein. Während vorn der Glitzer prunkt, locken einige Meter weiter hinten eine Tasse Tee und eine Schachpartie. Auch das ist Odessa.

Chefplaner de Voland hat die Hauptstraßen mit Verbindungen versehen, so daß man je nach Neugier und Nase zwischen ihnen wechseln kann. Wer ausgiebig einkaufen will, kann das im **Shopping-Center ›Afina‹** am Griechischen Platz (Hrečes'ka pl./Грецька пл.) tun, das den westlichen in nichts nachsteht, allerdings bietet es auch nicht viel anderes als die übliche Ware vergleichbarer Konsumtempel in Berlin, Frankfurt oder Wien. Auch für Regenstunden ist der Glasbau eine gute Zuflucht.

Eine bessere ist allerdings die prächtige glasüberdachte **Passage** (Pasaž/Пасаж/vul. Deribasivs'ka 33) von 1899. Solche Einkaufsstraßen waren damals genauso modern wie die Eisenbahn und so kommt es, daß Merkur, der Gott der Kaufleute, hoch oben auf einer Dampflok thront.

■ Puschkinstraße

Bis 1880 hieß die Puschkinstraße Italienische Straße, weil hier die Italiener wohnten. Es muß recht heiter zugegangen sein. Alexander Puschkin spricht in seinem Roman ›Eugen Onegin‹, den er teilweise in seiner Odessaer Zeit geschrieben hat, von einer ›fröhlichen Straße‹. Die Puschkinstraße ist wie nahezu alle Straßen der Innenstadt gepflastert, und die besten Pflasterer kamen zu jener Zeit aus Italien. Das führte bei einem unbedarften Zeitgenossen zu der Feststellung: »Es gibt so viele Italiener hier, daß sie sogar die Straßen pflastern.« In dieser Straße hat Alexander Puschkin gewohnt (Puškins'ka vul. 13). Der Dich-

Im Einkaufszentrum ›Passage‹

ter, der seine Verbannung vordem in der moldauischen Provinz aushalten mußte, war von Odessa begeistert: »Die Restaurationen und die italienische Oper erinnerten mich an vergangene Zeiten, und, bei Gott, ich war wie verwandelt.« Puschkin war von Juni 1823 an als Verbannter dem Generalgouverneur Michail Voroncov unterstellt und lebte im ›Hotel du Nord‹. Seit 1961 beherbergt es das **Puschkinmuseum**, in dem Autographen und Zeichnungen von Puschkin und seinen Zeitgenossen ausgestellt sind. Außerdem wird die Atmosphäre des frühen 19. Jahrhunderts wieder lebendig. Davor steht auf dem Bürgersteig unter Platanen seit einigen Jahren die Bronzeskulptur des Dichters.

Puschkins Euphorie verflog schnell: Voroncov zeigte keinerlei Verständnis für Puschkins Dichtung. Er wollte, daß er sich mit ›etwas Gescheitem‹ beschäftigt, und äußerte die Frage, wozu Dichter denn überhaupt gut seien. Wen wundert's, daß Puschkin Voroncov als Hofschranzen, Egoisten und Vandalen titulierte und in einem Brief vom Juli 1824 klagte: »Er sah in mir den Kollegiensekretär, ich habe aber, zugegeben, eine andere Vorstellung von mir.« Der Konflikt eskalierte, als Voroncov erfuhr, daß sich der 25jährige Puschkin in seine Frau, die sieben Jahre ältere Elisaveta Voroncova, verliebt hatte. Der Generalgouverneur wollte Puschkin fortschicken und drängte auf dessen Suspendierung. Am 1. August 1824 mußte der Dichter Odessa verlassen und sich im heimatlichen Michailovskoe im Gouvernement Pskov einrichten, wo er unter Kuratel seines Vaters kam. Die dreizehn Monate in Odessa gehörten zu den produktivsten in seinem Schaffen.

Neben dem Puschkinmuseum fällt das schicke **Hotel** ›**Červonyj**‹ (Puškins'ka vul.

15) auf, einst das edle ›Bristol‹. Zu Sowjetzeiten ein beliebter Künstlertreff, weil sich der Flair des ›Bristol‹ halbwegs bewahrt hatte. Hier soll selbst im größten sozialistischen Mangel Espresso serviert worden sein – und das in entsprechenden Tassen. Dieses Haus ist ebenso nach Plänen von Mario Bernardazzi gebaut wie das gewaltige Bauwerk gegenüber an der vul. Bunina 15, ein Gebäude mit mächtigen Mauern, hohen Fenstern und einem Portal wie bei einer Kathedrale. Hinter diesen Mauern spielt die **Philharmonie**, ursprünglich waren ganz andere Töne zu hören. Durch den Eingang eilten Aktienhändler – das von Bernardazzi 1892 im Stile venezianischer Gotik erbaute Haus war die neue Börse, denn die alte am Prymors'kyj bul. hatte sich nach 60 Jahren rasanter Entwicklung als zu klein erwiesen. Viele

Puschkin vor seinem Museum

behaupten, daß der Architekt das Haus so gebaut habe, daß Gespräche schon nach wenigen Metern nicht mehr zu hören waren, um Geschäfte vertraulich zu halten. Für eine Börse gut, für eine Philharmonie verheerend. Dennoch richteten die neuen Herren nach der Revolution – als Hort des Kapitals war das Haus nutzlos geworden – einen Konzertsaal ein. Vielleicht war das Orchester deswegen so oft auf Tournee. Mit Erfolg, insbesondere als 1991 der damals 26jährige US-Amerikaner Hobart Earle zum Chefdirigenten berufen wurde. Die Musiker vom Nationalen Philharmonischen Orchester haben bei ihren Auftritten von Wien bis New York mit Interpretationen von Mahler, Bruckner, Richard Strauss, Alban Berg und Leonard Bernstein überzeugt. 1996 haben sie das Problem mit der Akustik in Angriff genommen, Vorhänge beseitigt, die Bühne umgebaut und die Bestuhlung verändert – zur Freude von Orchester und Zuhörern.

Das Pantelejmon-Kloster

■ Synagoge

In der Evrejs'ka vul./Ecke Rišel'evs'ka befindet sich die Hauptsynagoge, die 1850 erbaut wurde (Evrejs'ka vul. 25). Die größte Synagoge der Stadt wurde nach der Revolution geschlossen, in das Gebäude zog ein Naturkundemuseum ein, nach dem Krieg richtete sich eine Hochschule dort ein, im größten Saal war die Turnhalle. Eine Tafel neben dem Eingang erinnert heute daran, daß 1938 mehrere führende Vertreter der Gemeinde von Stalins Geheimdienst erschossen wurden. 1989 wurden die Verurteilten rehabilitiert, wenig später kehrte das Haus in den Besitz der jüdischen Gemeinde zurück. Nach umfangreicher Restaurierung dient es jetzt wieder als Hauptsynagoge. Wer hier eine Pause

einlegen will, kann das im sehr guten, koscheren Restaurant ›Hebron‹ tun, das sich im Untergeschoß befindet und das man von einem Seiteneingang über die vul. Rišel'evs'ka 30 erreicht.

Weiter westlich, der Bahnhofsvorplatz ist nicht mehr weit, queren die Kleine und die Große Arnautska (vul. Velyka bzw. Mala Arnauts'ka) die drei Hauptstraßen. In den Arnautska-Straßen wohnten einst die Albaner. Und in der Puschkinstraße ist die **Ilarion-Kirche** (Svjato-Il'inskyj sobor, Puškins'ka vul. 77), zu sehen. Die im byzantinischen Stil erbaute Kirche mit ihrer kräftigen blauen Farbe stammt von 1895.

An der belebten Querstraße vor dem Bahnhof, in der Pantelejmonivs'ka vul. 66, recken sich die Zwiebeltürme des **Pantelejmon-Männerklosters** von 1896 in den Himmel. Beide Kirchen sind in ihrer Entstehung und Ausstattung eng mit der Mönchsgemeinschaft auf dem Heiligen Berg Athos in Griechenland verbunden.

Die Schwarzmeerküste

■ Rund um den Bahnhof

Der Bahnhof ist ein Nachkriegsbau, triumphalistisch bis in die Spitze, gut restauriert, für Schiffsreisende nicht von Bedeutung, ihr Transportmittel liegt am anderen Ende der Innenstadt im Hafen. Wer, eingedenk der Blasen an den Füßen, von hier zurück will, sollte sich ein Taxi nehmen, zumindest bis zum Prymors'kyj bul. Wer noch Kräfte hat, kann zwischen zwei sehr gegensätzlichen Unternehmungen wählen: Entweder der Besuch des legendären Pryvoz-Marktes neben dem Bahnhof, oder eine Fahrt mit der Straßenbahn Nr. 5 zum Strand ›Arkadia‹, dem schönsten innerstädtischen Strand von Odessa. Die Tram fährt ca. 20 Minuten bis zur Endhaltestelle im Südosten, von dort sind es fünf Minuten zum Wasser, Fahrkarten werden von Schaffnern direkt in der Bahn verkauft. Allerdings sind die Odessaer Strände wahrlich nichts ›zum Abhängen‹. Die Strände sind nicht allzu breit, dafür meist voll, die Beschallung ist üppig – abkühlen kann man sich jedenfalls gut.

■ Pryvoz-Markt

Eng und laut ist es auch auf dem Pryvoz-Markt (Pryvozna vul. 14), der sich etwa 200 Meter westlich des Bahnhofs erstreckt. Vieles ist ähnlich wie auf vielen anderen Bauernmärkten in der Ukraine, eines ist grundverschieden: Der Pryvoz ist auch ein Fischmarkt. Hier wird geschuppt, filetiert, geschlachtet, beinahe sogar geräuchert. Doch die Wölkchen, die überall aufsteigen, sollen vor allem die Fliegen fernhalten, was nur unzureichend gelingt. Aus unzähligen Fässern werden Schwärme von Sprotten geholt. Meist sind es stattliche Marktweiber, die den Handel bestimmen und die immer wieder geradezu liebevoll ihre Berge von Sprotten mit Untertassen zusammenschieben, bis sie endlich alle verkauft sind. Natürlich sind auch meterlange Fische zu haben, die gehen aber seltener über die Theke. Auch wenn man als Schiffsreisender kaum einen frischen Lachs nach Hause tragen wird, die Atmosphäre ist einzigartig und der Pryvoz gehört zu Odessa wie die Potjomkintreppe oder das Opernhaus.

Der Bahnhof von Odessa

■ Altes Judenviertel Moldavanka

Hinter dem Pryvoz-Markt beginnt die Moldavanka, das alte Judenviertel, jedenfalls das Viertel der armen Juden, die einst aus dem Hinterland nach Odessa gezogen kamen. Isaak Babel', der hier geboren wurde, hat der Moldavanka mit ihren Überlebenskünstlern, Gaunern und dem Gangsterkönig Benja Krik in seinen ›Geschichten aus Odessa‹ ein literarisches Denkmal gesetzt. In der Moldavanka geht es ruhiger zu als im Zentrum, ruhig ist es hier trotzdem nicht. Geschäfte werden auch hier gemacht, doch ist hier alles noch etwas urwüchsiger. Aserbaidschanische Händler verkaufen vom Bürgersteig alles, was sie per LKW und Fähre herschaffen konnten. Im Prinzip sind es die gleichen Dinge wie auf dem Pryvoz, nur werden sie gleich zentnerweise verkauft.

Mahnmal für die ermordeten Juden Odessas

Wo die Große Arnautska (vul. Velyka arnauts'ka) auf die vul. Staroportofrankivs'ka trifft, beginnt eine Grünanlage, der Prochorovskyj skver. Durch den Park zieht sich eine Birkenallee, die ›Allee der Gerechten‹, die zu einem Denkmal gehört. Es ist das Mahnmal für die zehntausenden zwischen 1941 und 1944 von deutschen und rumänischen Besatzern ermordeten Juden Odessas.

Der Hafen

Wer zum Hafen zurückgekehrt ist, kann in einer freien Stunde auch die direkte Umgebung erkunden: Denn alles, was rings um das ›Goldene Kind‹ am Fährterminal zu sehen ist, gehört auch zu Odessa. Jedoch kein Hauch mehr von Klassizismus, dafür um so mehr Geschäftigkeit: Dumpfer Lärm dringt von den Kränen, im Bahnhof quietschen Waggons, im Jachthafen schaukeln Boote, Dampfer tuckern von hier zu den Stränden. Eine Bronzeskulptur – eine Mutter mit einem Kind auf dem Arm – erinnert an das Los der Seeleute und ihrer Familien. Viele ukrainische Matrosen sind als gute und billige Arbeitskräfte auf den Weltmeeren unterwegs, viele auf Seelenverkäufern, und kommen nur selten nach Hause. Die Ängstlichkeit und Sorge, die aus der Skulptur spricht, ist alles andere als ein Anachronismus.

Versteckt hinter dem Hotel ›Odessa‹ steht auf der Pier eine Kirche. Die **Nikolaikirche** wurde 1994 zum Schutz der Matrosen, Fischer und aller Reisenden errichtet. Daß das nötig ist, zeigt die Gedenktafel daneben. Sie erinnert an den Untergang der ›Admiral Nachimov‹ am 31. August 1986. Der Passagierdampfer, die frühere ›Berlin‹, die der Sowjetunion als Reparation übergeben worden war, legte mit 888 Passagieren und über 300 Mann Besatzung in Odessa ab und nahm Kurs auf Novorossijsk. Kurz vor dem südrussischen Hafen kollidierte das Schiff mit dem Frachter ›Pjotr Vasev‹ – obwohl beste Sichtverhältnisse herrschten und die Besatzungen im Funkkontakt standen. 398 Passagiere

Die Schwarzmeerküste

ertranken. Es war die größte Schiffskatastrophe im Schwarzen Meer. Der Unglückshergang blieb ein Rätsel, vermutet wird aber ein Defekt an der Ruderanlage des überalterten Dampfers.

Damit möglichst alle Schiffe sicher ankommen, wurde 1862 auf der Hafenmole ein **Leuchtturm** errichtet, den man zu Ehren des Generalgouverneurs Voroncov-Leuchtturm (Voroncovskij majak) nannte. Der jetzige Turm ist bereits der dritte. Sein Signal reicht zwölf Seemeilen weit, Nacht für Nacht blinkt er unablässig dreimal lang, nach dem Morsecode des Buchstaben O – O wie Odessa.

ℹ Odessa

Vorwahl: innerhalb der Ukraine 8/0482, aus dem Ausland +38/482. Das **Hauptpostamt** liegt in der vul. Sadova 10.

Stadtbesichtigung: Odessa verlangt Ausdauer. Man sollte sich schon vor Ankunft einen Plan zurechtlegen, denn die Stadt ist zu groß und die Zeit ist zu knapp bemessen, als daß man alles besichtigen könnte. Darüber hinaus sind auch öffentliche Verkehrsmittel im Stadtzentrum selten und ihre Routen unübersichtlich. Zwischen Potjomkin-Treppe und Bahnhof liegen mehr als zwei Kilometer Innenstadt, und das alte Pflaster macht müde. Doch all das sollte niemanden abschrecken, und selbst, wer nicht mehr gut zu Fuß ist, kann zwischen Potjomkin-Treppe und Stadtgarten einen geruhsamen Spaziergang wagen. Dafür sollte man etwa eineinhalb bis zwei Stunden einplanen, für Pausen bieten sich zahlreiche Restaurants, aber auch viele bequeme Bänke an. Für eine ausgiebige Erkundung braucht man einen ganzen Tag. Wem das alles zu anstrengend ist, kann eine einfache und schonende Alternative wählen: Eine gemächliche **Dampferfahrt** entlang der Strände. Die Dampfer liegen in Nachbarschaft des Schiffsanlegers und bieten unterschiedliche Rundfahrten an, Tickets werden direkt an Bord verkauft, die Preise liegen bei umgerechnet etwa 10 Euro. Am Informationsschalter im Fährterminal werden auch Hafenrundfahrten angeboten, allerdings ist eine Mindestteilnehmerzahl von sechs Personen erforderlich.

Direktflüge von Deutschland nach Odessa sind Mangelware. Der Internationale Flughafen, Ovidipols'ka doroha, wird täglich von Wien (Ukraine International) angeflogen, ansonsten muß umgestiegen werden: In Prag (CSA), in Budapest (Malev), Warschau (LOT), Kiev (Ukraine International) oder Riga (Air Baltic).

Die Auswahl ist groß. Schick sind das **Hotel Londons'kyj**, Prymorskyj bul. 11, Tel 728 89 00, ab 120 Euro, und das **Hotel Mozart**, vul. Lanžeronivs'ka 13, Tel. 378900, ab 170 Euro.

Preiswerter, mit einer charmanten Patina und in 1a-Lage ist das **Passage**, vul. Preobražens'ka 34, Tel. 28 89 24, ab 40 Euro.

In Strandnähe liegt das **Junist'**, ul. Pioners'ka 32, Tel. 738 04 41, ab 40 Euro.

Leuchtturm an der Hafeneinfahrt

Hungrig muß keiner bleiben, Restaurants gibt es sehr viele, hier eine Auswahl:

Ukrainische Küche bietet das **Ukrains'ka Lasunka**, vul. Derybasivs'ka 17, 10 bis 24 Uhr.

Russische Küche bietet das **Restaurant Vasilisa**, vul. Gavana 7, am Eingang des Stadtgartens.

Gut und preiswert ist das **Antalya** mit türkischer Küche, vul Uspens'ka 44, 10 bis 24 Uhr.

Koschere Küche serviert das **Restaurant Hebron**, ul. Rišel'evskaja 30, von 11 bis 23 Uhr, Fr bis 16 Uhr, Sa geschlossen.

Legendär ist das **Greenwich** mit englischem Ambiente in der vul. Bunina 21, tägl. 11 bis 24 Uhr.

Es gibt mehr als 20 Museen, hier die wichtigsten:

Archäologisches Museum, vul. Lanžeronivs'ka 4, 10 bis 17 Uhr, Mo geschlossen.

Literaturmuseum, vul. Lanžeronivs'ka 2, 10 bis 17 Uhr, Mo geschlossen.

Museum der ukrainischen Schwarzmeerflotte, vul. Lanžeronivs'ka 6, 10 bis 17 Uhr, Mo geschlossen.

Puschkinmuseum, vul. Puškins'ka 13, 10 bis 17 Uhr, Mo geschlossen.

Gemäldegalerie im ehemaligen Potokkij-Palast, vul. Sofijs'ka 5a, 10 bis 17 Uhr, Di geschlossen

Museum für westeuropäische und orientalische Kunst, vul. Puškins'ka 9, 10 bis 17 Uhr, Mi geschlossen.

Historisches Museum, vul. Gavanna 4, 10 bis 17 Uhr, Fr geschlossen.

Wachsfigurenkabinett, vul. Rišel'evs'ka 4, täglich 8.30 bis 22 Uhr.

Das **Opernhaus**, vul. Čajkovs'koho 3, offiziell Akademisches Theater für Oper und Ballett, bietet alle klassischen Opernwerke und Ballette russischer und internationaler Komponisten, Theaterkasse links neben Haupteingang, 11 bis 19 Uhr, Mo geschlossen.

Musikalische Komödie, vul. Pantelejmonivs'ka 3, Kasse von 10 bis 19 Uhr, Pause von 14 bis 15 Uhr.

Ukrainisches Musikalisch-Dramatisches Theater, vul. Pastera 15.

Philharmonie, ul. Bunina 15, Kasse von 10 bis 18 Uhr.

Ein **Kartenverkauf für alle Odessaer Theater** befindet sich an der vul. Rišel'evs'ka/Ecke Derybasivs'ka.

Einkaufen ist kein Problem, viele Läden gibt es in der vul. Derybasivs'ka, etwa in der **Passage**, Nr. 33.

Schick ist der **Shopping-Palast Afina**, pl. Hrečes'ka.

Kleine und große **Kunstwerke** findet man an der Christi-Erlöserkathedrale, vul. Preobražens'ka.

Rustikal geht es auf dem **Pryvoz-Markt** zu, vul. Pryvozna 14, westlich des Hauptbahnhofs.

Keine ukrainische Stadt ist besser im Internet präsent als Odessa. Hier einige nützliche Links (alle englisch und russisch):

www.odessaglobe.com

www.odessitclub.org (Weltclub der Odessiten)

www.odessaonline.com.ua

http://select.odessa.net

Karte S. 207

Isaak Babel' – das Warten auf den, der die Sonne besingt

»Ich bin 1894 in Odessa in der Moldavanka als Sohn eines jüdischen Händlers geboren. Auf Drängen des Vaters lernte ich bis zum 16. Lebensjahr Hebräisch, die Bibel und den Talmud. Das Leben zu Hause war schwer, weil man vom Morgen bis in die Nacht genötigt war, sich mit einer Vielzahl von Wissenschaften zu befassen. Ich habe mich in der Schule ausgeruht ...«

So beschreibt Isaak Babel' als Dreißigjähriger seine Jugend. Da hatte der Schriftsteller schon in Kiev und St. Petersburg gelebt, die Bekanntschaft mit Maxim Gorki gemacht und als Kriegsberichterstatter den erfolglosen Polenfeldzug der 1. Reiterarmee unter dem roten General Budjonnyj überstanden. Babel' hatte sich von der Oktoberrevolution die Befreiung des Volkes erhofft, auch seines jüdischen Volkes. Doch was er bei der 1. Reiterarmee in Galizien erlebte, erschütterte ihn. Ein Lavastrom sei die Armee, »von allen gehaßt«, schreibt er. Sie wollen Menschen befreien und bringen Chaos. Babel' erkannte: »Ich bin auf einer großen, nicht endenden Totenmesse.«

Babel's Persönlichkeit erwuchs einer doppelten Herkunft: Gleichermaßen Russe und Jude, hoffte er, daß die neue Zeit beide Identitäten miteinander verbinden würde. Babel' träumte von einer Synthese des Alten mit dem Neuen, des Humanismus mit dem Kommunismus.

Die Aufzeichnungen aus dem Polenfeldzug wurden Grundlage für sein Werk ›Die Reiterarmee‹. Als die Sammlung von Erzählungen und Skizzen 1926 erstmals vollständig erschien, wurde Babel' bekannt. Doch das Buch wurde ihm zum Verhängnis. General Budjonnyj war außer sich. Weiberklatsch sei das, was der »erotomanische Verfasser« Babel' zusammengeschrieben habe, im übrigen sei er nie aktiver Soldat gewesen, klagte er 1927 in einem offenen Brief an Babels Förderer Maxim Gorki.

Babel' wurde vorerst nur mit Worten angegriffen. Er arbeitete an Stücken, Drehbüchern, als Redakteur und Übersetzer. Seine Liebe galt Odessa. Aus der Stadt, so hoffte Babel', sollte derjenige kommen, der im nebligen, kalten Rußland endlich die Sonne besingt. Doch das Grauen, das Babel' in der ›Reiterarmee‹ beschrieben hatte, war nur Vorspiel für die größere Gewalt, die noch kommen sollte. Budjonnyjs Ingrimm blieb einem anderen Teilnehmer des Polenfeldzugs nicht verborgen. »Unser zappliger Babel' schreibt über Dinge, von denen er keine Ahnung hat – zum Beispiel die Reiterarmee«, stellte Stalin fest, der 1920 als Kriegskommissar mit an der russisch-polnischen Front war. 1936 starb Maxim Gorki, gleichzeitig begann die Große Säuberung.

Im Mai 1939 wurde Babel' verhaftet, als Spion angeklagt, verurteilt und in der Nacht zum 27. Januar 1940 im Moskauer Folterkeller Butyrka erschossen. Am selben Tag wurden 16 weitere Angeklagte hingerichtet. Babel's Manuskripte, die der Geheimdienst beschlagnahmt hatte, sind seitdem verschollen. Babel's Frau hat erst nach dem Tode Stalins Gewißheit erlangt, daß ihr Mann ermordet worden war. Doch bis 1984 hieß die offizielle Version weiter, Babel' sei am 17. März 1941 in einem Lager an Herzstillstand gestorben. Isaak Babel' wurde eingeäschert, seine Überreste in ein Massengrab auf dem Moskauer Donskoi-Friedhof gekippt.

Der Stadtrat von Odessa hat 2008 beschlossen, dem Schriftsteller zum 70. Todestag im Januar 2010 neben dem Gebäude in der vul. Rišel'evs'ka 17, wo Babel' von 1909 bis 1924 lebte, ein Denkmal zu errichten.

Ein Ausflug nach Bessarabien

Westlich von Odessa beginnt Bessarabien. Von Odessa aus bieten die Kreuzfahrtschiffe oft Tagestouren an, um die Region – zumindest ein wenig – kennenzulernen. Die Bezeichnung Bessarabien ist auf Landkarten verschwunden. Bessarabien, der Landstrich zwischen den Flüssen Pruth und Donau im Westen und Dnister (Dnistr) im Osten, umfaßt heute die Republik Moldau (Moldova, russ. Moldavija) und die ukrainischen Gebiete zwischen Odessa und dem Donaudelta. In der Neuzeit war das Gebiet bis ins 20. Jahrhundert Pufferzone zwischen Österreich-Ungarn, dem Osmanischen Reich und Rußland. Vorher war es über viele Jahrhunderte vor allem Durchzugsgebiet für Völker aus den südrussischen Steppen zum Balkan, dann siedelten in der Mitte und im Norden Moldauer (Rumänen)

und im Süden Tataren. Bessarabien hat wenig Wald und sehr gute Böden. Obwohl in Meeresnähe, ist das Klima eher kontinental mit warmen, regenarmen Sommern und kalten, schneereichen Wintern.

Der Name rührt vom Geschlecht der Basarab her, das im 13. und 14. Jahrhundert dort herrschte – hat also nichts mit Arabien zu tun. Ursprünglich hieß nur der südliche Teil Bessarabien, erst Rußland dehnte den Begriff nach seiner Annexion 1812 auf die mittlere und nördliche Region aus. Zuvor wurde aber die gesamte Region im 15. Jahrhundert von den Türken erobert und für Jahrhunderte deren Herrscher als Vasallen dem Osmanischen Reich untergeordnet. Im 19. Jahrhundert entstand das Königreich Rumänien aus der Walachei und der (rumänischen) Moldau. Rußland drang in mehreren Kriegen gegen die Türken bis zur Donau und zum Pruth vor und gründete 1812 das Gouvernement ›Bessarabija‹. Nach dem Ersten Weltkrieg wurde es von Rumänien besetzt, doch in Folge des Hitler-Stalin-Paktes annektiere Stalin 1939 das Land und schuf die ›Moldawische Sozialistische Sowjetrepublik‹ mit der Hauptstadt Kišinev (rum. Chişinău) – der Name Bessarabien war von der Landkarte getilgt.

Um die historischen Bezüge endgültig auszulöschen, hat Stalin den südlichen Teil Bessarabiens der Ukraine zugeschlagen. Solange die Sowjetunion existierte, war das kaum von Belang, doch seit ihrem Zerfall ist die Republik Moldau nur ein Rumpfstaat ohne Zugang zum Meer. Außerdem sind die Beziehungen der Menschen, die nun in zwei Staaten leben, erschwert. Die Infrastruktur ist gestört, von Odessa gibt es nur zwei Flußübergänge zu den Gebieten west-

Karte hintere Umschlagklappe

Entspannung an Bord

lich des Dnister, von denen einer schon über moldauisches Staatsgebiet führt. Außerdem erschwert der schwelende Konflikt um Transnistrien (Pridnestrov'e), das sich von der moldauischen Zentralregierung abgespalten hat, die Entwicklung.

Bilhorod-Dnistrovs'kyj

Ausflüge werden von Odessa meist in das etwa 100 Kilometer von Odessa entfernt liegende Bilhorod-Dnistrovs'kyj (Білгород-Дністровський/russ. Belgorod-Dnestrovskij) angeboten. Die Stadt liegt am westlichen Ufer des Flusses Dnister am Dnistrovs'kyj Liman. Sie ist sehr stolz darauf, daß sie mit einem Alter von rund 2500 Jahren eine der ältesten, ständig bewohnten Städte der Welt ist, und nennt eine eindrucksvolle Festung ihr eigen. Im sechsten vorchristlichen Jahrhundert siedelten sich Griechen aus dem kleinasiatischen Milet an und nannten die Stadt Tira (auch Tiras).

In seiner Blüte um die Zeitenwende hatte Tira etwa 8500 Einwohner, die von Landwirtschaft, Fischfang, Handel und Handwerk lebten. Im ersten nachchristlichen Jahrhundert kamen zu ihrem Schutz römische Legionen. Als diese 200 Jahre später wieder abzogen, wurde Tira wenig später von Hunnen und Goten verwüstet. Doch die Stadt blieb auch danach besiedelt und stand in Verbindung mit Byzanz. Ruinenfunde weisen auf eine Kirche aus dem 6. Jahrhundert hin. Im 13. Jahrhundert siedelten sich Tataren an und nannten die Stadt Akdza-Kerman. Wenig später kamen Genuesische Kaufleute und gründeten eine Niederlassung.

Ein neues Kapitel eröffneten moldauische Fürsten, als sie im 14. Jahrhundert eine Festung anlegten und sie Cetatea Alba (weiße Festung) nannten. Das Bollwerk war den Türken bald ein Dorn im Auge. 1484 fiel es ihnen nach einer Belagerung in die Hand. Cetatea Alba

Die Schwarzmeerküste

Die Festung Akkerman in Bilhorod-Dnistrovs'kyj

hieß nun Akkerman, was auf türkisch ebenfalls weiße Festung bedeutet. Die Zeiten blieben unruhig, ständig wurde Akkerman von Kosaken heimgesucht. Doch den letzten Schlag versetzte der türkischen Garnison am 1. Dezember 1806 kein geringerer als Herzog Armand de Richelieu aus Odessa. Nach Abzug der Türken hatte Akkerman gerade noch 2000 Einwohner. Um Bessarabien zu besiedeln, holte der Zar Deutsche ins Land, und im Dorf Šabo (Шабо) wurden Winzer aus der Schweiz angesiedelt. Danach kehrte für gut 100 Jahre friedliche Geschäftigkeit ein.

Die Ruhe fand ein Ende, als im März 1918 die rumänische Armee nach Bessarabien einmarschierte und das Land an den rumänischen Staat anschloß. Aus Akkerman wurde wieder Cetatea Alba. Doch als Folge des Hitler-Stalin-Paktes besetzte die Rote Armee 1940 Bessarabien und gliederte es der Sowjetunion ein. Ein Jahr später holten es sich die Rumänen noch einmal zurück, doch nur kurz. 1944 war die Lage klar, die Stadt hieß ab sofort Belgorod-Dnestrovskij (weiße Stadt am Dnestr), blieb sowjetisch und wurde mit dem südlichen Teil Bessarabiens der ukrainischen Sowjetrepublik zugeschlagen – bis 1991. Seitdem heißt die 50 000-Einwohner-Stadt leicht abgewandelt Bilhorod-Dnistrovs'kyj und scheint sich endlich von ihrer Rolle als Spielball der Großmächte auszuruhen.

Wie ein Gebirge steigt die **Festung** über dem Ufer des Dnister auf. Selbst als Ruine ist sie einschüchternd: Die Mauern sind 2 Kilometer lang, die Gräben 14 Meter tief, 9 Hektar Fläche, 4 Höfe und von den einst 34 Türmen stehen noch 26. Auf einem Grabungsplatz vor dem Haupttor kommen Fundamente des antiken Tira ans Licht. Wer durch das Tor (vul. Ušakova) in die Festung tritt, blickt auf ein Bauwerk, das einem alten Schornstein oder einem Backofen ähnelt: Es ist ein Minarett, das auf den Mauern einer Kirche errichtet wurde. Später wurde es als Leuchtturm benutzt. Weit mächtiger sind die Wehrtürme, von denen einer der Puschkin-Turm ist. Im Dezember 1821 besuchte der Poet seinen früheren Fechtlehrer, der dort als Garnisonskommandant eingesetzt war. Die Stadt hat aber noch mehr als die Festung zu bieten: Aus dem 14. Jahrhundert stammt die **Armenische Kirche** (Virmens'ka cerkva, vul. Kutuzova 1). Eine weitere Kirche steht in der vul. Šabs'ka 116, die unterirdische **Johann-Sočavskij-Kirche** (церква Иоанна Сочавского). Außerdem gibt es ein **Historisches Museum** (vul. Puškina 19) mit einer Ethnographischen Abteilung (vul. Puškina 16).

Der Dnistr und Transnistrien

Der Dnistr, der hier nach etwa 1300 Kilometern in das Schwarze Meer mündet, ist ein träger Fluß, der in den Ukrainischen Waldkarpaten entspringt. Er schlängelt sich durch Podolien und den Nachbarstaat Moldova, hat teilweise ein tiefes Flußbett in die Ebene geschnitten; für die Schiffahrt ist er kaum von Belang, um so mehr da er politisch eine höchst gefährliche Bedeutung erlangt hat. An seinem Ostufer hat sich ein Zwergstaat gebildet, den es völkerrechtlich nicht gibt: Die Transnistrische Moldawische Republik (Pridnestrovskaja moldavskaja respublika, Abk. PMR) oder kurz Transnistrien. Es ist ein Niemandsland, das bis 1924 zur Ukraine gehörte.

Kurz nachdem das mehrheitlich von Rumänen bewohnte Bessarabien 1918 von Bukarest an den großrumänischen Staat angeschlossen worden war, gründete Stalin an dessen Grenze östlich des Dnister die ›Autonome sozialistische Region Moldawien‹ – obwohl dieses Gebiet nie zu Moldova, sondern zur Ukraine gehört hatte. Der Diktator wollte schlicht Besitzansprüche anmelden. Die Stadt Tiraspol' (russ. Тирасполь) wurde kurz danach zur Hauptstadt ernannt, wenig später ging Stalins Plan auf: Als Folge des Hitler-Stalin-Pakts marschierte die Rote Armee 1940 in Moldova ein, worauf Stalin umgehend große Teile Transnistriens diesem Gebiet zuschlug (in seinem Sinne eine ›Wiedervereinigung‹). Im Gegenzug gliederte Stalin das südliche Bessarabien jedoch an die Ukraine an. Aus dem bessarabischen Rumpf und dem schmalen transnistrischen Streifen wurde die ›Moldawische sozialistische Sowjetrepublik‹ mit der Hauptstadt Chişinău (russ. Кишинев).

Als in Chişinău 1989 erstmals die Unabhängigkeit von der Sowjetunion gefordert wurde, kam es am Dnister zum Bruch: Moldova löste sich von Moskau und hoffte auf eine Vereinigung mit Rumänien, Transnistrien bekannte sich zu Moskau und spaltete sich 1990 seinerseits von Moldova ab. Im Sommer 1992 gab es einen kurzen heftigen Krieg mit mehreren hundert Toten. Die am Dnister stationierte russische Armee griff ein, erzwang einen Waffenstillstand und sicherte die Existenz von Transnistrien. Seitdem wird die Dnister-Grenze von Truppen kontrolliert, die sich aus Soldaten der verfeindeten Seiten und Rußlands zusammensetzen. Transnistrien ist international nicht anerkannt (auch nicht von Moskau), ist aber de facto unabhängig. Seit 1992 ist der Russe Igor Smirnov dort Präsident. Er regiert autokratisch die gut halbe Million Einwohner, die sich aus einem Drittel Moldauer,

je rund 30 Prozent Ukrainern und Russen zusammensetzt.

Transnistrien wird immer wieder des Waffenhandels bezichtigt. Dort sind immer noch zehntausende Tonnen Waffen und Munition aus der Sowjetzeit gelagert, die von etwa 1500 russischen Soldaten bewacht werden. Alle Versuche einer Annäherung zwischen Chişinău und Tiraspol' waren gescheitert, als nach seinem Amtsantritt der ukrainische Präsident Juščenko 2005 die Initiative ergriff und einen Plan vorstellte, der die Reintegration Transnistriens in den moldauischen Staat bei dessen gleichzeitiger Autonomie vorsah. Juščenko warb bei der EU außerdem um Unterstützung für die Sicherung der Landgrenze zur Ukraine, um den Schmuggel zu unterbinden. Das Parlament in Chişinău gab dem Juščenko-Plan zwar seine Zustimmung, forderte jedoch den vollständigen Abzug der russischen Truppen, was Rußland ablehnte. Auch wenn der Kreml immer wieder dementiert – der Schlüssel zur Lösung des Transnistrienkonflikts liegt in Moskau.

Das Donaudelta

Obwohl viele Kreuzfahrten in Odessa enden bzw. ihren Anfang nehmen, steuern Dnepr-Kreuzfahrtschiffe gelegentlich auch das Donaudelta an. Die Schiffe legen in Vylkove (Вилкове, russ. Vilkovo) mit seinen rund 9000 Einwohnern an; es wird, leicht übertrieben, gern das ›ukrainische Venedig‹ genannt. Doch wie in der Lagunenstadt sind viele Straßen in Vylkove Kanäle und Fließe, auf denen die Einheimischen mit ihren ›Čajkas‹ unterwegs sind, ein wendiger Bootstyp (zu deutsch ›Möwe‹), den sie von den Kosaken übernommen haben. Viele der 9000 Einwohner sind Lipovaner, auch als Altgläubige bezeichnet.

Die Schwarzmeerküste

Die Donaumündung bei Vylkove

Das sind orthodoxe Christen, die im 17. Jahrhundert Gottesdienstreformen abgelehnt haben und deswegen verfolgt wurden. Ein Teil von ihnen floh aus Rußland, fand in den Tiefen des Donaudeltas Zuflucht und hat so seinen alten Dialekt bewahrt. Sie wurden bald Lipovany genannt. Die Lipovaner lebten vom Fischfang. In Vylkove haben sie mehrere Kirchen gebaut und unlängst für ihre Vorfahren ein Bronzedenkmal mit Kreuz und Čajka errichtet. Ein weiteres Denkmal gilt dem ›Kilometer 0‹, der Stelle, wo die Donau nach 2845 Kilometern ins Meer mündet. Anders alle die meisten anderen Flüsse wird die Länge der Donau von ihrer Mündung her gezählt, aus dem einfachen Grund, weil man sich im Schwarzwald nicht einigen kann, welche Quelle nun die Donau hervorbringt.

Das Donaudelta ist ein in Europa einzigartiges Feuchtbiotop aus Flußarmen, Inseln und Seen, aber auch aus Auwäldern und Dünen. Seit 1991 steht es auf der Liste des UNESCO-Weltnaturerbes und ist seitdem das größte grenzüberschreitende Schutzgebiet Europas. Auf ukrainischer Seite ist es ein 460 Quadratkilometer großes Biosphärenreservat nördlich und östlich von Vylkove. In Vylkove befinden sich die Hauptverwaltung und das Besuchszentrum (vul. Tatarbunarskogo vosstanija 132a) des Reservats. Dort werden verschiedene, auch mehrtägige Exkursionen angeboten, eine Ausstellung informiert über Flora und Fauna.

Die Einzigartigkeit des Deltas hat die ukrainische Regierung 2004 jedoch nicht daran gehindert, den Bau eines Kanals für die Schiffahrt quer durch das Reservat zu veranlassen. Das führte zwar zu heftigen internationalen Protesten, hielt Leonid Kučma aber nicht davon ab, den ersten Abschnitt noch 2004 in Vylkove zu eröffnen. Sollte das Projekt fortgeführt und vollendet werden, wird das Folgen für Natur und Tourismus haben.

Ein fast vergessenes Kapitel – die Bessarabiendeutschen

Nachdem Zar Alexander I. Bessarabien 1812 an Rußland angegliedert hatte, stand er vor derselben Frage, die schon seine Großmutter Katharina lösen mußte. Wie soll das Brachland besiedelt werden? Und wie seine Großmutter holte er neben Bulgaren auch Deutsche ins Land. In einem Manifest versprach er Steuerfreiheit auf zehn Jahre, Religionsfreiheit, Befreiung vom Militärdienst, Selbstverwaltung und natürlich großzügig Land – über 60 Hektar je Familie.

Dieser Ruf fand in Deutschland, von der Napoleonischen Fremdherrschaft und dem Befreiungskrieg arg gebeutelt, viele bereitwillige Hörer. Und so machten sich zwischen 1814 und 1842 etwa 9000 Bauern und Handwerker, meist aus Süddeutschland, auf ins Gelobte Land. Viele fuhren mit sogenannten ›Ulmer Schachteln‹, großen schwarzweiß gestrichenen Booten, die Donau hinab und gingen in Izmajil an Land. Wenn sie es denn schafften. Denn die Fahrt war beschwerlicher als erwartet, ganze Familien starben unterwegs an Krankheiten. Andere nahmen von Preußen den Landweg. Sie gründeten zuerst 24 Siedlungen, Straßendörfer nach gleichem Grundriß, die sogenannte Gedächtnisnamen erhielten. Sie erinnerten an Orte, wo Napoleon siegreich geschlagen wurde, etwa Paris, Borodino und Tarutino. Andere Siedlungen hießen aber auch Hoffnungstal, Gnadental oder Friedenstal.

Mit großer Mühe kultivierte man das Land, das dank seiner Schwarzerde zwar sehr fruchtbar, oft jedoch mit mannshohen Steppen überwuchert war. Die Siedler bauten vor allem Weizen, Mais und Sonnenblumen an. Das Klima war auch hervorragend für Weinbau geeignet, darüber hinaus gab es ein florierendes Handwerk. Die Dörfer blühten auf. Es gab ein reges Gemeindeleben und ein einzigartiges Schulwesen. Die Menschen bewahrten ihre Bräuche, ihre Religion, vor allem aber ihre Sprache.

Als 1914, hundert Jahre nachdem die ersten Siedler ins Land gekommen waren, der Erste Weltkrieg begann, gerieten die Bessarabiendeutschen zwischen die Fronten, denn ihre alte Heimat führte mit ihrer neuen Krieg. Die Oktoberrevolution brachte eine Wende, weil das Land 1918 von Rumänien besetzt wurde. Die Deutschen richteten sich auf die neuen Herrscher ein, doch das jähe Ende kam für die Bessarabiendeutschen 1940, als Stalin für die Bewohner völlig überraschend die Region besetzte. Fast alle der 93 000 Deutschen entschieden sich innerhalb weniger Wochen für den Abzug. Neben der nationalsozialistischen Propaganda (›Heim ins Reich‹) war es der stalinsche Terror, der sie nicht lange überlegen ließ. So wie viele der Vorfahren einst gekommen waren, reisten sie wieder aus – per Schiff über die Donau. Mit ihrem Weggang entgingen die Deutschen der Deportation.

Angesiedelt wurden sie im Wartheland und Westpreußen im heutigen Polen, von wo sie 1944/45 jedoch wieder fliehen mußten. Die Mehrheit fand in Baden-Württemberg und in Norddeutschland eine neue Heimat, andere in der DDR, etwa im späteren Sachsen-Anhalt. Prominentester Vertreter der Bessarabiendeutschen ist der jetzige Bundespräsident Horst Köhler, der allerdings 1943 schon nicht mehr in der alten Heimat geboren wurde.

Viele Bessarabiendeutsche besuchen heute die Heimat ihrer Vorfahren. Sie halten das Erbe wach, unterstützen aber auch nach Kräften die Menschen, die jetzt in ihren einstigen Dörfern leben.

Sprachführer

Die Übersetzungen werden sowohl ins Ukrainische als auch ins Russische angegeben, denn Touristen werden mit beiden Sprachen konfrontiert. Vor allem in der Ostukraine sprechen viele Menschen Russisch. Aber es zählt zu den wahrgenommenen Souveränitätsrechten der jungen Ukraine, das Russische aus dem öffentlichen Leben mehr und mehr zu verdrängen. Die Übertragung ins Lateinische richtet sich nach den Regeln für wissenschaftliche Transliteration.

Ukrainisches Alphabet

kyrillisch	lateinisch	Aussprache
А, а	a	›a‹ in Vater
Б, б	b	›b‹ in Ball
В, в	v	›w‹ in Wasser
Г, г	h	›h‹ in Hose (immer hörbar)
Г', г'	g	›g‹ in gut
Д, д	d	›d‹ in Dom
Е, е	e	›e‹ in Bett (halboffen)
Є, є	je	›je‹ in jemand
Ж, ж	ž	stimmhaftes ›sch‹ wie in Garage oder Journal
З, з	z	›s‹ in Rose (stimmhaft)
И, и	y	›e‹ in Gesang (halboffen)
І, і	i	›i‹ in Mine
Ї, ї	ji	›ji‹ in jiddisch
Й, й	j	vor a, o, e und u wie ›j‹ in Maja; nach a, o, e, u und y kürzer, wie ›i‹ in Mai
К, к	k	›k‹ in Karte
Л, л	l	›l‹ in Lampe
М, м	m	›m‹ in Mutter
Н, н	n	›n‹ in Nase
О, о	o	›o‹ in Sommer (offen)
П, п	p	›p‹ in Post
Р, р	r	rollendes Zungenspitzen-r wie im Italienischen
С, с	s	›s‹ wie in was
Т, т	t	›t‹ in Tante
У, у	u	›u‹ in Mut
Ф, ф	f	›f‹ in Feder
Х, х	ch	vor a, o, e, u ein ach-Laut wie in Bach; vor i ein ich-Laut wie in China
Ц, ц	c	›z‹ in Zebra
Ч, ч	č	›tsch‹ in deutsch (stimmlos)
Ш, ш	š	›sch‹ in Schule (stimmlos)
Щ, щ	šč	›schtsch‹ (stimmlos)
Ю, ю	ju	›ju‹ in Juni

| Я, я | ja | ›ja‹ in Jasmin |
| ь | ' | vorangehender Mitlaut wird weicher ausgesprochen |

Russisches Alphabet

kyrillisch	lateinisch	Aussprache
А, а	a	›a‹ in Vater
Б, б	b	›b‹ in Ball
В, в	v	›w‹ in Wasser
Г, г	g	›g‹ in gut, in der Endsilbe ›ogo‹ wie ›w‹
Д, д	d	›d‹ in Dom
Е, е	e	›je‹ in jeder
Ё, ё	jo, ё	›jo‹ nach ж, ч, und щ wie in offen, sonst wie Joch
Ж, ж	ž	stimmhaftes ›sch‹ wie in Garage oder Journal
З, з	z	›s‹ in Rose (stimmhaft)
И, и	i	›i‹ in Mine
Й, й	j	kurzes i wie in Mai
К, к	k	›k‹ in Karte
Л, п	l	›l‹ in Lampe
М, м	m	›m‹ in Mutter
Н, н	n	›n‹ in Nase (stimmlos)
О, о	o	›o‹ in Sommer (offen), in unbetonten Silben wie ›a‹
П, п	p	›p‹ in Post
Р, р	r	rollendes Zungenspitzen-r
С, с	s	›s‹ wie in was
Т, т	t	›t‹ in Tante
У, у	u	›u‹ in Mut
Ф, ф	f	›f‹ in Feder
Х, х	ch	vor a, o, e, u ein ach-Laut wie in Bach vor i ein ich-Laut wie in China
Ц, ц	c	›z‹ in Zebra
Ч, ч	č	›tsch‹ in Kutsche
Ш, ш	š	›sch‹ in Schule
Щ, щ	šč	›schtsch‹ (stimmlos)
ъ		vorangehender Mitlaut wird härter ausgesprochen
Ы, ы	y	zwischen ›i‹ und ›y‹ in Fisch
ь	'	vorangehender Mitlaut wird weicher ausgesprochen
Э, э	.e	›e‹ in Erbe
Ю, ю	ju	›ju‹ in Juni
Я, я	ja	›ja‹ in Jasmin

deutsch	ukrainisch	ukr. Transliteration
	russisch	russ. Transliteration

Allgemeines

Guten Morgen!	Доброго ранку!	Dóbroho ránku!
	Доброе утро!	Dóbroe útro!
Guten Tag!	Добрий день!	Dóbryj den'!
	Добрый день!	Dóbryj den'!
Guten Abend!	Добрий вечір!	Dóbryj véčir!
	Добрый вечер!	Dóbryj véčer!
Gute Nacht!	Добраніч!	Dobránič!
	Спокойной ночи!	Spokójnoj nóči!
Sei gegrüßt!	Привіт!	Pryvít!
	Привет!	Privét!
Seien Sie gegrüßt!/Seid gegrüßt!	Здрастуйте!	Zdrástujte!
	Здравствуйте!	Zdrávstvujte!
Wie heißt Du/Sie?	Як тебе/вас звуть?	Jak tebé/vas zvut'?
	Как тебя/вас зовут?	Kak tebjá/vas zovút?
Ich heiße...	Мене звуть...	Mené zvuť'...
	Меня зовут...	Menjá zovút...
Herr...	пан	pan
	господин	gospodín
Frau...	пані	páni
	госпожа	gospoža
Danke!	Дякую!	djákuju
	Спасибо!	spasíbo
Bitte!	Будь ласка!	Buď láska!
	Пожалуйста!	Požálujsta!
ja	так	tak
	да	da
nein	ні	ni
	нет	net

разбиты = kaput
непригодный = unbrauchbar

Ich verstehe nicht	Я не розумію!	Ja ne rozumíju!
	Я не понимаю!	Ja ne ponimáju!
Sprechen Sie deutsch/englisch?	Ви розмовляете по німецькому/англійському?	Vy rozmovljáete po niméc'komu/anhlíjs'komu?
	Вы говорите по-немецки/по-английски?	Vy govoríte po-nemécki/po-anglíjski?
Entschuldigung!	Пробачте!	Probáčte!
	Простите!	Prostíte!
Macht nichts.	Нічого.	Ničóho.
	Ничего.	Ničevó.
Gut/In Ordnung.	Добре	Dóbre.
	Хорошо.	Chorošó.
Sprechen Sie bitte langsamer.	Прошу говорити повільніше	próžu hovorýty povíl'niše.
	Говорите медленно, пожалуйста.	Govoríte médlenno, požálujsta.
Ich weiß es (nicht).	Я (не) знаю.	Ja (ne) znáju.
	Я (не) знаю.	Ja (ne) znáju.
Schreiben Sie es bitte auf.	Напишіть, будь ласка.	Napyšíť, buď láska.
	Запишите, пожалуйста.	Zapišíte, požálujsta.
Kann ich?/Darf ich?	Можна?	Móžna?
	Можно?	Móžno?
Wann?	Коли?	Kolý?
	Когда?	Kogdá?

Zeitangaben

Wie spät ist es?	Котра година?	Kótra hodyna?
	Который час?	Kotóryj čas?
heute	сьогодні	s'ohódni
	сегодня	segódnja
morgen	завтра	závtra
	завтра	závtra

невозможмим = unmöglich

übermorgen	післязавтра	pisljazávtra
	послезавтра	poslezávtra
gestern	вчора	včóra
	вчера	včerá
vorgestern	позавчора	pózavčora
	позавчера	pozavčerá
Stunde	година	hodyna
	час	čas
am Morgen	ранком	ránkom
	утром	útrom
am Abend	ввечері	vvéčeri
	вечером	véčerom
Nacht	ніч	nič
	ночь	noč
Woche	тиждень	tyžden'
	неделя	nedélja

Wochentage

Montag	понеділок	ponedílok
	понедельник	ponedél'nik
Dienstag	вівторок	vivtórok
	вторник	vtórnik
Mittwoch	середа	seredá
	среда	sredá
Donnerstag	четвер	četvér
	четверг	četvérg
Freitag	п'ятниця	p'játnycja
	пятница	pjátnica
Sonnabend	субота	subóta
	суббота	subbóta
Sonntag	неділя	nedílja
	воскресенье	voskresén'e

Monat	місяць	mísjac'
	месяц	mésjac

Orientierung

wo	де	de
	где	gde
Sagen Sie bitte, wo ist ...?	Скажіть, будь ласка, де ...?	Skažít', bud' láska, de ...?
	Скажите, пожалуйста, где...?	Skažíte, požálujsta, gde ...?
Wo ist...	Де знаходиться?	De znachódyt'sja...?
	Где находится?	Gde nachóditsja...?
... Post	пошта	póšta
	почта	póčta
... Bank	банк	bank
	банк	bank
... Bankautomat	банкомат	bankomát
	банкомат	bankomát
... Wechselstube	обмін валюти	óbmin valjúty
	обмен валюты	obmén valjúty
... Hotel	готель	hotél'
	гостиница	gostínica
... Theater	театр	teátr
	театр	teátr
... Museum	музей	muzéj
	музей	muzéj
... Laden	магазин	mahazýn
	магазин	magazín
... Kaufhaus	універмаг	univermáh
	универмаг	univermág
.... Polizei	міліція	milícija
	милиция	milícija

.... Deutsche Botschaft	посольство німецьке	posól'stvo nimec'ke
	посольство германии	posól'stvo germanii
hier	тут	tut
	здесь	zdes'
dort	там	tam
	там	tam
Gehen Sie ...	Ідіть ...	Idít'
	Идите ...	Idite ...
rechts, nach rechts	праворуч	pravóruč
	справа	správa
links, nach links	ліворуч	livóruč
	слева	sléva
geradeaus	прямо	prjámo
	прямо	prjámo
um die Ecke	за рогом	za rohóm
	за углом	za uglóm
hinter der Brücke	за мостом	za mostóm
	за мостом	za mostóm
weit	далеко	daléko
	далеко	dalekó
nah	недалеко	nedaléko
	недалеко	nedalekó
Norden	північ	pívnič
	север	séver
Süden	південь	pívden'
	юг	jug
Osten	схід	schid
	восток	vostók
Westen	захід	záchid
	запад	západ

Schilder

Eingang	вхід	vchid
	вход	vchod
Ausgang	вихід	vychid
	выход	vychod
Toilette	туалет	tualét
	туалет	tualét
Mann	чоловік, Abk. Ч	čolovík
	мужчина, Abk. М	mužčína
Frau	жінка, Abk. Ж	žínka
	женщина Abk. Ж	žénščina
außer Betrieb	не працює	ne pracjúje
	не работает	ne rabótaet
Kasse	каса	kása
	касса	kássa
Umbau, Renovierung	ремонт	remónt
	ремонт	remónt
geöffnet	відкрито	vidkrýto
	открыто	otkrýto

Orte

Straße	вулиця	vúlycja
	улица	úlica
Boulevard	бульвар	bul'vár
	бульвар	bul'vár
Gasse	провулок	provúlok
	переулок	pereúlok
Prospekt (große Straße)	проспект	prospékt
	проспект	prospékt
Platz	площа (майдан)	plóšča (majdán)
	площадь	plóščad'

Brücke	міст	mist
	мост	most
Geschäft	магазин	mahazyn
	магазин	magazín
Kaufhaus	універмаг	univermáh
	универмаг	univermág
Kirche	церква	cérkva
	церковь	cérkov'
Kloster	монастир	monastýr
	монастырь	monastýr
Postamt	поштамт	poštámt
	почтамт	počtámt
Tankstelle	автозаправна станція	avtozaprávna stáncija
	автозаправочная станция	avtozaprávočnaja stáncija
Stadt	місто	místo
	город	górod
Altstadt	старе місто	staré místo
	старый город	stáryj górod
(Stadt-) Zentrum	центр (міста)	centr (místa)
	центр (города)	centr (góroda)
Denkmal	памятник	pámjatnyk
	памятник	pámjatnik
Park	парк	park
	парк	park
Berg	гора	horá
	гора	gorá
Gebirge	гори	hóry
	горы	góry
Tal	долина	dolýna
	долина	dolína

Fluß	ріка	riká
	река	reká
See	озеро	ózero
	озеро	ózero
Stausee	водосховище	vodoschóvyšče
	водохранилище	vodochraniĺišče

Unterwegs

Flugplatz	аеропорт	aeropórt
	аэропорт	aeropórt
Bahnhof	вокзал	vokzál
	вокзал	vokzál
Busbahnhof	автовокзал	avtovoksál
	автовокзал	avtovoksál
Flußhafen	річковий вокзал	ričkovýj vokzál
	речной вокзал	rečnój vokzál
Passagierhafen (Meer)	морський вокзал	morsʼkýj vokzál
	морской вокзал	morskój vokzál
Zug	потяг/поїзд	potjáh/pójizd
	поезд	póezd
Bus	автобус	avtóbus
	автобус	avtóbus
Straßenbahn	трамвай	tramváj
	трамвай	tramváj
U-Bahn	метро	metró
	метро	metró
Vorortzüge	приміські поїзди	prymisʼkí pojizdy
	пригородные поезда	prígorodnye poezdá
Taxi	таксі	taksí
	такси	taksí
Auskunft	довідкове бюро	dovidkóve bjuró
	справочное бюро	správočnoe bjuró

Wo ist die nächste ...?	Де найближча ...?	De najblýžča ...?
	Где ближайшая ...?	Gde bližajšaja ...?
... Straßenbahnhaltestelle	зупинка трамвая	zupýnka tramvája
	остановка трамвая	ostanóvka tramvája
... Bushaltestelle	зупинка автобуса	zupýnka avtóbusa
	остановка автобуса	ostanóvka avtóbusa
... U-Bahn-Station	станція метро	stáncija metró
	станция метро	stáncija metró
Fahrkarten	квитки	kvytký
	билеты	biléty
Einen Fahrschein nach ..., bitte.	один квиток до ..., будь ласка.	odýn kvytók do ..., buď láska.
	Один билет в ..., пожалуйста!	Odín bilét v ..., požálujsta!
einfach	в один кінець	v odýn kinéc'
	в один конец	v odin konéc
hin und zurück	туди й назад	tudí j nazád
	туда и обратно	tudá i obrátno
Bahnsteig	платформа, перон	platfórma, perón
	перрон, путь	perrón, puť
Abfahrt	відправлення	vidpravlénja
	отправление	otpravlénie
Ankunft	прибуття	prybúttja
	прибытие	pribýtie
Wann fährt der Zug nach ...?	Коли відходить потяг до ...?	Kolí vidchódyť pótjah do ...
	Когда отправляется поезд в ...?	Kogdá otpravljáetsja póezd v ...?
Von welchem Bahnsteig?	З якої платформи?	Z jakóji platformy?
	С какой платформы?	S kakój platfórmy?
Verspätung	спізнення	spíznenja
	опоздание	opozdánie

Gepäck	багаж	baháž
	багаж	bagáž
Gepäaufbewahrung	камера зберігання	kámera zberihánja
	камера храненияск	kámera chranenija
Gute Reise!	Щасливої дороги!	Ščaslývoji doróhi!
	Счастливого пути!	Sčastlívogo putí
Schaffner/in	провідник/провідниця	provídnyk/provídnyca
	проводник/проводница	provodník/provodnica
Wagennummer	номер вагона	nómer vahóna
	номер вагона	nómer vahóna
Schlafwagen	спальний вагон	spál'nyj vahón
	спальный вагон	spál'nyj vagón
Zugabteil	купе	kupé
	купе	kupé
Platz	місце	mísce
	место	mésto
Wann sind wir in...?	Як довго їхати до ...?	Jak dóvho jíchaty do ...?
	Через сколько мы будем в ...?	Čérez skól'ko my búdem v ...?
Wann muß ich aus-steigen?	Коли мені треба вийти?	Kolý mení tréba výjty?
	Когда мне выйти?	Kogdá mne výjti?
Wo befindet sich der Speisewagen? Де вагон-ресторан?	De vahón-restorán?	
	Где (находится) вагон-ресторан?	Gde (nachóditsja) vagón-restorán?

Hotel

Zimmer	номер	nómer
	номер	nómer
für eine Nacht (zwei Nächte)	на один день (два дні)	na odýn den' (dva dni)
	на один день (два дня)	na odín den' (dva dnja)
Bad	ванна	vánna
	ванная	vánnaja

Dusche	душ	duš
	душ	duš
Preis	ціна, вартість	ciná, vártist'
	цена	cená
dies hier	це	ce
	вот это	vot éto
funktioniert nicht	не пращоє	ne praščóje
	не работает	ne rabótaet
Licht	світло	svítlo
	свет	svet
Heizung	батерея	bateréja
	отопление	otoplénie
Steckdose	розетка	rozétka
	розетка	rozétka
Klimaanlage	кондиціонер	kondycionér
	кондиционер	kondicionér

Einkaufen

Haben Sie ...?	У Вас є ...?, Ви маєте ...?	U vas je ...?, Vy majéte ...?
	У Вас есть?	U vas est'?
Was kostet das?	Скільки це коштує?	Skíĺky ce kóštuje?
	Сколько это стоит?	Skól'ko éto stóit?
Geben Sie mir bitte	Дайте мені, будь ласка, ...	Dájte mení ..., bud' láska.
	Дайте мне, пожалуйста ...!	Dájte mne, požálujsta ...!
Tüte	кулюк	kuljúk
	Кулёк	kuljók
Eine Packung ..., bitte.	Одну пачку..., будь ласка.	Odnú páčku..., bud' láska.
	Odnú páčku ..., požálujsta	Одну пачку ..., пожалуйста

Eine Flasche ..., bitte.	Одну пляшку..., будь ласка.	Odnú pljášku..., buď láska.
	Одну бутылку ..., пожалуйста	Odnú butýlku ..., požálujsta
Zigaretten	сигарету	sygaréty
	сигареты	sigaréty
Schokolade	шоколад	šokolad
	шоколад	šokolad
Kekse	печиво	péčyvo
	печенье	pečén'e

Post

Wo ist hier die Post?	Де тут поблизу пошта?	De tut poblízu pósta?
	Где здесь почта?	Gde zdes' póčta?
Wo ist ein Briefkasten?	Де тут поштова скринька?	De tut poštóva skrýnka?
	Где здесь почтовий ящик?	Gde zdes' póčtóvij jáščik?
Brief	лист	lyst
	письмо	pis'mó
Briefmarke	марка	márka
	марка	márka
Paket	посилка	posýlka
	посылка	posýlka
Päckchen	бандероль	banderól'
	бандероль	banderól'
Briefumschlag	конверт	konvért
	конверт	konvért
Postkarte	листівка	lystívka
	открытка	otkrýtka

Gesundheit

| Arzt | лікар | líkar |
| | врач | vrač |

Zahnarzt	зубний лікар	zubnyj likar
	зубной врач	zubnój vrač
Krankenhaus	лікарня	likárnja
	больница	bol'níca
Apotheke	аптека	aptéka
	аптека	aptéka
Medikamente	медикамент	medykamént
	лекарство	lekárstvo
Bitte helfen Sie mir!	Допоможіть мені, будь ласка!	Dopomošíť mení, buď láska!
	Помогите мне пожалуйста!	Pomogíte mne požálujsta ...!
Ich habe ... schmerzen.	У мене болить ...	U méne bolýť ...
	У меня болить ...	U menjá bolíť ...
Kopf...	... голова	holová
	... голова	golová
Hals...	... горло	... hórlo
	... горло	... górlo
Bauch...	... живіт	... žyvít
	... живот	... živót
Rücken...	... спина	... spyná
	... спина	... spiná
Zahn...	... зуб	... zub
	... зуб	... zub
Ich habe Fieber.	У мене гарячка.	U méne harjáčka.
	У меня жар.	U menjá žar.
Ich habe Durchfall.	У мене діарея	U méne diaréja
	У меня диарея	U menjá diaréja

Essen und Trinken

Restaurant	ресторан	restorán
	ресторан	restorán

Frühstück	снiданок	snidánok
	завтрак	závtrak
Mittagessen	обiд	obíd
	обед	obéd
Abendessen	вечеря	večérja
	ужин	úžin
Speisekarte	меню	menjú
	меню	menjú
Die Speisekarte bitte.	(Дайте) меню, будь ласка.	(Dájte) menjú, bud' láska.
	Меню, пожалуйста!	Menjú, požálujsta!
Guten Appetit!	Приетного апетиту!	Pryétnoho apetýtu!
	Приятного апетита!	Prijátnogo apetita!
Ich möchte zahlen.	(Дайте), будь ласка, рахунок.	(Dájte), bud' láska, rachúnok.
	Я хочу заплатить.	Ja chočú zaplatíť.
Bringen Sie bitte ...!	Принесiть, будь ласка.	Prynesíť, bud' láska.
	Принесите, пожалуйста ...!	Prinesíte, požálujsta ...!
Teller	тарiлка	tarílka
	тарелка	tarélka
Tasse	чашка	čáška
	чашка	čáška
Glas	стакан	stakán
	стакан	stakán
Messer	нiж	niž
	нож	nož
Gabel	виделка	vydélka
	вилка	vílka
Löffel	ложка	lóžka
	ложка	lóžka

Zucker	цуков	cúkov
	сахар	sáchar
Salz	сіль	sil'
	соль	sol'
Vorspeisen	закуски	zakúsky
	закуски	zakúski
warme Speisen	гарячі страви	harjáči stravy
	горячие блюда	gorjáčie bljúda
kalte Speisen	холодні страви	cholódni strávy
	холодные блюда	cholódnye bljúda
Dessert	десерт	desért
	десерт	desért
Fisch	риба	ryba
	рыба	ryba
Fleisch	м'ясо	m'jáso
	мясо	mjáso
Rindfleisch	яловичина	jálovyčyna
	говядина	govjádina
Schweinefleisch	свинина	svynýna
	свинина	svinína
Lamm-, Hammelfleisch	баранина	baránina
	баранина	baránina
Käse	сир	syr
	сыр	syr
Obst	фрукти	frúkty
	фрукты	frúkty
Gemüse	овочі	óvoči
	овощи	óvošči
Brot	хліб	chlib
	хлеб	chleb

Saft	сік	sik
	сок	sok
Mineralwasser	мінеральна вода	minerál'na vodá
	минеральная вода	minerál'naja vodá
Tee	чай	čaj
	чай	čaj
Kaffee	кава	káva
	кофе	kófe
Wein	вино	vynó
	вино	vinó
Bier	пиво	pyvo
	пиво	pívo

Zahlen

eins	один	odyn
	один	odín
zwei	два	dva
	два	dva
drei	три	try
	три	tri
vier	чотири	čotyry
	четыре	četyre
fünf	п'ять	p'jat'
	пять	pjat'
sechs	шість	šist'
	шесть	šest'
sieben	сім	sim
	семь	sem'
acht	вісім	vísim
	восемь	vósem'
neun	дев'ять	dév'jat'
	девять	dévjat'

zehn	десять	désjat'
	десять	désjat'
elf	одинадцять	odynadcjat'
	одиннадцать	odínnadcat'
zwölf	дванадцять	dvanádcjat'
	двенадцать	dvenádcat'
dreizehn	тринадцять	trynádcjat'
	тринадцать	trinádcat'
vierzehn	чотирнадцять	čotyrnadcjat'
	четырнадцать	četyrnadcat'
fünfzehn	п'ятнадцять	pjatnádcjat'
	пятнадцать	pjatnádcat'
sechzehn	шістнадцять	šistnádcjat'
	шестнадцать	šestnádcat'
siebzehn	сімнадцять	simnádcjat'
	семнадцать	semnádcat'
achtzehn	вісімнадцять	visimnádcjat'
	восемнадцать	vosemnádcat'
neunzehn	дев'ятнадцять	devjatnádcjat'
	девятнадцать	devjatnádcat'
zwanzig	двадцять	dvádcjat'
	двадцать	dvádcat'
fünfzig	п'ятьдесят	[p'jat'désjat]
	пятьдесят	[pjat'désjat]
siebzig	сімдесят	[simdésjat]
	семьдесять	[semdésjat]
einhundert	сто	sto
	сто	sto
eintausend	тисяча	tysjača
	тысяча	tysjača

Reisetips von A bis Z

Anreise

Teilnehmer von Flußkreuzfahrten brauchen sich in der Regel nicht selbst um ihren Flug in die Ukraine zu kümmern. Wer auf eigene Faust anreisen will, hat inzwischen eine große Auswahl an Flügen von und nach Kiev (auch Direktflüge) und Odessa (nur Umsteigeflüge). Die Ukraine wird von deutschen, österreichischen und schweizerischen Flughäfen aus angeflogen. Direktverbindungen nach Kiev, dem Start- oder Endpunkt der Dnepr-Kreuzfahrten gibt es von Berlin, Frankfurt/M., Düsseldorf, München, Hamburg, Wien, Salzburg, Innsbruck und Zürich (z.B. ab/bis Berlin mit Ukraine International ab ca. 230 Euro, ab/bis Frankfurt mit Lufthansa ab ca. 370 Euro). Umsteigeflüge nach Kiev und nach Odessa gibt es von vielen Flughäfen unter anderem über Budapest (Malev, z.B. ab/bis Berlin nach Odessa ab ca. 340 Euro), Warschau (LOT), Riga (Air Baltic) oder Prag (CSA). Nähere Informationen z. B. bei www.airline-direct.de.

Begrüßung an Bord

Ärztliche Versorgung

Auf den Schiffen befindet sich ein Bordarzt, der Sprechstunden anbietet und außerhalb der Sprechzeiten jederzeit bei Notfällen hilft. Die Bezahlung für seine Inanspruchnahme erfolgt an Bord. In großen Städten gibt es Apotheken, allerdings sollte man eine kleine Reiseapotheke mit im Koffer haben, in die Sonnenschutzcreme und einige Einwegspritzen gehören sowie natürlich eventuell laufend benötigte Medikamente.

Auslandskrankenversicherung

Touristen sind offiziell verpflichtet, an der Grenze eine Auslandskrankenversicherung nachzuweisen, die auch in der Ukraine gültig ist. Das wird bei der Einreise zwar nicht mehr unbedingt kontrolliert, allerdings sollte man auch im eigenen Interesse über einen Versicherungsschutz verfügen, der auch einen eventuell notwendigen Rücktransport einschließt. Alle großen deutschen Versicherer bieten Policen an, die in der Regel nicht teuer sind. Die gesetzlichen Krankenkassen erstatten keine Kosten, die durch eine Behandlung in der Ukraine entstehen.

Ausstattung des Schiffes

Die Schiffe verfügen über Kabinen unterschiedlicher Kategorien und mit unterschiedlicher Bettenzahl, alle Kabinen haben Fenster, im Unterdeck nur Bullaugen. Dort befinden sich die einfachen, darüber die komfortableren Kabinen. Die Kabinen verfügen, je nach Kategorie, über Toilette, Dusche und Klimaanlage. Zum Schiff gehören mehrere Restaurants sowie Bars, ein Friseursalon, ein Souvenirshop, ein Bügelraum, dazu Wäscheservice, Leihbücherei, Lesesalon und für Wertsachen ein Bordsafe. In der Leihbücherei können auch Spiele ausgeliehen werden. Über die genaue Ausstattung von Kabinen und Decks sollte man sich beim Reiseveranstalter erkundigen.

Betteln

In allen großen Städten trifft man auf Bettler, meist sind es Alte, Invalide und Kinder, und meist trifft man sie vor Kirchen und anderen frequentierten Sehenswürdigkeiten. Oft wird man angesprochen, da den Bettelnden die Herkunft der Reisenden nicht verborgen bleibt. Es ist gut, sich vorher darüber Gedanken zu machen, um entsprechend zu reagieren. Auf jeden Fall ist es ein Balanceakt: Man sollte wissen, daß man nicht alle Bedürftigen bedenken kann. Man sollte sich aber auch nicht ständig verschließen, und daher bei Gelegenheit durchaus in die Tasche greifen. Deswegen ist es sicher gut, etwas Kleingeld bei sich zu haben. Grundregel: Man sollte Alten und Invaliden eher etwas geben als quengelnden Kindern.

Bezahlen an Bord

Die Bordwährung ist die ukrainische Hryvnja. Allerdings kann man in den Restaurants die Ausgaben auch auf einer Kabinenrechnung verbuchen lassen, die dann am Ende der Reise mit Hryvnja, mit Euro oder mit Kreditkarte beglichen werden kann. An Bord gibt es keine Wechselstube und keinen Geldautomaten. Die nötigen Hryvnja muß man an Land tauschen (siehe Geldwechsel, Geldautomaten).

Bordkarte

Die Bordkarte ist die Identifizierung für die Zeit der Reise, da die Reisepässe in der Regel zu Beginn der Reise vom Veranstalter eingesammelt werden. Die Bordkarte wird beim Verlassen des Schif-

Ein Blick in die Bordküche

fes an der Rezeption gegen den Kabinenschlüssel eingetauscht, so daß die Rezeption stets informiert ist, wer sich von den Gästen auf Landgang befindet. Darüber hinaus ist es ratsam, eine **Kopie des Reisepasses** mit sich zu führen.

Diplomatische Vertretungen

Ukrainische Vertretungen in Deutschland:

Botschaft der Ukraine
Albrechtstraße 26
10117 Berlin
Tel. 030/28 88 72-20, Fax -19
www.botschaftukraine.de.

Außenstelle der Botschaft
(zuständig für Nordrhein-Westfalen)
Rheinhöhenweg 101
53424 Remagen-Oberwinter
Tel. 022 28/94 18 13, -14, Fax -63.

Generalkonsulat Hamburg
Mundsburger Damm 1
22087 Hamburg
Tel. 040/22 94 98-0, Fax -13
(für Hamburg, Bremen, Schleswig-Holstein, Niedersachsen).

Generalkonsulat Frankfurt
Brönnerstraße 15
60313 Frankfurt/Main,

Tel. 069/29 72 09-0 (werktags von
15–17 Uhr), 01 90/82 95 76
(24 Stunden, gebührenpflichtig),
Fax 069/29 72 09 29 (für Hessen,
Rheinland-Pfalz und Saarland).
Generalkonsulat München
Lessingstraße 14
80336 München,
Tel. 089/55 27 37-0, Fax -55
(für Bayern und Baden-Württemberg).

In Österreich:
Botschaft der Ukraine
Naaffgasse 23
1180 Wien
Tel 01/479 71 72, Fax 479 71 72 47
www.ukremb.at.

In der Schweiz und Liechtenstein:
Botschaft der Ukraine
Feldeggweg 5
3005 Bern
Tel. 031/3 52 23 16, Fax 351 64 16
www.ukremb.ch

Vertretungen in der Ukraine:
Deutsche Botschaft
vul. Bohdana Chmel'nyc'koho 25
(вул. Богдана Хмельницького)
01901 Kiev
Tel. 8/044/2 47 68-00, Fax -18
www.deutschebotschaft.kiev.ua.
Honorarkonsulin in L'viv
Myroslava Mychajlivna Djakovyč
(Мирослава Михайлівна Дякович)
vul. Vynnyčenka 6 (вул. Винниченка)
79008 L'viv (Львів)
Tel. 8/03 22/75 71 02.
Honorarkonsul in Donec'k
Viktor Kalašnikov (Віктор Калашніков)
vul. Artjoma 58 (вул. Артёма)
83000 Donec'k (Донецьк)
Tel. 8/062/3 45 17 17, 332 98 17.
Honorarkonsul Odessa
Oleksandr Mikolajovič Kyfak

(Олександр Міколайович Кіфак)
vul. Lanzeronivs'ka 9/17
65026 Odessa
Tel. 8/048/777 89 03
Botschaft der Republik Österreich
vul. Ivana Franka 33 (вул. Івана
Франка)
01030 Kiev

Tel. 8/044/2 44 39 43, 244 39 42
Fax 8/044/2 30 23 52
www.aussenministerium.at/kiew.
Schweizerische Botschaft
vul. Kozjatynska 12 (вул. Козятинска)
01015 Kiev
Tel. 8/044/281 61 28
Fax 8/044/280 14 48
www.eda.admin.ch.

Einkaufen

In den Geschäften setzt sich immer
mehr die Selbstbedienung durch. Gelegentlich trifft man in den staatlichen
Läden noch auf das sowjetische Ein-
kaufsregime: Wenn man den Artikel
ausgewählt hat, muß man sich den Preis
merken, zur zentralen Kasse gehen und
zahlen. Mit dem Kassenzettel kehrt man
dann zur Verkäuferin zurück und löst
das Produkt ein.

Souvenirladen in Jalta

Reisetips von A bis Z

Einreise/Ausreise

Seit 1. Mai 2005 ist durch Präsidentenerlaß die Visumspflicht für EU-Bürger, Bürger der Schweiz, Liechtensteins, der USA und Kanada bei einem maximalen Aufenthalt von bis zu 90 Tagen innerhalb eines halben Jahres bis auf weiteres aufgehoben, die Zahl der Einreisen ist nicht beschränkt, wohl aber werden die in der Ukraine verbrachten Tage innerhalb eines halben Jahres zusammengezählt. Diese dürfen 90 Tage nicht überschreiten. Somit sind für EU-Bürger und Schweizer maximal 180 Tage Aufenthalt pro Jahr visumfrei möglich.

Wer länger im Land bleiben will, braucht auch weiterhin ein Visum, das von den ukrainischen Auslandsvertretungen ausgestellt wird.

Bei der Einreise muß man einen **Reisepaß vorlegen**, der mindestens einen Monat über den beabsichtigten Aufenthalt hinaus gültig ist. Für Kinder und Jugendliche bis zum vollendeten 16. Lebensjahr genügt ein Kinderausweis oder ein Kinderpaß mit Lichtbild.

Hier ist Fotografieren kein Problem

Achtung, ein Personalausweis genügt nicht zur Einreise! Zudem muß man den Nachweis einer Auslandskrankenversicherung erbringen.

An den internationalen Flughäfen und Grenzübergangsstellen muß man ein **Einreiseformular** (Immigration card) ausfüllen. Deren eine Hälfte verbleibt bei der Paßkontrolle, die andere sollte man während des gesamten Aufenthaltes mit sich führen, bei der Ausreise wird sie wieder eingesammelt. Bei der Einreise ist eine Registrierung gesetzlich vorgeschrieben, d.h. es wird der Aufenthaltsort in der Ukraine erfaßt. Eine Einschränkung der Bewegungsfreiheit ist damit nicht verbunden!

Elektrizität

An Bord beträgt die Stromspannung 220 Volt, die Frequenz 50 Hertz, in jeder Kabine ist eine Steckdose, die ohne Adapter benutzt werden kann. An Land sind Volt- und Hertzzahl identisch, allerdings treten gelegentlich Schwankungen auf, die für empfindliche Geräte problematisch sein können. Die Steckdosen sind meist mit herkömmlichen deutschen Steckern kompatibel, oft fehlt allerdings der Schutzkontakt. Allerdings gibt es auch Schuko-Steckdosen, die nicht kompatibel sind, daher empfiehlt sich, einen Adapter (Südeuropa) mitzunehmen.

Feiertage

Arbeitsfrei sind der **1. Januar** (Neujahr), der **7. Januar** (orthodoxes Weihnachtsfest), der **8. März** (internationaler Frauentag), der **1. Mai** (Tag der Arbeiter), der **9. Mai** (Tag des Sieges über Deutschland), der **28. Juni** (Tag der Verfassung) und der **24. August** (Tag der Unabhängigkeit), dazu kommen noch die beweglichen Feiertage an **Ostern** (Sonntag und Montag). Fällt ein Feiertag auf einen Sonnabend oder Sonntag, ist der nachfolgende Montag arbeitsfrei.

Fotografieren

Manchmal trifft man noch auf ein Mißtrauen gegenüber Fotografen, das aus der Sowjetzeit herrührt. Beim Fotografieren technischer Einrichtungen wie etwa Bahnhöfen sollte man grundsätzlich vorsichtig sein. Bei Privatpersonen und Grundstücken sollte man wie überall die entsprechende Sensibilität walten lassen. Gleiches gilt z.B. für Innenaufnahmen in Kirchen, es gibt keine einheitliche Regelung. In Kirchen, die von Touristen frequentiert werden, muß man häufig einen Obolus entrichten, in anderen ist Fotografieren verboten. Militärische Einrichtungen zu fotografieren, ist ebenfalls verboten.

Gaststätten

Sie gibt es mittlerweile in jeder Kleinstadt, das Niveau ist sehr unterschiedlich: Meist heißen die gehobenen Gaststätten **Restoran** (Ресторан/Restaurant) und die einfachen **Kafe-Bar** (Кафе-бар), traditionelle ukrainische Gaststätten heißen **Šynok** (Шинок). Meist wird man es an Land mit einer Kafe-Bar zu tun bekommen, die manchmal wenig bis nichts, oft aber erstaunlich viel im Angebot haben. Doch Achtung, bei der Suche nach einer **Toilette** kann eine Kafe-Bar in die Irre führen, da es vorkommt, daß sie gar keine Toiletten haben. Mittlerweile haben sich amerikanische Schnellimbißketten mit dem üblichen Angebot auch in der Ukraine ausgebreitet, darüber hinaus gibt es aber auch schon in einigen Städten (etwa in Kiev und in Dnipropetrovs'k) sehr gute und preiswerte Schnellimbisse mit ukrainischer Küche.

Geld

Die Währungseinheit ist die **Hryvnja** (Гривня), die Untereinheit die Kopeke (100 Kopeken = 1 Hryvnja). Die Hryvnja (UAH) wurde 1996 vom damaligen Chef der ukrainischen Nationalbank, dem späteren Präsidenten Viktor Juščenko, in Umlauf gebracht. Die Hryvnja war bis zur Finanzkrise im Herbst 2008 relativ stabil. Doch während es Mitte 2008 für 1 Euro etwa 7 Hryvnja gab, waren es Ende 2008 schon über 10, für einen Schweizer Franken etwa 6,75 Hryvnja. Eine weitere Abwertung der ukrainischen Währung ist zu erwarten. Den aktuellen Umtauschkurs erfährt man z.B. unter www.oanda.com. Schweizer Franken in bar werden übrigens nur in Kiev in wenigen Banken getauscht (Geld- und Kreditkarten sind kein Problem). Neben den offiziellen Namen der Währung benutzen viele noch die alte Bezeichnung Rubel – damit ist natürlich dennoch meist die Hryvnja gemeint.

Bei westlichen Währungen muß man beachten, daß für den Dollar häufig die Bezeichnung ›Baksy‹ in Gebrauch ist, was daher rührt, daß der Dollar in englischsprachigen Ländern oft als Greenback bezeichnet wird. Daraus wurde die Pluralform ›Baksy‹. Kreditkartengebühren sind verhältnismäßig hoch.

Geldautomaten

Selbst kleine Kreisstädte verfügen inzwischen mindestens über ein, zwei Automaten, die VISA-Karten (hohe Gebühren) und meist auch Maestro-Karten (EC-Karten) akzeptieren. Doch Vorsicht, die Wechselkurse sind an Automaten schlecht. Und auch Vorsicht, wenn manchmal die Geldautomaten Devisen herausgeben, dann sind die Gebühren teilweise horrend.

Kapitänsdinner

Geldtauschen

Das ist die billigere Variante, um an Hryvnja zu kommen. Die meisten Bankfilialen haben Wechselschalter (обмен валюти), die Euro und Dollar nehmen. Zwischen diesen beiden Leitwährungen gibt es keine Präferenzen, es ist daher nicht nötig, in Deutschland die Euro erst in Dollar einzutauschen. Seit Ende 2007 kann man Hryvnja auch im Ausland eintauschen, das ist allerdings teurer, als es in der Ukraine selbst zu tun, und angesichts zahlreicher Wechselmöglichkeiten auch nicht unbedingt nötig.

Es hat sich als praktisch erwiesen, das Geld in kleinerer Stückelung einzuführen, um beim Umtausch nicht zu große Beträge zu erhalten. Aber Achtung: Die Geldscheine sollten **sauber und unversehrt** sein, schon kleine Einrisse können dazu führen, daß der Schein nicht angenommen wird. Bitte auch darauf achten, daß man einigermaßen ordentliche Hryvnja-Scheine erhält, es kann sonst passieren, daß deutlich eingerissene Scheine nicht angenommen werden. Und Achtung: In Wechselstuben auf einen Beleg (Kvitanzija) pochen und das erhaltene Geld sofort nachzählen. Be-

sondere Aufmerksamkeit sollte man bei solchen Schaltern walten lassen, wo kleine Schlitze die Kommunikation und das Nachzählen erschweren oder ganz unmöglich machen.

Wer seine Reise in Kiev beginnt und am Abend erstes Geld wechseln will, findet am Kontraktplatz (pl. Kontraktova), wenn man von der vul. Petra Sahajdačnoho kommt, links, den Supermarkt ›Sil'no‹ mit einer Wechselstube, die rund um die Uhr geöffnet hat.

HIV

Etwa 1,4 Prozent der Bevölkerung ist HIV-positiv. Die Ukraine weist eine der höchsten HIV-Ansteckungsraten in Europa auf, an einigen Orten wie etwa Odessa soll die Ansteckungsrate bei 5 Prozent liegen, man sollte sich daher unbedingt entsprechend schützen.

Impfungen

Sie sind nicht vorgeschrieben, es werden allerdings Impfungen gegen Diphtherie, Tetanus, Polio und Hepatitis A von offizieller Seite empfohlen. Außerdem ist zu beachten, daß in der Vergangenheit in den südlichen Bereichen der Ukraine im Sommer gelegentlich Cholera auftrat.

Freizeitspaß auf dem Fluß

Internetcafés

Solche Cafés (Кафе-Интернет/Kafe-In-ternet) gibt es mittlerweile in nahezu jeder ukrainischen Stadt, allerdings muß man oft danach suchen, da sie sehr versteckt in Hinterhöfen und Hinterzimmern liegen. An Bord der Flußschiffe gibt es keinen Internetzugang.

Jüdische Friedhöfe/Synagogen

Diese sollten Männer nach Möglichkeit nur mit Kopfbedeckung betreten.

Kirchen und Klöster

Beim Besuch von Kirchen und Klöstern sollten Frauen ein Kopftuch tragen, vor großen Klöstern werden Kopftücher auch verkauft. Gelegentlich werden auch Kittel gegen Geld verliehen, denn kurze Hosen und Röcke sowie ärmellose Hemden sollte man auch vermeiden. Die Kleiderordnung wird allerdings unterschiedlich streng kontrolliert.

Klima

Es überwiegt ein gemäßigt kontinentales Klima, der Einfluß des Schwarzen Meeres macht sich nur im Süden der Krim bemerkbar, wo ein mediterranes Klima vorherrscht. Die Durchschnittstemperaturen liegen im Sommer zwischen 17 °C und 25 °C. Die Niederschläge nehmen von Norden nach Süden hin ab, in den Karpaten fällt mit jährlich etwa 1500 mm der meiste, am Schwarzen Meer etwa 300 mm der geringste Niederschlag.

Kreditkarten

In den großen Städten und Touristenzentren findet man eine Anzahl von Boutiquen, Restaurants und Hotels, die Kreditkarten akzeptieren. Allerdings sollte man sich nicht darauf verlassen. In der Regel gilt, je gehobener die Einrich-

Kirchen sollte man in angemessener Kleidung betreten

tung, desto wahrscheinlicher werden Kreditkarten akzeptiert. Geldautomaten akzeptieren nahezu überall zumindest die VISA-Card.

Kriminalität

Diese ist kein größeres Problem als in vielen anderen Ländern. Allerdings sollte man Wertsachen möglichst am Körper tragen oder im Safe an Bord aufbewahren sowie keine allzu großen Summen Bargeld mit sich führen. Trickdieben sollte man keine Chance lassen und sich daher auf keinen Fall auf Diskussionen um vermeintlich gefundene Brieftaschen (einer der häufigsten Tricks) und ähnlichem einlassen oder gar das eigene Portemonnaie herzeigen.

Landausflüge

Zum Standard-Ausflugsprogramm, das in der Regel Stadtrundfahrten beinhaltet, bieten die Reiseveranstalter zusätzliche (fakultative) Landausflüge und Veranstaltungen wie etwa Konzerte oder Theaterbesuche an, die meist zu Beginn der Reise gebucht und bezahlt werden müssen.

Reisetips von A bis Z

Lärm

Während es auf dem Schiff in der Regel sehr ruhig zugeht, ist es an Land oft laut. Viele Ukrainer scheinen abgestumpft zu sein gegen Lärm auf den Straßen und in öffentlichen Einrichtungen. Kioske, die CDs und Kassetten verkaufen, überbieten sich in der Beschallung ganzer Plätze mit ohrenbetäubendem Lärm. Das kann zu einem echten Problem werden, zumal auch in Cafés und Restaurants bei Erscheinen des ersten Gastes gern die Fernsehapparate, Radios und Musikanlage aufgedreht werden. Man kann nur immer wieder darum bitten, die Lautstärke herunterzuregeln. Leider selten mit dauerhaftem Erfolg.

Landausflug

Maršrutne Taksi

Oft als ›Sammeltaxi‹ übersetzt, ist der Kleinbus, meist kurz Maršrutne (Маршрутне) oder Maršrutka (Маршрутка) genannt, eine Idee der Sowjetunion gewesen. Wer schneller nach Hause will als mit dem kriechenden Trolleybus, aber nicht soviel Geld für ein Taxi ausgeben will, ist mit dem Maršrutne gut bedient. Die meist japanischen Kleinbusse sind mit einer unglaublichen Zahl an Sitzplätzen ausgerüstet, sind dennoch häufig überladen, bedienen eine bestimmte Route, die an Front- und Seitenfenster angezeigt ist und halten auf Handzeichen, oft sowieso an den üblichen Bushaltestellen, gezahlt wird im Bus an den Fahrer, der Fahrpreis ist im Bus ausgezeichnet. Die Preise sind in der Regel doppelt so hoch wie bei Bussen und Trolleybussen (umgerechnet etwa 50 Euro-Cent). Man muß ungefähr wissen, wo man wieder aussteigen will, und es dem Fahrer kundtun. Wer unsicher ist, kann ihn oder einen der Fahrgäste fragen. Oft ist es in den Maršrutne sehr eng, man ist aber auf jeden Fall schneller am Ziel als mit anderen öffentlichen Verkehrsmitteln.

Märkte

In jeder Stadt gibt es mindestens einen Markt (Ринок/Rynok), der in erster Linie landwirtschaftliche Waren vom Blumenstrauß über Brot bis hin zu Schweinehälften anbietet. Diese Märkte sind sehr interessant, da sie – ganz anders als die sonst oft langweiligen Lebensmittelgeschäfte (insbesondere die staatlichen) – einen direkten, schwung-

Marktstand auf der Krim

haften Handel ermöglichen, oft eine Auswahl anbieten, die es in den Geschäften nicht gibt, und überdies einen sehr geradlinigen Einblick in den Alltag der Menschen geben.

Mietwagen

Dieser Service ist nicht verbreitet, einschlägige internationale Firmen sind aber an den internationalen Flughäfen anzutreffen.

Museen

Jede Kreisstadt hat ihr Heimatmuseum, das meist nach stereotypem Muster aufgebaut ist: Steinzeit mit Skythenkultur (sehr ausführlich), Kiever Rus', Spätmittelalter und polnisch-litauische Herrschaft, Kosaken, Peter I., Katharina II, 19. Jahrhundert, Oktoberrevolution und Sowjetherrschaft (sehr ausführlich), Zweiter Weltkrieg (sehr ausführlich), Erfolge der Nachkriegszeit (ausführlich). Wenig bis nichts ist über jüdisches Leben, über die Hungersnot 1932/33 und über die Große Säuberung 1936 bis 1938 zu erfahren. Die Expositionen mit entsprechender Interpretation sind oft unkommentiert aus der sowjetischen Geschichtsschreibung übernommen. Ein Heer von älteren Frauen gebietet über die Aufsicht und gibt Kommandos. Der Eintritt ist meist gering (umgerechnet ca. 0,5 bis 1,0 Euro), die Kassen schließen oft eine halbe Stunde vor Museumsschluß. Für die Benutzung von Videokamera und Fotoapparat ist extra zu zahlen – neuerdings gelegentlich auch bei Freilichtmuseen.

Mobilfunk

Das Funknetz ist in der Ukraine in den letzten Jahren sehr dicht geworden. In den Städten, entlang der wichtigen Straßenverbindungen und auch entlang des

Schönheiten in Bachčisaraj

Dneprs hat man so gut wie immer Empfang. Allerdings kann es abseits der Hauptstraßen und Zentren noch dünn sein. Auf dem Schwarzen Meer ist natürlich auch kein Empfang. Man sollte sich vor Reiseantritt über Roamingmodalitäten und Preise des eigenen Netzbetreibers erkundigen, sonst könnte man bei der nächsten Telefonrechnung eine böse Überraschung erleben. Auslandsgespräche sind sehr teuer. Eine preiswerte Alternative könnte der Kauf einer ukrainischen Prepaid-Karte sein z.B. MTS (MTC). Solche Karten erhält man in Elektronik-Abteilungen von Kaufhäusern und in Mobilfunk-Fachgeschäften wie man sie auch von Deutschland her kennt. Nach der Registrierung (Reisepaß erforderlich) erhält man eine SIM-Karte mit ukrainischer Telefonnummer und eine Prepaid-Karte, deren Nummer man in das Telefon eingeben muß. Ist das Geld aufgebraucht, kann man sich unproblematisch an vielen Ständen und Läden eine neue Karte kaufen und das Konto wieder aufladen.

Notrufe

Feuerwehr – 01, Miliz – 02, Schnelle Medizinische Hilfe – 03

Reisetips von A bis Z

Diese Diva fährt in Odessa

Öffentliche Verkehrsmittel

In jeder Stadt gibt es ein Busnetz, oft auch ein dichtes Trolleybusnetz. Fahrkarten werden in der Regel in den Bussen von Schaffnern verkauft, das gilt auch für Straßenbahnen. Kiev, und Dnipropetrovs'k haben U-Bahnen, letztere spielt allerdings für Touristen keine Rolle, da sie nur in den Außenbezirken verkehrt. Die Eingänge zu den Stationen sind mit einem meist rot beleuchteten (manchmal auch grünen) M (Metro) gekennzeichnet. Dort kauft man vor Fahrantritt Kunststoffmarken, Jetons (Жетон), mit der man die Einlaßschranke zur Rolltreppe passieren kann. Wer dann zur U-Bahn gelangt ist, kann soviel fahren, wie er will. In Kiev sollen die Jetons abgeschafft und durch ein neues Preissystem, das auf Fahrkarten basiert, ersetzt werden, die Umsetzung läßt jedoch auf sich warten. Grundsätzlich gilt, daß der öffentliche Verkehr oft überlastet ist, die Fahrzeuge meist sehr alt und anfällig sind und Streckennetz sowie Übersichtspläne sehr oft undurchsichtig sind. Siehe auch ›Taxi‹ und ›Maršrutne Taksi‹.

Öffnungszeiten

Es gibt keine einheitliche Regelung. Als Faustregel gilt, daß große **Kaufhäuser** und viele **Lebensmittelgeschäfte** länger, und vor allem auch sonntags geöffnet haben. Auch die Post- und Telegrafenämter haben an den Wochenenden geöffnet. In jeder Stadt gibt es meist auch ein Lebensmittelgeschäft, das rund und die Uhr geöffnet hat. Fachgeschäfte schließen meist um 19 Uhr. Die Bauern- und Lebensmittelmärkte beginnen früh, etwa um 7 Uhr.

Bei **Museen** ist die Lage völlig unübersichtlich, es gibt meist zwei Schließtage, allerdings läßt sich keine Regel ableiten, an welchen Wochentagen das ist. Zu beachten ist, daß die Museumskassen meist eine halbe Stunde vor dem Museumsschluß schließen. Außerdem haben die meisten Einrichtungen einen sogenannten ›Sanitärtag‹ (sanitarnyj den, abgekürzt: San-den), an dem das Museum geschlossen bleibt, meist liegt er in der letzten Woche des Monats, oft an einem Mittwoch. Zu beachten ist außerdem, daß in vielen öffentlichen Einrichtungen akribisch die **Mittagspause** eingehalten wird, in der die Kasse für eine Stunde geschlossen bleibt.

Briefkästen in Kiev

Post

An Bord der Schiffe werden Postkarten und Briefmarken verkauft. Dort gibt es auch einen Postkasten, der in jedem Hafen geleert wird. Postämter sind in der Regel auch an Wochenenden geöffnet. Die Postkästen sind gelb mit blauem Posthorn und lateinischer Aufschrift ›Post‹. Briefmarken gibt es meist nur auf dem Postamt. Das Porto für Brief und Postkarte unterscheidet sich nicht. Es sind übrigens keine Zahlen, sondern Buchstaben aufgedruckt (Ж – ›normale Post‹, ca. 10 Tage; E – Luftpost). Für eine Briefmarke Ж und E ist umgerechnet mit etwa 50 Euro-Cent zu rechnen.

Reiseveranstalter für Flußreisen

Dertour
Emil-von Behring-Straße 6
60439 Frankfurt/Main
069/95 88 00
www.dertour.de

Viking Flußkreuzfahrten
Hohe Straße 68 – 82
50667 Köln
Tel. 02 21/258 62 09
www.vikingrivercruises.de

Olympia-Reisen
Siegburger Straße 49
53229 Bonn
02 28/40 00 30
www.olympia-reisen.com

Phoenix Reisen
53111 Bonn
Pfälzer Straße 14
Tel. 02 28/926 00
www.phoenixreisen.com

nicko-tours
70499 Stuttgart
Mittlerer Pfad 2
Tel. 07 11/248 98 00
www.nicko-tours.de

Azur Europe – Travel Residence
Reinhardtstraße 19
10117 Berlin
030/308 78 43
www.travelresidence.de

Lernidee Erlebnisreisen
Eisenacher Straße 11
10777 Berlin
Tel. 030/786 00 00
www.lernidee-reisen.de

GTA-SKY-WAYS
Wiedner Hauptstraße 90-92/2
A-1050 Wien
Tel. +43/1/729 66 66
www.gta-sky-ways.at

Kira Reisen
Mellingerstrasse 6
CH-5400 Baden
Tel. +41-56-200 10 9 00
Der Direktanbieter in der Ukraine ist die

Reederei Červona Ruta
vul. Ljuterans'ka 24
01024 Kiev
+380-44-253 92 47
www.ruta-cruise.com

Rollstühle, Kinderwagen

Leider sind die Schiffe nicht auf Rollstühle, Kinderwagen oder Gehhilfen eingestellt. Es gibt an Bord auch keine Fahrstühle. Auch die Städte sind eine harte Nuß für Gehbehinderte. Beim Bau von Unterführungen, Aufgängen u.ä. wurden derartige Belange bisher selten berücksichtigt. Oft trifft man auch sehr hohe Bordsteinkanten. Allerdings werden beim Neubau inzwischen auch Bordsteinabsenkungen gebaut.

Stadtpläne

Sie gibt es mittlerweile in guter Qualität von den großen und auch vielen kleineren Städten an Zeitungskiosken und in Buchläden, allerdings nicht immer und überall, meist auf ukrainisch, auf der Krim und in Odessa meist auf russisch, manchmal auch zweisprachig.

Kreuzfahrtschiff vor der Küste der Krim

Sprachen an Bord

Wer bei einem deutschsprachigen Reiseanbieter bucht, bekommt auch eine deutschsprachige Reiseleitung, die für alle Belange zwischen An- und Abreise zuständig ist. Auch auf allen Landausflügen und Exkursionen sind die Erklärungen auf deutsch. Das ukrainische Schiffspersonal, insbesondere in den Bars und Restaurants, verfügt über Deutschkenntnisse, so daß es bei der Bestellung keine Verständigungsschwierigkeiten geben sollte. Da sich an Bord meist mehrere Reisegruppen aus unterschiedlichen Ländern erholen, sind auch andere Sprachen etwa Französisch oder Englisch keine Seltenheit.

Taxi

Taxis gibt es ausreichend in allen Städten. Den Fahrpreis sollte man unbedingt vor Fahrtantritt aushandeln und nach Möglichkeit in Hryvnja festlegen, da man sonst als Ausländer schnell über den Tisch gezogen wird. Den angemessenen Fahrpreis zu bestimmen, ist jedoch nicht leicht und verlangt Ortskenntnis. Kleinere Stadtfahrten sollten jedoch nicht mehr als umgerechnet ein bis zwei Euro kosten, größere bis fünf.

Fahrten von Flughäfen lassen sich allerdings nicht so berechnen, da sie weit vor den Städten liegen und die Preise sowieso oft überhöht sind.

Telefonieren

An Bord kann man zu bestimmten Zeiten über das **Schiffstelefon** telefonieren, zu dem man Zugang über die Rezeption erhält. Allerdings sind die Minutenpreise erheblich (nach Deutschland ca. 6 Euro). Billiger ist da eventuell eine ukrainische Prepaid-Karte (siehe Mobiltelefon).

Will man **innerhalb des Landes** telefonieren, muß man vor der eigentlichen Vorwahl immer eine 8 wählen und einen Augenblick warten, bis ein neues Freizeichen ertönt. Achtung: diese Ziffer ist hier im Reiseführer bei den Nummern ggf. schon mit dabei.

Wer vom **Festnetz ins Ausland** anrufen will, wählt zuerst die 8, danach die 10, dann für Deutschland 49, Österreich 48, Schweiz 41, dann die Städtevorwahl ohne 0.

Die **öffentlichen Telefone** (Таксофон/Taksofon) sind mittlerweile alle auf Karte umgestellt. Diese Karten kann man von unterschiedlichen Anbietern erwerben (im Postamt und Zeitungskiosken).

Trinkgeld

An Bord sind Trinkgelder gern gesehen. Meist werden zum Ende der Reise Trinkgeldempfehlungen ausgesprochen, die man auch wirklich als Empfehlungen verstehen sollte. Diese Empfehlungen können zwischen 40 und 50 Euro pro Person liegen, die den gesamten Service umfassen und unter das gesamte Personal aufgeteilt werden. Man sollte sich dabei jedoch von der eigenen Zufriedenheit leiten lassen und gegebenenfalls einzelne mit Trinkgeldern bedenken. Zusätzliche Trinkgeldempfehlungen werden eventuell auch für Reiseleitung, Bordmusiker unter anderem ausgesprochen. Trinkgeld an Land ist in den Restaurants üblich – mit etwa fünf bis zehn Prozent ist man dabei – je nach Zufriedenheit. Stadt- und Museumsführer sind übrigens auch auf einen Obolus angewiesen.

Toiletten

An Bord ist das selbstverständlich kein Problem. An Land kommt es immer noch vor, daß diese sehr schmutzig sind. Allerdings hat sich die Situation deutlich gebessert, seit es Pachttoiletten und gelegentlich Toilettenautomaten westlichen Typs gibt. Wichtig ist, daß man für den Fall der Fälle Papier bei sich hat. Bei den öffentlichen Toiletten gibt es neben den üblichen Symbolen auch den kyrillischen Anfangsbuchstaben ж bzw. einen Kreis für Frauen, und den Anfangsbuchstaben м (russ.) oder ч (ukr.) bzw. ein auf der Spitze stehendes Dreieck für Männer. Viele Toiletten sind als Stehklos konzipiert. Außerdem muß man bedenken, daß kleinere Cafés und Bars sehr oft über keine Toiletten verfügen.

Wasser

Das Wasser an Bord ist sauber, dennoch sollte man es nicht trinken. Leitungswasser ist oft mit Chlor versetzt, was bei empfindlicher Haut zu Irritationen führen kann. Trotz dieser rabiaten Desinfektion sollte man es nur abgekocht trinken. Größere Mengen Wasser kann man nur als Mineralwasser zu sich nehmen, von dem es viele unterschiedliche und gute Sorten gibt.

Zeit

In der Ukraine gilt die osteuropäische Zeit, also deutsche Zeit plus eine Stunde. Das ändert sich auch während der Sommerzeit nicht, da die Ukraine die Sommerzeitregelung der EU übernommen hat. So gilt vom letzten Sonntag im März bis zum letzten Sonntag im Oktober die osteuropäische Sommerzeit.

Zollbestimmungen

Ausländische Währung kann im Wert von bis zu 3000 US-Dollar pro Person, die ukrainische Währung bis zu 15 000 Hryvnja mit mündlicher Deklarierung ein- und ausgeführt werden. Währung im Wert von bis zu 15 000 US-Dollar bzw. bis zu 50 000 Hryvnja kann mit schriftlicher Zollerklärung ein- und ausgeführt werden.

Buffet an Bord

Gegenstände des persönlichen Bedarfs dürfen zollfrei eingeführt werden. Eine **Zollerklärung** muß man ausfüllen, wenn man Schmuck- und Wertgegenstände einführen will. Auch persönliche Wertgegenstände, technische Geräte wie Laptops, Videokameras etc. sollten im Zweifelsfall deklariert werden, damit man sie ohne Probleme wieder ausführen kann. Die Zollerklärung sollte man sorgfältig aufbewahren.

Bei der **Ausfuhr von Kunst** ist Vorsicht geboten. Wer schon weiß, daß er wertvolle Kunstgegenstände und Antiquitäten ausführen will, sollte sich vor der Einreise kundig machen (z.B. auf der Homepage der ukrainischen Botschaft oder des Auswärtigen Amtes, siehe: Diplomatische Vertretungen), ob das erlaubt ist. Im Detail gibt es sehr unterschiedliche Regelungen für Bilder, Münzen, Samovare, alte Bücher und Drucke etc., die meist vom Entstehungsjahr abhängig sind. Grundsätzlich reicht bei zeitgenössischen Bildern und Gegenständen, die man direkt beim Maler oder in einem Salon kauft, eine Quittung. Doch in Zweifelsfällen entscheidet eine Kommission des Kulturministeriums in Kiev, vul. Tarasa Ševčenka (вул. Тараса Шевченка) 3, Tel. 8-044-229 56 47 bzw. 229 53 40.

Zollfrei ausgeführt werden können 200 Zigaretten oder 200 Gramm Tabak, 1 Liter Spirituosen und 2 Liter Wein sowie Geschenke im Wert von bis zu 200 Euro. Lebensmittel tierischer Herkunft dürfen nicht ausgeführt werden. Da sich die Zollbestimmungen ändern können, empfiehlt sich in Zweifelsfällen immer ein Blick ins Internet, etwa auf die Seiten der jeweiligen ukrainischen Botschaft oder beim Auswärtigen Amt.

Personenfähre in Sevastopol'

Glossar

Ataman/Otaman Gewählter Anführer einer Kosakeneinheit.

Belarus Andere Bezeichnung für Weissrussland.

Bolschewiki Mehrheitler, radikaler linker Flügel der russischen Sozialdemokratie. Unter der Leitung Lenins rissen sie im Oktober 1917 (Oktoberrevolution) die Macht an sich und wurden zur führenden Partei in Sowjetrußland.

Eparchie Kirchliches Verwaltungsgebiet, dem ein Bischof vorsteht.

Göttliche Liturgie Bezeichnung für den Hauptgottesdienst in der orthodoxen Kirche, gibt es in zwei Formen (russ: Božestvennaja liturgija/Божественная литургия).

›Große Säuberung‹ In der Sowjetunion organisiserter Terror gegen alle potentiellen Gegner Stalins, der in den Jahren 1936 bis 1938 seinen Höhepunkt erreichte. Der ›Säuberung‹ fielen bis 1939 Millionen Menschen zum Opfer.

Hetman/Hetmanat Frei gewähltes Oberhaupt der Kosaken, der gleichzeitig als Heerführer und Richter fungiert.

Ikonostas (auch Ikonostase) In orthodoxen Kirchen eine mit Ikonen geschmückte Bilderwand, die den Altarraum vom Kirchenschiff trennt. Die Darstellung folgt einer liturgischen Ordnung.

Kobzar' In der Kosakenzeit ein wandernder Sänger, der seine Balladen auf der Kobza, einem Saiteninstrument, begleitete. Der typische Kobzar' war ein alter, oft blinder Kosak.

Khan/Khanat Türkischer Herrschaftstitel, Herrschaftsgebiet eines Khans.

Komsomol Kunstwort aus Kommunističeskyi sojuz molodjoži, Jugendorganisation der Kommunistischen Partei der Sowjetunion.

KPdSU Kommunistische Partei der Sowjetunion, 1925 aus den Bolschewiki hervorgegangene Staatspartei der Sowjetunion, nach dem Augustputsch 1991 verboten.

Kvas Erfrischungsgetränk (Квас) aus Brot, Wasser und Hefe, wird meist von gelben Tankwagen verkauft, mittlerweile auch in Flaschen, jedoch von schlechterer Qualität.

Lavra Griechisch: Laura. Ehrentitel, bezeichnet in der russischen Orthodoxie ein besonders hervorragendes oder berühmtes Kloster.

Magdeburger Recht Ein Stadtrechtskodex, der seinen Ursprung in Magdeburg hatte, entfaltete ab dem 13. Jahrhundert einen erheblichen Einfluß auf das Stadtrecht in Osteuropa.

Metropolit In der orthodoxen Kirche ein Kirchenoberhaupt, das allerdings einem Patriarchen unterstellt ist.

Nestorchronik Vermutlich 1113 vom Mönch Nestor im Kiever Höhlenkloster entstandene Handschrift, wichtigste Quelle für die frühmittelalterliche Geschichte der Ostslawen.

NKVD (NKWD) Abk. für Narodnyj komitet vnutrennych del – Volkskommissariat für innere Angelegenheiten, sowjetische Behörde (1934 bis 1946), war als Träger der Geheimpolizei berüchtigt, auf ihr Konto gehen massenhafte Verfolgungen und Verhaftungen von Kritikern und Regimegegnern, insbesondere in der Zeit der ›Großen Säuberung‹.

Nomenklatur Sammelbezeichnung für die politischen Führungskader der Sowjetunion.

Oblast' Verwaltungseinheit der Ukraine (deutsch: Gebiet).

Patriarch In den großen orthodoxen Kirche, etwa der russischen, das Kirchenoberhaupt. Die Position des Kiever Patriarchen ist umstritten.

Prospekt Große Straße.

Refektorium Speisesaal in einem Kloster.

Tscheka Abk. für Čresvyčajnaja komissija – Außerordentliche Kommission (russ: ЧК), erste, von Feliks Dzeržinskij gegründete Geheimpolizei der Bolschewiki, aus ihr gingen alle späteren sowjetischen Terrororganisationen hervor.

Univermag Kunstwort aus Universal'nyj magazin, Universalgeschäft (Универмаг).

Die Ukraine im Internet

Inzwischen gibt es unzählige Websites über die Ukraine, die meisten auf russisch und ukrainisch, viele aber auch auf englisch und einige auf deutsch. Nachfolgend soll eine kleine Auswahl den virtuellen Start in die Ukraine erleichtern.

Allgemeines, Politik, Einreise

www.botschaft-ukraine.de Allgemeine Informationen, Einreisebestimmungen, Zoll etc.

www.kmu.gov.ua Internetauftritt der ukrainischen Regierung (engl.).

www.president.gov.ua/en Website des ukrainischen Präsidenten (engl.).

www.auswaertiges-amt.de Allgemeine Reiseinformationen, Reisewarnungen etc.

www.ukraine-nachrichten.de Übersetzungen vielfältiger ukrainischer Zeitschriftenartikel und Agenturmeldungen.

Verkehr

www.uz.gov.ua Seite der staatlichen ukrainischen Eisenbahn mit Fahrplänen und einzelnen Strecken (ukr./russ.).

www.isgeo.kiev.ua Kartenmaterial zu Orten und Regionen der Ukraine.

www.flyUIA.com Hier kann man Flüge der Fluggesellschaft ›Ukraine International Airlines‹ buchen.

Kultur und Medien

www.photoukraine.com Fotos von Andriy Ivchenko aus allen Regionen der Ukraine (engl.).

www.encyclopediaofukraine.com Infos zu Kultur, Geschichte und Personen (engl.).

www.infoukes.com Geschichte, Politik (engl.).

Portale, Linksammlungen

www.brama.com (engl.)

www.wikipedia.org/wiki/Portal:Ukraine

Private Seiten

meinkiew.blogspot.com Informativer Blog eines Schweizer Finanzanalysten, der in Kiev lebt.

Literatur

Geschichte

Kappeler, Andreas: Kleine Geschichte der Ukraine. München 2000.

Lüdemann, Ernst: Ukraine. München 2001.

Schmidt, Ute: Die Deutschen aus Bessarabien. Köln 2004

Schmidt, Ute: Bessarabien. Deutsche Kolonisten am Schwarzen Meer. Potsdam 2006

Politik

Rjabtschuk, Mykola: Die reale und die imaginierte Ukraine. Essay. Frankfurt/Main 2006

Templin, Wolfgang: Farbenspiele – die Ukraine nach der Revolution in Orange. Osnabrück 2008.

Kultur

Horbatsch, Anna-Halja: Die ukrainische Literatur entdecken, Brodina Verlag 2001

Horbatsch, Anna-Halja (Hrsg.): Die Ukraine im Spiegel ihrer Literatur, Brodina Verlag 1997

Krumm, Reinhard: Isaak Babel – Schreiben unter Stalin. Eine Biographie. Norderstedt 2005

Scheer, Evelyn (Hrsg.): Ukraine-Lesebuch. Literarische Streifzüge. Trescher Verlag 2006

Belletristik

Andruchowytsch, Juri: Zwölf Ringe. Suhrkamp Frankfurt/M 2005

Babel, Isaak: Werke, 2 Bde. Hrsg. v. Fritz Mierau. Berlin 1973

Babel, Isaak: Tagebuch 1920. Hrsg. v. Peter Urban. Zürich 1998

Horbatsch, Anna-Halja: Stimmen aus Tschornobyl. Eine Anthologie, Brodina Verlag 1996

Ilf, Ilja/Petrow, Jewgeni: Zwölf Stühle. Berlin 2000

Ilf, Ilja/Petrow, Jewgeni: Das goldene Kalb oder Die Jagd nach der Million. Berlin 1979

Filmtips

Pripyat Vom Leben und Überleben im Atomkraftwerk Tschernobyl. Dokumentarfilm Österreich 1999, von Nikolaus Geyrhalter.

Blue Moon Den Geldboten Johnny Pichler (Josef Hader) verschlägt es von Wien in die Ukraine, Grund ist Jana (Viktoria Malektorovych) aus L'viv. Ein Roadmovie. Österreich 2004, Regie Andrea Maria Dusl.

Alles ist erleuchtet Auch viel unterwegs sind diese Filmhelden. Ein junger jüdischer Amerikaner ist in der Ukraine auf der Suche nach den Wurzeln seiner Familie. Nach dem gleichnamigen Buch von Jonathan Safran Froer, USA 2005, Regie Liev Schreiber.

Panzerkreuzer Potemkin Der Klassiker unter den Filmen, Stummfilm von 1925, Regie Sergej Eisenstein.

Der Autor

Thomas Gerlach, geb. 1964 in Burg bei Magdeburg, 1980 Agrotechniker/Mechanisator, 1985 kirchlicher Filmvorführer (sog. Filmmissionar), 1987 Studium der Evangelischen Theologie (Dipl–Theol.), 1992/93 Studienaufenthalt in der belarussischen Hauptstadt Minsk, 1997/98 Evangelische Journalistenschule Berlin. Lebt und arbeitet in Berlin, schreibt regelmäßig Reportagen für die ›Welt‹ und ›Welt am Sonntag‹ und ist Redakteur bei der Zeitschrift des Forschungsverbundes SED-Staat an der Freien Universität Berlin. 1991 sah er zum ersten Mal den Dnepr, ein Jahr später reiste er das erste Mal in die Ukraine, seitdem regelmäßige Reisen in die GUS-Staaten. Im Trescher Verlag erschien von ihm außerdem ›Die Ukraine‹ (zusammen mit Gert Schmidt).

Anhang

Ortsregister

Personen- und Sachregister

Bildnachweis

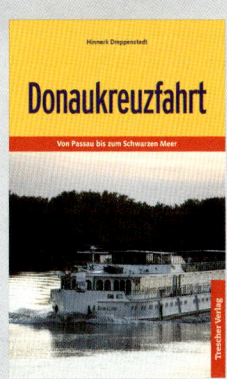
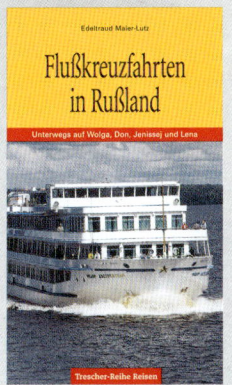

Trescher Verlag
Der Spezialist für den Osten

Philine von Oppeln, Gerald Hübner

Aserbaidschan

Unterwegs im Land des Feuers

Trescher Verlag

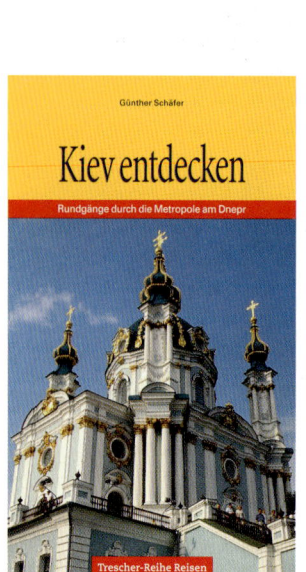

Günther Schäfer

Kiev entdecken

Rundgänge durch die Metropole am Dnepr

Trescher-Reihe Reisen

Albanien entdecken
Auf den Spuren Skanderbegs,
17.95 €

Armenien entdecken
3000 Jahre Kultur zwischen West und
Ost, 19.95 €

Den Baikalsee entdecken
Die blaue Perle Sibiriens,
15.95 €

Bosnien-Herzegowina entdecken
Unterwegs zwischen Save und Adria,
16.95 €

Breslau entdecken
Niederschlesien und seine tausendjährige Hauptstadt, 14.95 €

Bulgarien entdecken
Unterwegs zwischen Schwarzmeerküste, Balkan und Donau, 16.95 €

China-Handbuch
Erkundungen im Reich der Mitte,
17.95 €

Estland entdecken
Skandinavische Impressionen im
nördlichen Baltikum, 16.95 €

Georgien entdecken
Unterwegs zwischen Kaukasus und
Schwarzem Meer, 18.95 €

Kamtschatka entdecken
Zu den Bären und Vulkanen im
Nordosten Sibiriens, 17.95 €

Kasachstan entdecken
Auf Nomadenwegen zwischen
Kaspischem Meer und Altaj, 18.95 €

Kirgistan entdecken
Zu den Gipfeln von Tien-Schan und
Pamir, 14.95 €

Königsberg entdecken
Zwischen Memel und Frischem Haff,
14.95 €

**Trescher Verlag im Internet unter www.trescher-verlag.de
mit ausführlichen Infos über alle unsere Bücher und Onlineshop**

Trescher Verlag
Der Spezialist für den Osten

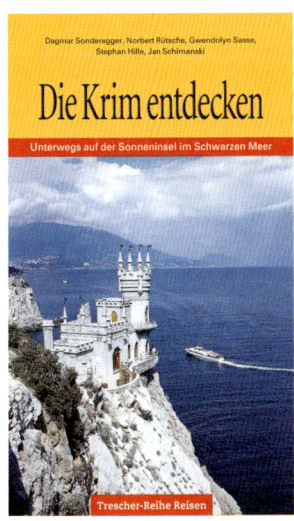
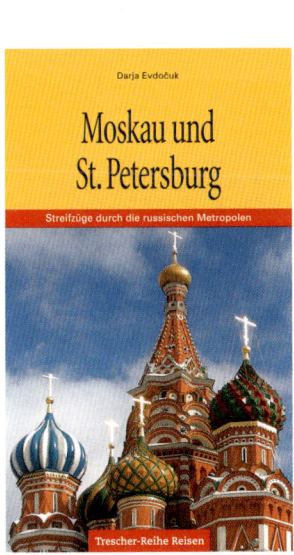

Trescher Verlag
Der Spezialist für den Osten

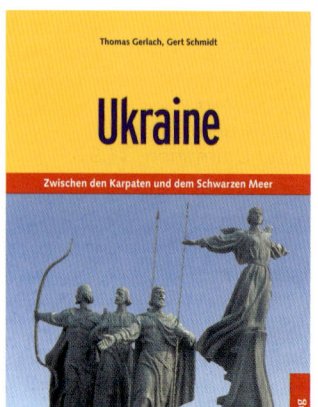

Peking und Shanghai
Unterwegs in Chinas Metropolen,
18.95 €

Die Polnischen Waldkarpaten
Natur und Kultur im südöstlichen
Polen, 14.95 €

Riga, Tallinn, Vilnius
Rundgänge durch die Metropolen des
Baltikums, 17.95 €

Rumänien entdecken
Kunstschätze und Naturschönheiten,
19.95 €

Die russische Schwarzmeerküste
Unterwegs zwischen Soči und
Asovschem Meer, 17.95 €

Serbien entdecken
Unterwegs zu verborgenen Klöstern
und Kunstschätzen, 19.95 €

Slowakei
Unterwegs zwischen Donau und Hoher
Tatra, 16.95 €

Tibet entdecken
Reisen auf dem Dach der Welt,
18.95 €

Transsib-Handbuch
Unterwegs mit der Transsibirischen
Eisenbahn, 19.95 €

Turkmenistan entdecken
Versunkene Wüstenstädte an der
Seidenstraße, 16.95 €

Ungarn entdecken
Unterwegs zwischen Plattensee,
Donau und Karpaten, 16.95 €

Usbekistan entdecken
Auf der Seidenstraße nach Samar-
kand, Buchara und Chiwa, 17.95 €

Zagreb entdecken
Die kroatische Hauptstadt und ihre
Umgebung, 15.95 €

**Trescher Verlag im Internet unter www.trescher-verlag.de
mit ausführlichen Infos über alle unsere Bücher und Onlineshop**

Die ideale Ergänzung zu Ihrem Dnepr-Reiseführer!

Ukraine-Lesebuch

Galizische Schnapsbrenner, Karpatenräuber, Wunderrabbis, schrullige Hexen, bolschewistische Revolutionäre, heißblütige Kosaken und fluchende Grenzwächter begleiten den Leser auf einer literarischen Reise durch die Ukraine. Texte von namhaften Autoren wie Juri Andruchowytsch, Rose Ausländer, Joseph Roth, Andrej Kurkow, Karl Schlögel und vielen anderen eröffnen einen faszinierenden Einblick in die Vielfalt der ukrainischen Landschaften und die Kultur eines Volkes mit einer großen Seele.

Ukraine-Lesebuch
Literarische Streifzüge
durch die Ukraine
Hrg. von Evelyn Scheer
408 Seiten
ISBN 3-89794-097-3
14.95 Euro

Trescher Verlag
Der Spezialist für den Osten

Kartenlegende

🚂	Bahnhof
🏊	Badestrand
🚌	Busbahnhof
⚓	Denkmal
🐬	Delfinarium
⛪	Dorfkirche
⚓	Fähre
✈	Flughafen
⚓	Hafen
🏨	Hotel
⛪	Kirche
🗼	Leuchtturm
🎵	Markt
🏛	Museum
🍴	Restaurant
🎵	Philharmonie, Oper
⛏	Ruine/Ausgrabungsstätte
🚡	Seilbahn
✡	Synagoge
★	Sehenswürdigkeit
🎭	Theater
🚪	Tor

Autobahn
Autobahn im Bau
sonstige Straßen
Straßennummern
Eisenbahn
Grenzübergang
Staatsgrenze
Hauptstadt
Stadt/Ortschaft

Kartenregister